Die Halligen

Dirk Meier

Die HALLIGEN

in Vergangenheit und Gegenwart

BOYENS

BOYENS
BUCHVERLAG

ISBN 978-3-8042-1533-7

Umschlagbild: Die Hamburger Hallig. Foto: Dirk Meier
Herstellung: Boyens Buchverlag
Gestaltung und Layout: Dörte Kromrei
Druck & Bindung: BELTZ Bad Langensalza GmbH, Bad Langensalza
Printed in Germany

www.boyens-buchverlag.de

INHALTSVERZEICHNIS

VORWORT

Die Halligen als kleine nicht durch höhere Deiche geschützte Marschinseln im nordfriesischen Wattenmeer stehen wie so oft in ihrer Geschichte vor einem Wandel. Aufgewachsen aus Sedimenten oberhalb des Mittleren Tidehochwassers, schuf sie die Nordsee und trug sie zugleich bei Sturmfluten wieder ab. Erste Schutzmaßnahmen auf den Halligen durch die Befestigung ihrer ständig abrechenden Kanten erfolgten erst zu Beginn des 20. Jahrhunderts. Das Meer wurde gleichsam zum Gestalter und Zerstörer im ewigen Wechsel der Gezeiten.

Als Schutz vor Sturmfluten errichteten daher seit der frühen Neuzeit die Menschen auf den Halligen ihre Häuser auf Warften, also künstlichen Schutzhügeln. Aufgrund der ständigen Überflutungsgefahr bei höheren Wasserständen ist traditionell nur Weidewirtschaft möglich. Bei Sturmfluten herrscht „Landunter“, nur die Warften ragen dann aus der tobenden See heraus. Da das salzige Grundwasser sich nicht als Trinkwasser eignet, blieben die Menschen auf den Bau von großen Tränken für das Vieh, den Fethingen und Zisternen, angewiesen. Erst nach der Sturmflut von 1962, welche die Halligen besonders hart traf, wurden diese an die Trinkwasserversorgung des Festlandes angeschlossen. Die zumeist zerstörten alten reetgedeckten Häuser wichen modernen Bauten.

In diesem Buch betrachten wir die Entstehung der Halligen, deren traditionelle Wirtschaft und Kultur ebenso wie die schweren Sturmfluten, welche die Existenz ihrer Bewohner so oft bedrohten. Bereits vor den Zerstörungen in der Sturmflut von 1962 traf die schwere Februarflut von 1825 die Halligen so stark, dass man deren Bewohnbarkeit zwar in Frage stellte, zugleich aber schon deren Wert als Bollwerke für die Festlandsküste erkannte. Vom Blick zurück in die Vergangenheit reicht die Perspektive zu den gegenwärtigen Problemen in Zeiten des Klimawandels. So erfordert der projizierte Meeresspiegelanstieg einen vorsorgenden und nachhaltigen Schutz der Halligen. Bei allen Umbrüchen bleibt das Wesentliche: Die Naturgewalten prägen das Wattenmeer.

Dieses Buch ergänzt den gleichfalls bei Boyens 2013 erschienenen „Küstenatlas“. Für beeindruckende Luftbilder danke ich Ralf Bösch und Ralf Roletschek, für den stets professionellen Satz Dörte Kromrei sowie für die Aufnahme des Buches in das Boyens-Programm dem Verlagsleiter Bernd Rachuth. Gerne denke ich an die Halligexkursion mit der „Vereniging voor Terpendoerzoek“ aus Groningen 2016, an die geologische Exkursion der „International Union for Quaternary Research“ (INQUA) und des Projektes IGCP588 „Preparing for Coastal Change“ nach Hallig Hooge 2012 sowie an einen Besuch von Oland und Langeneß mit Küstenschützern aus Vietnam 2013 zurück. Die Halligen ebenso wie die Atolle im Pazifik stehen als kleine vom Meeresspiegelanstieg bedrohte Eilande im globalen Fokus.

Dirk Meier

EINLEITUNG: DIE HALLIGEN EINST UND JETZT

Die heutigen Halligen (Halligfriesisch: *dä Halie*) im nordfriesischen Wattenmeer als kleine, nicht durch Deiche geschützte Marschinseln sind oberhalb des Mittleren Tidehochwassers (MThw) aufgewachsen. Als Schutz gegen diese wohnen die Menschen seit jeher auf aus Klei aufgehöhten Warften. Bis heute gehört bei Sturmfluten „Landunter" zum Alltag der ungefähr 360 Halligbewohner. Zu den Halligen im nordfriesischen Wattenmeer gehören Langeneß *(di Nees)*, Hooge *(di Huuge)*, Gröde *(di Grööe)*, Oland *(Ualöön)*, Nordstrandischmoor *(Lätj Möör)*, Hamburger Hallig *(Hamborjer Håli)*, Süderoog *(Saruug)*, Südfall, Norderoog *(Norderuug)* und Habel *(Haabel)*. Hinzu kommen an die Festlandsmarsch angedeichte Halligen.

In diesem Buch wollen wir, eingebettet in die Landschaftsgeschichte des südlichen nordfriesischen Wattenmeeres, die Entstehung und Geschichte der Halligen ebenso betrachten wie ihre traditionelle Wirtschaft. Auf der Basis transparent dargestellter geowissenschaftlicher und hydrologischer Forschungen verbinden wir den Blick zurück mit der Gegenwart und fragen auch nach der Zukunft der Halligen in Zeiten der globalen Klimaerwärmung mit dem damit verbundenen Meeresspiegelanstieg.

Neben den Naturgewalten, die in Form schwerer Sturmfluten die heutige nordfriesische Küstenlandschaft modellierten, hat der Mensch durch Deichbau, Entwässerung und Salztorfabbau seit dem Hochmittelalter aus dem Naturraum nicht nur eine Kulturlandschaft geformt, sondern auch nachhaltig in das Wattenmeer eingegriffen. Verbindungsdämme nach Nordstrand und zu den Halligen Oland, Langeneß sowie der Hamburger Hallig zerschneiden heute das randliche Festlandswatt. Ferner wurde durch die Vordeichung der Nordstrander Bucht die Insel Nordstrand aus Küstenschutzgründen mit dem Beltringharder Koog 1987 an das Festland angebunden.[1]

Seit 2004 sind die weltweit einmaligen Halligen mit ihrer nachhaltigen Vernetzung von Ökologie und Ökonomie Teil des Biosphärenreservates Schleswig-Holsteinisches Wattenmeer[2], das als Nationalpark seit 1985 unter Schutz steht und seit 2009 zum UNESCO-Weltnaturerbe gehört. Die größeren, ganzjährig bewohnten Halligen Nordstrandischmoor, Gröde-Apelland, Oland, Nordmarsch-Langeneß und Hooge gehören zur Entwicklungszone des Biosphärenreservates, in dem die Menschen selbst ihren einzigartigen Lebensraum durch nachhaltiges Wirtschaften erhalten. Über mehrere Jahrhunderte lebten die Halligbewohner allein von der Viehhaltung oder fuhren zur See, während heute der Tourismus den wichtigsten Wirtschaftszweig bildet. Viele Bewohner arbeiten auch beim Küstenschutz. Auf den kleineren Halligen Habel, Norderoog, Süderoog und Südfall hat die Natur Vorrang.

Das Wattenmeer ist das größte Ökosystem in Europa und bildet für den Vogelzug die zentrale Drehscheibe.[3] Von Mai bis September finden sich etwa 1,3 Millionen Vögel im schleswig-holsteinischen Wattenmeer ein.[4] Möwen, Enten und Stelzvögel leben hier von dem, was bei Niedrigwasser auf den Watten an Krebsen, Fischen, Muscheln und sonstigen Kleintieren zurückbleibt. Im flachen Wasser tauchen Gänse nach Muscheln, während andere in den Salzwiesen grasen. Nahrung bieten auch die Seegrasmatten, wie sie um die Halligen ursprünglich weiter verbreitet waren als heute.[5] Mindestens 10–12 Millionen Wat- und Wasservögel, darunter 2–2,5 Millionen Gänse und Enten, 6–7 Millionen Watvögel sowie 2–2,5 Millionen Möwen und Seeschwalben, halten sich innerhalb eines Jahres im gesamten Wattenmeer auf. Die meisten sind Zugvögel, die hier vor allem im Frühjahr und Herbst rasten, um sich Fettreserven für ihre langen Flüge in ihre subarktischen und arktischen Brutgebiete bzw. südlichen Überwinterungsgebiete bis hin nach Afrika anzufressen.

Zwischen 1990 bis 1992 wurden in den Vorländern, auf den Inseln und Halligen sowie in den Speicherkögen im Durchschnitt etwa 91.000 Brutpaare an Küstenvögeln gezählt, darunter neben den schon genannten Eiderenten verschiedene Möwenarten, Austernfischer, Säbelschnäbler, Seegraspfeifer, Brandseeschwalben, Ringelgänse und andere. Fluss- und Küstenseeschwalben sowie Silbermöwen sind auf allen Halligen anzutreffen, während Brandseeschwalben vor allem auf Norderoog brüten.[6] Neben den Brandseeschwalben

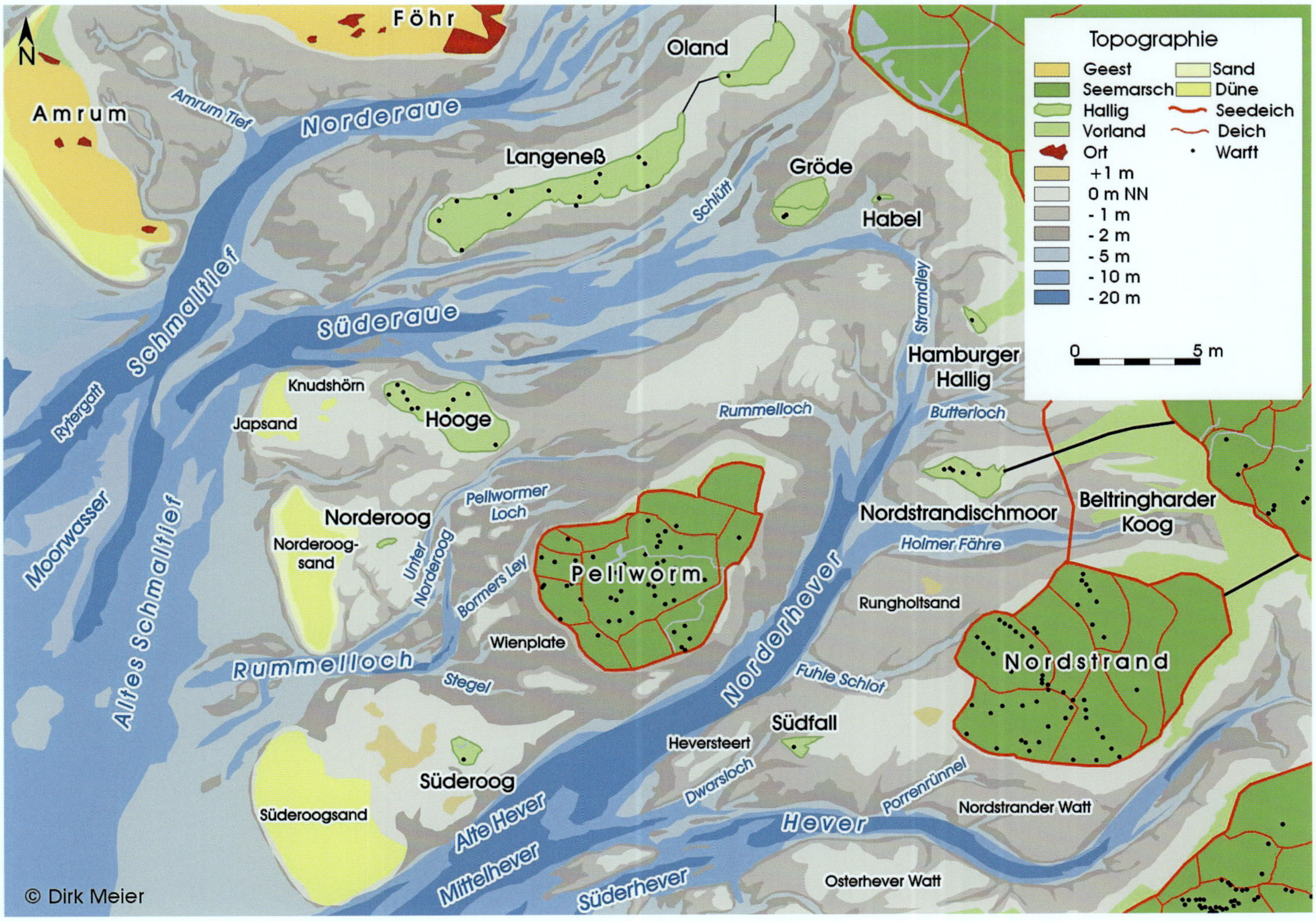

Südliches nordfriesisches Wattenmeer mit Halligen, Inseln, Warften, Kögen, Sänden, Watten und Prielen.

brüten u.a. hier auch Fluss- und Küstenseeschwalben.[7] Seeregenpfeifer und Zwergseeschwalbe finden sich u.a. auf Nordstrandischmoor und Langeneß sowie im Wattengebiet nördlich von Südfall.[8]

Eiderenten der nordischen Meeresküsten erreichen im Wattenmeer ihre südliche Verbreitungsgrenze. Außerhalb der Brutzeit halten sich diese ausschließlich auf dem offenen Meer auf. Die an der Nordsee angetroffenen Vögel stammen meist aus der Ostsee. Im Wattenmeer brüteten 1998 von den 6.000 Exemplaren etwa 200 in Schleswig-Holstein. Zu den Überwinterungs- und sommerlichen Mauserplätzen gehören im südlichen nordfriesischen Wattenmeer vor allem der Norder- und Süderoogsand, die Halligen Norder- und Süderoog, die Hamburger Hallig, Hallig Habel, Hallig Gröde, Hallig Oland, Hallig Hooge mit den umgebenden Watten.[9] Dabei haben die Bestände der drei wichtigsten pflanzenfressenden Vogelarten nach starken Rückgängen zu Beginn des 20. Jahrhunderts sich erholt und so zugenommen, dass Enten und Gänse viele Fraßschäden für die Landwirte auf den Halligen verursachen.[10] Damit diese nicht zur existenziellen Bedrohung werden, darf „das neue Gänse-Monitoring-Projekt des Landes nicht zu einer weiteren Verzögerung von Entschädigungszahlungen führen", forderte 2019 der Landrat des Kreises Nordfriesland Dieter Harrsen.[11]

Es sei nicht vergessen, dass früher die Vogeljagd und das Sammeln von Eiern zur traditionellen Halligwirtschaft gehörten. Hinzu kam neben dem Fischfang die Jagd auf Seehunde und Kegelrobben, deren geschützte Liegeplätze sich heute im südlichen nordfriesischen Wattenmeer vor allem auf den Watten südwestlich von Langeneß, westlich von Hooge und Pellworm sowie auf Norder- und Süderoogsand befinden.[12] Ferner sammelten die Halligbewohner Muscheln. Miesmuschelbänke finden sich heute noch bei Hooge, Langeneß und Gröde.[13]

Hamburger Hallig mit natürlichem Prielverlauf und Salzwiese.
Foto: Dirk Meier

Landunter auf einer Hallig.
Foto: Walter Raabe

Die Natur bot von jeher nicht nur ein Nahrungsangebot für die Menschen auf den Halligen, sondern sie schuf diese auch. Der Aufwuchs einer Hallig über dem Spiegel des Mittleren Tidehochwassers (MThw) und den Wattsedimenten erfolgt nur bei sehr hohen Wasserständen. Die Höhe der bei Sturmfluten abgelagerten Sedimente auf begrüntem Halligland steht in einer Beziehung zum örtlichen MThw, da die absolute Höhe des möglichen Wasserstaus bei auflandigen Winden vor allem von der Höhe des MThw abhängt. Sandig-toniges Material lagert sich dabei an der schleswig-holsteinischen Nordseeküste unter günstigen Bedingungen bis etwa 1,50 m über MThw ab.[14] Durch abgelagerte Schwebstoffe entsteht ein Anwachs, deren charakteristische Parallelschichtung aus Sanden und Tonen sich an natürlichen Abbruchkanten beobachten lässt, wie sie vor ihrer künstlichen Befestigung alle Halligen aufwiesen. In seiner Struktur unterscheidet sich der Anwachs mit seinen feinen Sand- und Tonablagerungen von den unter dem Niveau des MThw abgelagerten Wattsedimenten. Sturmfluten, welche die Halligen überschwemmen, erhöhen diese also durch die Ablagerung von Sedimenten, verursachen aber auch Abbrüche an ungeschützten Halligkanten. Die Oberfläche der heutigen Halligen liegt meist um 2 m über dem Meeresspiegel (NN = Normalnull)[15], an den Rändern der Prielströme bis NN +2,5 m und fällt im Inneren bis NN +1,5 m, somit etwa 1 m über MThw ab.

Die Halligen umgibt das Watt. Zu dessen Bildung tragen neben den abgelagerten Meeressedimenten die im Wattboden lebenden Muscheln und Würmer mit ihren Ausscheidungen bei. Aufgrund der Dynamik von Strömung und Wind mit den sich verändernden Prielen unterliegt das Watt einem ständigen Wandel. So trägt das Meer auch Sände und Nehrungen an den Strandküsten ab und verfrachtet das Material. Aus diesen Sedimenten wächst das Watt auf. Die Wattflächen erstrecken sich zwischen der Mittleren Tidehoch- und Niedrigwasserlinie, die am Süderoogsand südwestlich von Pellworm etwa bei NN -1,50 m, in Husum bei NN -1,85 m liegt. Das Tidehochwasser läuft hier etwa zwischen NN +1,30 und +1,55 m auf.

Zwischen den Inseln und Sänden leiten große und kleine Priele täglich zweimal mit Flut- und Ebbstrom große Wassermassen in das Watt ein und aus. Die Ebbströmung formt an den Prielen Gleit- und Prallhänge. Je nach diesen Gezeitenströmen, nach Wind und Seegang, nach ihrer Lage zu der dem Wind zu- oder abgewandten Seite sind die Wasserbewegung und die Transportkraft verschieden. So transportiert schnell bewegtes Wasser deutlich mehr gröberes Material. Die Anhäufung von Sanden spricht daher für rasche Ablagerungsbedingungen, die von Tonen und Schluffen für langsamere. Neben den Meeresströmungen verfrachten auch große flache Flussmündungen wie Elbe und Eider sowie unzählige mäandrierende Priele Sedimente aus dem Binnenland in das Wattenmeer, die sich dank langsamer Strömungsgeschwindigkeit im flachen Land vor der Küste setzen können. Neben der erosiven Kraft des ablaufenden Wassers während der Ebbströmung verursacht die Flutströmung morphologische Veränderungen, sodass sich Sand-, Schlick- und Muschelbänke bilden.

Über 90 Prozent der Ablagerungen bestehen aus grobkörnigem Sand, während Flussmündungen, die Nordsee und der Ärmelkanal feinkörnigeres Material mit sich führen. Entsprechend der Körnung lassen sich Sand-, Misch- und Schlickwatt unterscheiden. Generell lagern sich grobkörnigere Sande an windigeren, offeneren Stellen bei unruhigen Wasserbedingungen ab, so vor allem an den Seeseiten der Inseln, wo sie sich zu Sandbänken und Dünen auftürmen. Hingegen sammeln sich Schluffe und Tone vor allem an ruhigen, geschützten Stellen.

Das Watt umfasst drei Zonen: die sog. *sublitorale* Zone mit ihren großen Gezeitenströmen, die das Wattenmeer mit dem offenen Meer verbinden und in denen das Wasser entsprechend der Gezeiten ein- und ausströmt, liegt dauerhaft unter Wasser.

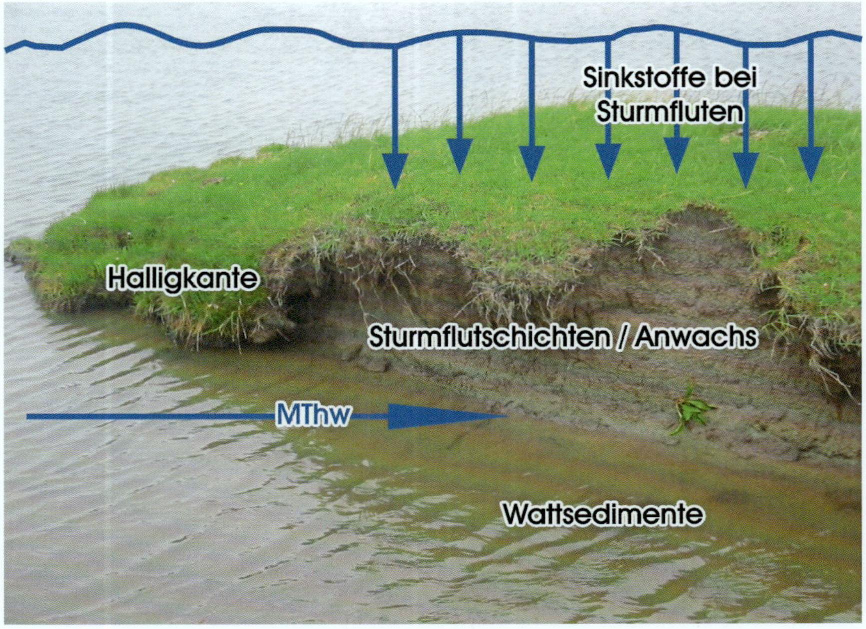

Der Aufwuchs einer Hallig erfolgt durch die Ablagerung von Sedimenten oberhalb des Mittleren Tidehochwassers (Anwachs) über den Wattsedimenten. Hier entsteht eine Salzwiese. Sturmfluten, welche die Halligen überschwemmen, erhöhen diese durch die Ablagerung von Sedimenten, zugleich verursachen sie Abbrüche an ungeschützten Halligkanten. Foto: Dirk Meier

Das als *eulitorale* Zone bezeichnete eigentliche Watt erstreckt sich zweimal am Tag über dem Wasserstand bei Niedrigwasser, aber darunter bei Hochwasser. Dieses Gebiet ist der Lebensraum der Muschelbänke und Wattwürmer sowie zahlreicher weiterer Organismen. Die eulitorale Zone nimmt etwa 40 Prozent der Wattenmeerfläche ein, davon entfallen etwa 76 Prozent auf Sandwatt, 18 Prozent auf Mischwatt und 6 Prozent auf Schlickwatt. In den Buchten des Wattenmeers liegt der eulitorale Anteil mit über zwei Dritteln besonders hoch, während dieser in den Seegatten und Tidenströmen zwischen Wattenmeer und Nordsee entsprechend geringer ist.

Oberhalb des Mittleren Tidehochwassers liegt die *suppralitorale* Zone, die nur bei Springtiden oder Sturmfluten, somit hoch auflaufenden Wasserständen, vom Meer überflutet wird. Hier erstrecken sich die natürlich aufwachsenden Salzwiesen mit ihrer besonderen Flora und Fauna. Das Supralitoral umfasst 8 Prozent der Fläche, während der sublitorale Bereich knapp die Hälfte ausmacht.

Als erste Pflanze im noch tiefen Watt siedelt sich neben verschiedenen Algen das Seegras *(Zostera)* an. Ist das Schlickwatt bis zu einer Höhe von 50 cm unter MThw aufgewachsen, finden wir als Pionierpflanze den kammartigen grünen Queller *(Salicornia europaea)*, der die Wasserströmung bremst und die weitere Schlickablagerung fördert. Zwischen dem Queller wächst heute das künstlich eingeführte Reisgras *(Spartina towsendii)*. Hat die Anwachszone etwa die Höhe des MThw erreicht, breitet sich die Andelzone *(Pucinellia maritima)* mit ihren Blütenpflanzen aus, die nur noch höhere Windfluten überströmen. Diese prägen neben dem Andelgras weitere salztolerante Arten wie Strandaster, Strandsode, gewöhnlicher Strandflieder oder Keilmelde. In den höchsten Bereichen der Salzwiesen gedeiht der Rotschwingel *(Festuca salina)*. Die Rotschwingelzone wird nur noch in seltenen Ausnahmefällen überflutet. Deren Artenreichtum charakterisieren die prägnanten Arten Tausendgüldenkräuter, Roter Zahntrost, Strandwegerich und Lückensegge. Die Stengel der Salzwiesenpflanzen halten das bei Überflutungen abgelagerte Sediment fest.

Die Wassertiefe bei Hochwasser ist aufgrund der verschiedenen Höhenlage der Watten unterschiedlich. Die Pellwormer Plate nördlich von Pellworm wird noch bei einer Höhenlage der Watten von NN +0,8 m und einem MThw von NN +1,5 m um 0,7 m hoch überflutet. In den niedrigeren Partien des Watts, wie mit NN -0,5 bis -1 m am östlichen Rummelloch nördlich von Pellworm, liegt das MThw mit bis zu 2,5 m entsprechend höher.[16] An die Höhe des Wasserstandes ist die Entwicklung der Wellen und der überfluteten Watten eng gebunden.

Das Wattenmeer unterliegt den Kräften von Strömung, Wind und Gezeiten. Diese entstehen durch die Anziehungskräfte von Mond und Sonne. So rotieren Erde und Mond um einen gemeinsamen Schwerpunkt im Erdinneren. Durch die jeweilige Differenz im Abstand vom Mond- zum Erdmittelpunkt erzeugt das Ozeanwasser im Zenit des Mondes infolge der Gravitationskraft einen ersten Flutberg, während auf der anderen Erdhälfte die Zentrifugalkraft einen zweiten Flutberg bildet. Die Ausgleichströmung zwischen beiden Flutbergen führt zu Niedrigwasser. Eine Tide, bestehend aus Flut und Ebbe, dauert in der Nordsee im Mittel etwa einen halben mittleren Mondtag von 12 Stunden und 25 Minuten. An der Nordseeküste treten die Gezeiten zeitlich etwas unterschiedlich ein. Bei jeder Flut reichen die Schwingungswellen des Atlantischen Ozeans bis in das Randmeer der Nordsee.[17] Von den Shetland Inseln verlaufen sie weiter bis an die Ostküste Englands und treffen im Ärmelkanal auf die südlichen Schwingungswellen, erreichen die Deutsche Bucht, die Ostfriesischen Inseln und strömen dann nordwärts entlang der schleswig-holsteinischen und dänischen Nordseeküste, um dann in einer bogenförmigen Bewegung wieder den Atlantischen Ozean zu erreichen. Von der niederländischen Küste bis nach Sylt braucht die Gezeitenwelle etwa 3,5 Stunden. Neben dieser verläuft in der Nordsee eine beständige Strömung aus der Richtung des Ärmelkanals von Südwesten nach Nordosten, die sich auch innerhalb des Wattenmeers fortsetzt und Sedimente aus der Kanal-

Queller, Pionierpflanze im Watt. Foto: Dirk Meier

mündung sowie von der holländischen Küste weiter nach Nordosten verfrachtet. So wird das durch den Rhein und andere Flussmündungen in die Nordsee fließende Süßwasser verteilt.

Aufgrund der Gezeitendynamik an der südlichen Nordseeküste ist das Auflaufen der Flut mit höheren Strömungsgeschwindigkeiten verbunden und benötigt nur etwa 85 Prozent der Zeit des bei Ebbe ablaufenden Wassers. So reißt die Flut Sedimente aus dem tieferen Wasser mit, welche die ablaufende Strömung aufgrund der niedrigeren Geschwindigkeit nicht wieder aus dem niedrigeren Wasser abtragen kann.

Der individuelle Verlauf der Gezeiten im Küstenbereich weicht beträchtlich von der offenen See ab, da im flachen Wasserbereich Richtung und Stärke der Wasserbewegung sowie Boden- und Küstenrelief in einer gegengesetzten Wechselbeziehung stehen. Die Gezeitenbewegungen messen Pegel, die als Höhenbezug den Wert Pegelnull (PN = Normalnull -500 cm) verwenden. Den Wert zwischen Tideniedrigwasser und Tidehochwasser bezeichnet man als Tidenhub. Der Mittlere Tidenhub zwischen dem Mittleren Tidehoch- und Tiedenniedrigwasser im nordfriesischen Wattenmeer beträgt etwa an der seeseitigen Grenze der Hevermündung 2,7 m, am Husumer Pegel bei 3,5 m und bei Schlüttsiel etwa 3,2 m.

Da sonst nirgendwo auf der Erde der Tidenhub an einer langen Flachmeerküste so hoch ist wie an der südlichen Nordseeküste, fallen bei Ebbe ca. 4.700 km² trocken und werden dann wieder überflutet.[18] Bei Flut strömt das auflaufende Wasser zunächst in die tiefen Priele als Vorfluter und breitet sich dann über die Watten aus, bei Ebbe verläuft der Prozess umgekehrt. Das schneller ab- als auflaufende Wasser bedingt starke Strömungen, die in den Prielen zwischen einzelnen Inseln bis zu 1,8 m/Sekunde betragen können. Die bei Sturmfluten auftretenden Strömungsgeschwindigkeiten übertreffen dabei die Maximalgeschwindigkeiten der normalen Tide um das Zwei- bis Dreifache. Im Bodenbereich der Priele finden sich bei größeren Fließgeschwindigkeiten Bodenrippeln, zur Seeseite beeinflusst diese vorwiegend der Ebbstrom, zur Landseite der Flutstrom. Bei starken landeinwärts gerichteten Triftströmungen führt der Rücktransport des vom Wind an der Küste gestauten Wassers zur See hin zu einer Vertiefung der Wattrinnen. Neben Brandung und Strömung formt in kalten Wintern auch das Eis die Gestalt der Wattoberflächen und kann – wie bei der Eisflut von 1718 – erhebliche Schäden an den Deichen verursachen.

Die Seegangsrichtung erfolgt mit den vorherrschenden Winden meist aus Westen. Durch Windstau und Brandung verstärkte Sturmfluten sind bei Starkwinden aus westlichen Richtungen und plötzlichen Luftdruckschwankungen bei Durchzug von Zyklonen besonders bedrohlich. Bei außergewöhnlich hohen Wasserständen kann dabei sogar die Ebbe ausbleiben. Windstärke als auch Windrichtung unterliegen aber auch Variationen. Beispielsweise gab es in dem Katastrophenwinter 1978/79 sehr niedrige Windgeschwindigkeiten und kaum in die Nordsee einfließendes warmes Atlantikwasser. Dessen Menge beeinflusst die Wintertemperaturen. Eine Vereisung der Nordsee ist daher eher selten. Die Niederschlagsmenge nimmt von Osten nach Westen zu und liegt zwischen 200 bis 400 mm im niederländischen Wattenmeer sowie zwischen 400 bis 600 mm im deutschen und dänischen Wattenmeer und ist nur an der Elbmündung mit bis 1.000 mm noch höher.

Das nordfriesische Wattenmeer zerschneiden bis 20 m tiefe breite Prielströme, so die Hever zwischen Eiderstedt im Süden und den Inseln Pellworm und Nordstrand im Norden, dann die von dieser abzweigenden Norderhever zwischen Pellworm und Nordstrand, auch das Rummelloch sowie das Hoogeloch westlich und nördlich von Pellworm. Weiter im Norden verlaufen die Süderaue zwischen den Halligen Hooge im Süden und Langeneß im Norden, die Norderaue zwischen Langeneß, Amrum und Föhr, das Hörnumtief zwischen der Geestinsel Sylt und Föhr sowie das Lister Tief zwischen Sylt und der dänischen Insel Rømø. Die auch bei Niedrigwasser mit Meerwasser gefüllten Wattströme verzweigen sich in unzählige kleinere Rinnensysteme. Zu diesen zählen etwa im Bereich der Süderaue der Schlütt und das Strandley. Zur Norderhever gehören die Einzugsrinnen von Holmer Fähre, Butterloch, Rummelloch-Ost, Fuhle Schlot und Beensley. Der Heverstrom erreicht mit seinen Seitenprielen die Süderhever, die zwischen Süderoogsand und der Halbinsel Eiderstedt in die offene Nordsee führt.

Meeresströmungen, Windkräfte und Brandung an ihren Westseiten bestimmen auch die oberhalb des MThw aufgewachsenen, von Prielströmen getrennten nordfriesischen Außensände, wie dem Süderoog- und Norderoogsand, dem Japsand sowie den Knobsänden bei Amrum. Der nach Osten abfallende Süderoogsand, der ohne sichtbare Grenze in das Sandwatt übergeht, wandert bis zu 30 m im Jahr nach Osten. Auf dessen Außenrand entstehen unter günstigen Bedingungen zeitweise Dünen.

Da auf Süderoogsand früher oft Segelschiffe strandeten, ließ 1867 die preußische Verwaltung eine Bake mit einem Schutzraum für Schiffbrüchige errichten, die infolge von Zerstörungen und Verlagerungen des Außensandes bis 1985 mehrfach versetzt werden musste. Nördlich trennt das Rummelloch den Süderoog- vom Norderoogsand. Im nördlichen Drittel des unbewachsenen Norderoogsandes haben sich seit Ende der 1990er Jahre Dünen gebildet. Der kleine, etwa 2 km westlich von Hallig Hooge gelegene Japsand verlagert sich wie die anderen zur Küste hin. Nach Strömungsmodellen dürfte sich dieser bis 2050 mit dem benachbarten Norderoogsand verbinden und bei seiner Wanderung die Hallig Norderoog übersanden. Auch die anderen Sände wandern langsam nach Osten.

Der größte Teil des Japsandes liegt ebenso wie die anderen nordfriesischen Außensände in der Schutzzone 1 des Nationalparks Schleswig-Holsteinisches Wattenmeer und darf daher nur mit Ausnahmegenehmigung betreten werden. Nur die Nordspitze des Japsands ist im Rahmen von geführten Wattwanderungen von Hooge aus zugänglich. Diese von hohen Watten umgebenden, bis NN +2 m hohen Außensände erreichen teilweise das Höhenniveau der Halligen. Nach Osten hin Richtung Pellworm sinken hingegen die Wattoberflächen ab. Bezieht man die bis 20 m tiefen Wattenrinnen mit ein, so zeigen sich im heutigen Wattenmeer erhebliche Reliefunterschiede. Hinter den bis NN +8,5 m hohen Seedeichen liegen auf Pellworm die ältesten Köge auf einem Niveau von NN -0,5 m.

Nicht nur die Außensände, sondern auch die Halligen unterlagen vor der künstlichen Befestigung ihrer Kanten zu Beginn des 20. Jahrhunderts Lage- und Größenveränderungen, wobei dem Abbruch an den westlichen Halligkanten Anwachs an den Leeseiten im Osten gegenüberstand. Als Wellenbrecher haben die Halligen ebenso wie die

Blühende Hallig. Ölbild von Jacob Alberts, um 1895. Museumsberg Flensburg

Inseln eine wichtige Schutzfunktion für das Festland und stabilisieren die Watten. Deren Anzahl war in der frühen Neuzeit noch weit größer als heute. Wie viele infolge von Sturmfluten früher vom Meer abgetragen wurden, ist nicht eindeutig zu klären, da die frühneuzeitlichen Karten viele Eilande nicht benennen und die schriftlichen Belege nicht ausreichen. In seinem grundlegenden Werk zu den Halligen schrieb Friedrich Müller 1917, „daß man nicht fehl gehen wird, wenn man mindestens etwa 50 ehemalige Landteile des alten Nordfriesland annimmt, die den Halligcharakter besaßen".[19]

Die heutigen nordfriesischen Halligen sind als natürlicher Landaufwuchs junger Salzmarsch oberhalb von Sedimenten aufgewachsen, welche die in den katastrophalen Sturmfluten des 14. Jahrhunderts untergegangene, vom Menschen urbar gemachte und genutzte Kulturlandschaft bedecken. Nur die Hallig Nordstrandischmoor besteht aus Meeressedimenten, die oberhalb des nach der Burchardiflut von 1634 zerstörten Alt-Nordstrand zur Ablagerung kamen, während die Hamburger Hallig ein Rest des alten Vorlandes dieser Insel ist. Die erste Erwähnung der heutigen Halligen als *Halgen* reicht etwa bis zum Ende des 16. Jahrhunderts zurück. Deren Bewohner wurden *Halliglude* genannt. Ob das Wort *Halge-* oder Hallig mit dem altenglischen *halh* für einen erhöhten Boden in einer niedrigen Marsch zurückgeht, ist denkbar, aber nicht gesichert.[20] Auch könnte man an eine Ableitung des Wortes *holm* für Insel denken, noch heute heißt die angedeichte Insel Utholm im Westen Eiderstedts so, für die ganze nordfriesische Inselwelt ist seit dem Hochmittelalter die Bezeichnung *Uthlande (Utlande)* gebräuchlich. Doch sind auch andere Deutungen möglich. *Hall*-Ortsnamen, abgeleitet vom germanischen *hallan* für Salzkruste, erscheinen oft im Zusammenhang mit der Salzgewinnung.[21] So betrieben die Bewohner der nördlichen nordfriesischen Halligen traditionell lange Zeit Salztorfabbau.

Eine genauere Erforschung der Halligen setzte erst ein, als der Preußische Staat zu Beginn des 20. Jahrhunderts mit seiner Küstenschutzplanung und Landgewinnung begann. Dabei wurden die vorbereitenden Untersuchungen auf das Küstenvorfeld und das Wattenmeer ausgedehnt. Der Grund dafür war der drohende Verlust der Halligen, deren Bewohnbarkeit schon nach der verheerenden Sturmflut von 1825 in Frage gestellt worden war. Für deren Erhaltung hatte sich der mit der Lebenswelt auf den Halligen verbundene Dr. Eugen Träger, Kustos am Germanischen Nationalmuseum in Nürnberg und seit 1895 Mitarbeiter der Berliner Handelskammer, eingesetzt. Neben seiner Eingabe 1889 an das Preußische Ministerium für Landwirtschaft, Domänen und Forsten in Berlin machte er mit seinen Schriften „Die Halligen in der Nordsee" (1892) und „Im Banne der Nordsee" (1895) deren Probleme einem größeren Kreis bekannt und wandte sich direkt an die Kaiserin Auguste-Viktoria.[22] Träger interpretierte bereits richtig die Zerstörungsvorgänge an den Halligen als einen Teil der Veränderungen des Wattenmeeres, die sich auch auf die nordfriesische Festlandsküste auswirken. Ferner erkannte er, dass diese Naturvorgänge und die daraus abzuleitenden Maßnahmen nur bei einer gründlichen Kenntnis der historischen Landschaftsentwicklung des Wattenmeeres und der auf diesen Raum einwirkenden Naturkräfte und Aktivitäten des Menschen zu verstehen sind.

Sommerliche Halligwiese mit violett blühendem Widerstoß und dem silbergrauen Wermut. Foto: Dirk Meier

Daher vergab 1902 das zuständige Preußische Ministerium an den königlichen Baurat Friedrich Müller den Auftrag, eine umfassende Geschichte des Wasserwesens an der schleswig-holsteinischen Nordseeküste zu verfassen. Müller wollte seine Arbeit in drei große Teile gliedern, welche die Abschnitte „Die Halligen", „Die Inseln" und „Das Festland" umfassen sollten.[23] Der 1855 in Emmerich am Rhein geborene Friedrich Müller hatte ein

Bauingenieurstudium absolviert und als Wasserbauingenieur zunächst in Wesel gearbeitet, bevor er 1893 an das Preußische Ministerium der Öffentlichen Arbeiten wechselte und von 1898 bis 1902 beim Wasserbauamt auf Pellworm tätig war. Danach arbeitete er für die Regierung der preußischen Provinz Schleswig-Holstein. Nach Beendigung seiner wissenschaftlichen Studien zu den Halligen 1910 in Berlin wurde er dafür zum Professor und Königlichen Baurat ernannt. Er starb 1914, bevor sein Werk „Die Halligen" 1917 im Druck erschien. Im Vorwort des ersten Teils zu den Halligen schrieb er:

„Zu einer rechten Beurteilung der gegenwärtigen Zustände und zukünftigen Verhältnisse kann eine eingehende Kenntnis der Vergangenheit in hohem Grade beitragen. Ja, die Gegenwart erscheint erst im rechten Lichte und das Verständnis der ganzen Gestaltungsformen der heutigen Westküste wird erst zu einem klaren, wenn der geschichtliche Werdegang dieses wohl eigenartigsten Teiles unserer vaterländischen Küste vor Augen liegt. Wenn auch kein Zweig der Ingenieurwissenschaften, gerade wie der Wasserbau und davon insbesondere der Seebau, mit seiner gewichtigen Rolle im wasserwirtschaftlichen Leben zu einer geschichtlichen Behandlung sich so vorzüglich eignet, so ist doch die diesbezügliche Literatur eine ziemlich dürftige. Durch das vorliegende Werk soll nach Möglichkeit zur Ausfüllung dieser Lücke beigetragen werden."

Dessen Fortsetzung verhinderten der Erste Weltkrieg und Müllers früher Tod. Die weiteren Arbeiten übernahm zunächst der Regierungsbaurat Jacoby, der jedoch unter dem Nationalsozialismus seinen Posten verlor. An seine Stelle trat 1934 im Auftrag des Preußischen Ministers für Landwirtschaft, Domänen und Forsten der Regierungsbaurat Dr.-Ing. Otto Fischer, der von 1935 bis 1938 den II. Teil „Die Inseln" bearbeitete und publizierte. Nach einer erneuten Unterbrechung durch den Zweiten Weltkrieg erhielt Fischer 1952 vom Minister für Ernährung, Landwirtschaft und Forsten des Landes Schleswig-Holstein den Auftrag, das Werk mit dem III. Teil „Das Festland" abzuschließen.[24] Darin bezog er auch Teile des Wattenmeeres ein. Fischer ergänzte zugleich das Vorhaben von Müller für den I. Teil um die „Sonderprobleme des Küstenraumes" und die „Hydrographie des Küstengebietes".

Priele als Gestalter des Wattenmeeres. Bei Niedrigwasser erkennt man deutlich die Gleit- und Prallhänge. Im Hintergrund Hallig Südfall. Foto: Dirk Meier

Das Wattenmeer war bereits vor dem Zweiten Weltkrieg Gegenstand geologischer, bodenkundlicher, siedlungsgeschichtlicher, gewässerkundlicher und biologischer Untersuchungen der Forschungsstelle Westküste gewesen, aus denen man neue Erkenntnisse über die Auswirkungen der Nordsee auf das Wattenmeer gewann. Dabei beinhalteten die Untersuchungen der 1930er Jahre neben Bohrungen auch eine Vermessung des Wattenmeeres mit Luftbildern, Nivellements und Peilungen. Diese waren grundlegend für die Beurteilung der zu erwartenden Veränderungen des Küstenraumes.

Auf diese Ergebnisse konnte sich Fischer ebenso stützen wie auf die geologischen Untersuchungen von Erich Dittmer und die archäologische Erfassung der Kulturspuren durch Albert Bantelmann.[25] Letztere Forschungen standen zugleich in Verbindung mit der Frage der Küstensenkung und des Meeresspiegelanstiegs. Die Forschungsstelle Westküste als Behörde des Preußischen Ministeriums für Landwirtschaft baute der studierte Biologe, Geograph und Meereskundler Erich Wohlenberg in Büsum auf. Diese zog 1938 in das neu eingerichtete Nissenhaus, heute Nordseemuseum, in Husum.[26] Wohlenberg befasste sich vor allem mit den praktischen und wissenschaftlichen Fragen der Landgewinnung. In der Tradition dieser ehemaligen Forschungsstelle versteht sich das 1988 gegründete Forschungs- und Technologiezentrum Westküste als zentrale Einrichtung der Christian-Albrechts-Universität Kiel in Büsum mit seiner interdisziplinären Nordseeküstenforschung. Für die geoarchäologische und historische Küstenforschung waren hier insbesondere die Untersuchungen der Arbeitsgruppe Küstenarchäologie unter Leitung des Verfassers maßgeblich.[27]

Eine erste kulturlandschaftliche Erfassung der Halligen verbunden mit Forschungen zur Landschafts- und Siedlungsgeschichte des südlichen nordfriesischen Wattenmeeres legten Michael Müller-Wille und Hans Joachim Kühn im Rahmen des von der Deutschen Forschungsgemeinschaft geförderten Norderhever-Projektes 1988 vor. Dabei führte Dietrich Hoffmann zahlreiche Bohrungen auf den Inseln Pellworm und Nordstrand, den Halligen und im Wattenmeer durch, während Hans Joachim Kühn archäologische Grabungsschnitte auf Warften anlegte.[28] Es folgte 2013 durch Dirk Meier, Hans Joachim Kühn und Guus J.

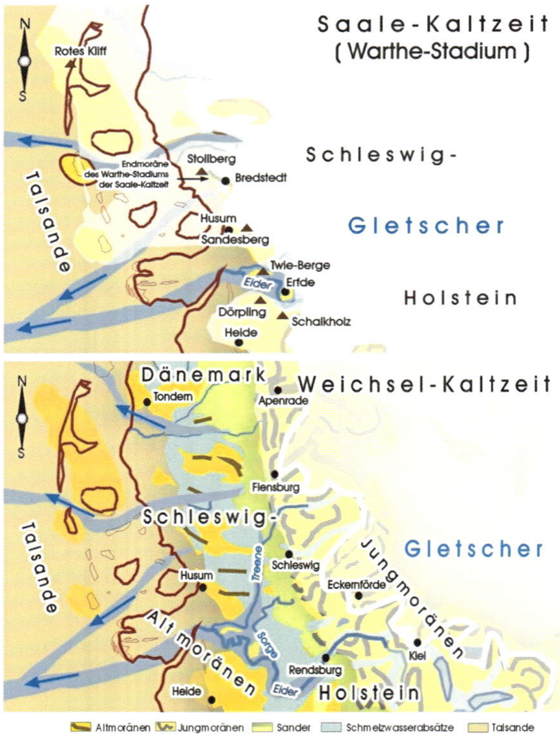

Geologische Karte der Saale-Kaltzeit (Warthe-Stadium) und der Weichsel-Kaltzeit mit Gletschern, Moränen, Talsanden und nach Westen und Nordwesten verlaufenden Schmelzwassertälern.

Borger „Der Küstenatlas. Das schleswig-holsteinische Wattenmeer in Vergangenheit und Gegenwart“ als grundlegende Publikation zu den Kulturspuren sowie zur Landschaftsgeschichte der schleswig-holsteinischen Nordseeküste. Weitere Bücher von Dirk Meier zwischen 2001 und 2018 sind: „Landschaftsentwicklung und Siedlungsgeschichte des Eiderstedter und Dithmarscher Küstengebietes als Teilregionen des Nordseeküstenraumes“, „Sylt. Eine Landschaftsgeschichte“, „Die Eider. Flusslandschaft und Geschichte“, „Die Unterelbe. Vom Urstromtal bis zur Elbvertiefung“ und „Schleswig-Holstein. Eine Landschaftsgeschichte“ . Hingewiesen sei ferner auf weitere Publikationen zu den nordfriesischen Inseln.[29]

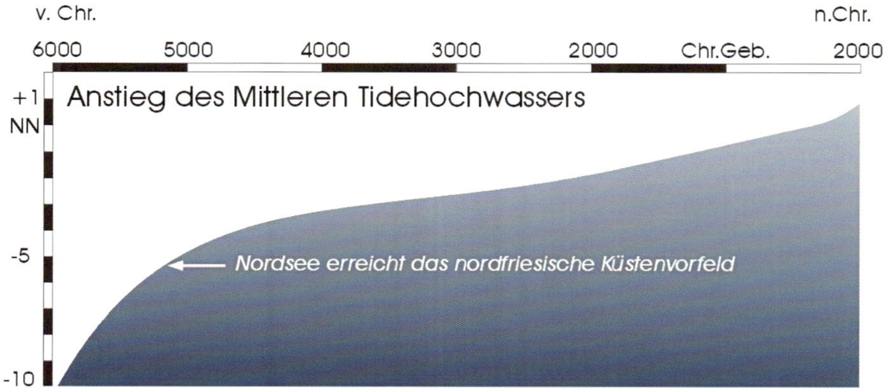

Anstiegskurve des Mittleren Tidehochwassers in Nordfriesland, basierend auf C-14 Datierungen von Sylt, verändert nach Dietrich Hoffmann.

Da wir die wechselvolle Landschaftsgeschichte der nordfriesischen Uthlande mit ihren Kulturspuren als Zeitdokumente vergangener Sturmflutkatastrophen bereits 2013 im Küstenatlas behandelt haben, können wir uns hier auf einige Bemerkungen zur Geologie des nordfriesischen Küstengebietes beschränken.[30] Diese sind jedoch für die Interpretation der Landschaftsgeschichte der Halligen wesentlich. Das heutige nordfriesische Wattenmeer erstreckt sich von der offenen Nordsee im Westen bis zu den Festlandsmarschen im Osten. Daran schließen sich mit der Geest die Schuttablagerungen der Altmoränen der Saale-Kaltzeit an. Wie diese entstanden auch die der nordfriesischen Geestkerninseln Föhr, Amrum und Sylt während des Warthe-Stadiums dieser vorletzten Kaltzeit vor etwa 130.000 Jahren. Von der 43,4 m hohen Endmoräne des Stollbergs bei Bordelum in Nordfriesland hat man einen Ausblick auf einen Teil des Wattenmeeres.[31] Nach dem Abklingen der Kaltzeit mit wärmer werdenden Klima stieg der Meeresspiegel stark an und in der folgenden Eem-Warmzeit drang das Meer bis zu den nordfriesischen Geestkernen vor.

Als es mit der nachfolgenden Weichsel-Kaltzeit vor 115.000 Jahren wieder kälter wurde, reichten die Gletscher von Skandinavien her bis in das östliche Schleswig-Holstein. Den Nordseeraum als Kältesteppe mit seinen ausgedehnten Sanderflächen beherrschte eine Tundra. Hier suchte sich das Schmelzwasser des Eisrandes im Osten Schleswig-Holsteins durch Täler und Rinnen seinen Weg nach Westen. Zwischen diesen Talbereichen erstreckten sich höhere sandige Partien. Dabei fällt die pleistozäne Oberfläche in Nordfriesland flacher nach Westen ab als weiter südlich im Bereich des Eiderurstromtals, Dithmarschens und des Elbeurstromtals. Die Schmelzwässer lösten zugleich die ursprünglich stärker geschlossenen Altmoränenkomplexe inselartig auf. Solche Höhenunterschiede finden sich etwa noch heute auf der Festlandsgeest bei Husum und Bredstedt, wo sich die von der Soholmer Au, der Arlau, der Treene und Eider durchzogenen moorigen Niederungsgebiete der ehemaligen Schmelzwasserrinnen deutlich abzeichnen.[32]

Um 9700 v. Chr. endete die Weichsel-Kaltzeit. Mit der Klimaerwärmung des Holozäns stieg der Meeresspiegel sehr stark an. Die Nordsee überflutete die flachen Sanderebenen des Nordseeraumes und schob einen Vernässungsgürtel von Mooren vor sich her. Um etwa 5000 v. Chr. erreichte das

Meer bei einem Niveau von etwa NN -5 m das Vorfeld der heutigen nordfriesischen Küste, drang in der Folgezeit über die tiefen Schmelzwassertäler der Weichsel-Kaltzeit vor, überflutete die Sanderebenen und bedeckte sie mit Sedimenten. Die heutigen Wattströme Hever, Norderhever, Fuhle Schlot, Westrummelloch, Süder- und Norderaue folgen im Untergrund Rinnen und Mulden in der alten, von Meeressedimenten und Torfen bedeckten pleistozänen Oberfläche, die sie im Verlauf des holozänen Meeresvorstoßes mit tonigen Sedimenten verfüllten. Nur bei den in das Kulturland der 1634 untergegangenen Insel Alt-Nordstrand vorgedrungenen Prielströmen der nördlichen Norderhever, des Osterrummellochs und des Beensleys ist dies weniger der Fall.[33] Um etwa 3000 v. Chr. erreichte die Nordsee die nordfriesische Festlandsgeest.[34]

Bei seinem Vordringen trug das Meer alte Geestkerne im Westen wie den Hever-Geestkern und die Amrum-Bank-Moräne ab, und es nagte an den Rändern der anderen. Deren abgebaute Kiese und Sande verfrachtete die Nordsee und schüttete mit dem Küstenlängsstrom im Westen des heutigen nordfriesischen Wattenmeeres Nehrungen auf. Mit nachlassendem Meeresspiegelanstieg entstand eine nur von Wasserläufen und Prielen durchbrochene Barriereküste, in deren Schutz weite Bereiche aussüßten und vermoorten. Reste dieser einstigen Nehrungsküste sind heute noch im Süden in Eiderstedt mit dem Tholendorfer Sandwall und der Garding-Tatinger Nehrung aus der Bronzezeit um 1400 v. Chr. vorhanden. Danach verlangsamte sich der Meeresspiegelanstieg. Zur Zeit der Ausdehnung der Vermoorung dürfte das Mittlere Tidehochwasser etwa ein Niveau von NN -1,1 bis -0,6 m erreicht haben.

Der im nördlichen Eiderstedt ausgeprägte, meist in einer Tiefe von NN -1 m über dem tonigen alten Klei erfasste Torfhorizont mit seiner ausgeprägten Süßwasservegetation wurde bei Westerhever auf ein Alter von 887±41 v. Chr. datiert.[35] Im nordfriesischen Bongsiel hatte sich nahe des Geestrandes über tonigen marinen Ablagerungen um 2526 v. Chr. ein Moor in einer Höhenlage von NN -3,33 bis -3,2 m entwickelt.[36] Um 2250±85 v. Chr. entstand ein Ried mit vielen Farnsporen. Danach überschwemmte das Meer erneut dieses Gebiet und zog sich wieder zurück, wie die Bildung eines Hochmoores zeigt, das um 1250 v. Chr. erneut Meeressedimente bedeckten. Die Oberfläche dieses weiten Moores lag im 1. Jahrtausend v. Chr. ursprünglich bei etwa NN +0,8 m. Danach traten in den aus Ton aufgebauten Gebieten Sackungen ein. Nur zwischen Rodenäs, Aventoft und der Wiedaumündung blieb eine bis Sylt reichende Meeresbucht bestehen. Doch verringerte sich auch hier der Meereseinfluss, sodass im Gebiet des späteren Gotteskooges und der Dagebüller Bucht bis hin zur Wiedingharde eine Vermoorung einsetzte.

Reste knorriger Baumstubben überwiegend von Erlen und Weiden aus der Zeit zwischen 1415 und 1115 v. Chr. in einer Höhenlage zwischen NN -1,25 bis -1,55 m sowie Schilfwurzeln finden sich im Watt um die Halligen Langeneß und Gröde. Der heutige Waldrest liegt oberhalb von tonigen Sedimenten, die sich hier um 3000 v. Chr. ablagerten, als die vordringende Nordsee die nordfriesische Festlandsküste erreichte, dabei die flächig verbreiteten Moore (Basaltorfe) oberhalb der hier bei NN -5 m liegenden pleistozänen Oberfläche überflutete und teilweise abtrug. Die abgelagerten Sedimente sind hier nur wenige Meter mächtig. Der seit 1500 v. Chr. schwächer werdende Meeresspiegelanstieg zusammen mit der Ausbildung der Barriereküste im Westen begünstigte dann eine Vegetation mit Gehölzen. Eine Waldbildung ist auch im südlich gelegenen Bereich des Prielstroms Beensley belegt, wo ein Baumstubben aus der Zeit um 1500 bis 1200 v. Chr. ebenfalls älter ist als die benachbarten Torfe. Neben der Erle wuchsen im grundwassernahen Milieu Weiden. Das im Gebiet bei Hallig Gröde später einsetzenden Torfwachstum führte zur Bildung eines weiteren Torfes in einer Tiefe zwischen NN -1,7 und -1,4 m. Um die 30 cm dicke Bruchwaldorfe finden sich auch westlich der Hallig Oland, während diese weiter nach Westen an Mächtigkeit zunehmen. Auch während der Torfbildung bestand hier ein von Erlen geprägter Bruchwald, was auch ein nördlich von Gröde gefundener Baumstamm belegt. Die jungbronzezeitlichen Wälder überflutete die Nordsee gegen Ende des 2. Jahrtausends v. Chr., im Gebiet um Hallig Gröde etwa um 1020 v. Chr.[37]

Die Vegetationsfolge von Schilftorfen, Bruchwaldtorfen und Hochmoor belegt die weitgehende Abschottung des heutigen nordfriesischen Wattenmeeres von Salzwasser, auch der Zufluss der kleinen Geestzuflüsse war nur gering. Über Priele drangen Sturmfluten zwar in die Moorlandschaft vor, die Brackwassersümpfe mit Schilfrohr *(Phragmites communis)* wirkten jedoch wie ein Schwamm, hemmten die Strömung und banden das Wasser. Dieser Prozess verursachte eine weitere Absenkung

Das nordfriesische Küstengebiet um 1500 v. Chr. Im Westen des heutigen nordfriesischen Wattenmeeres ist eine Barriereküste aus alten Geestkernen und Nehrungen entstanden. In deren Schutz hat sich ein Moor aufgebaut. Die Moorgebiete wurden von Jägern und Sammlern der Steinbronzezeit aufgesucht (geographische Vorstellung auf der Basis geoarchäologischer Untersuchungen).

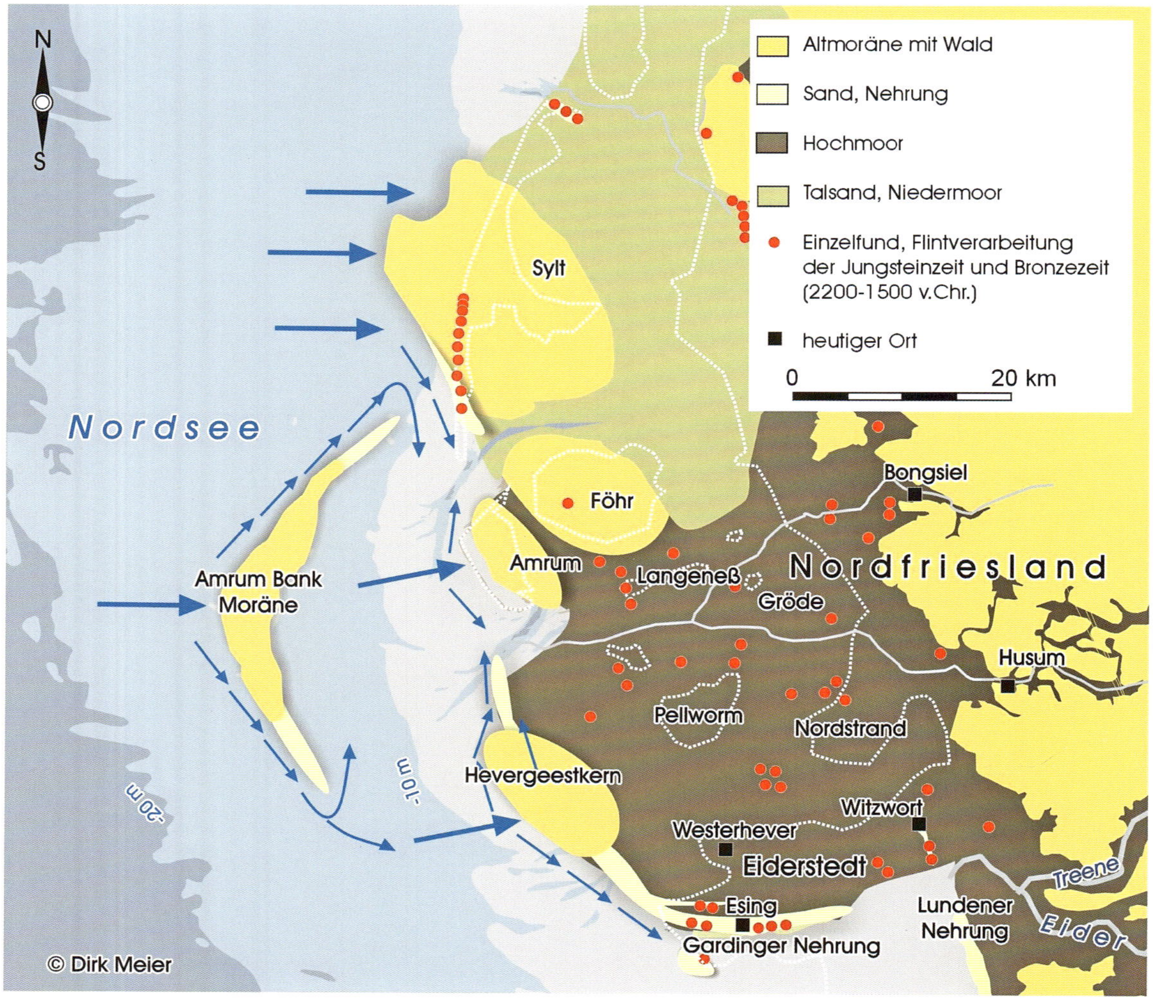

Blockbild der nordfriesischen Küstenlandschaft in der Bronzezeit und bronzezeitliche Waldreste bei Hallig Gröde aus der Zeit um 1500 v. Chr. im Watt. Foto: Dietrich Hoffmann

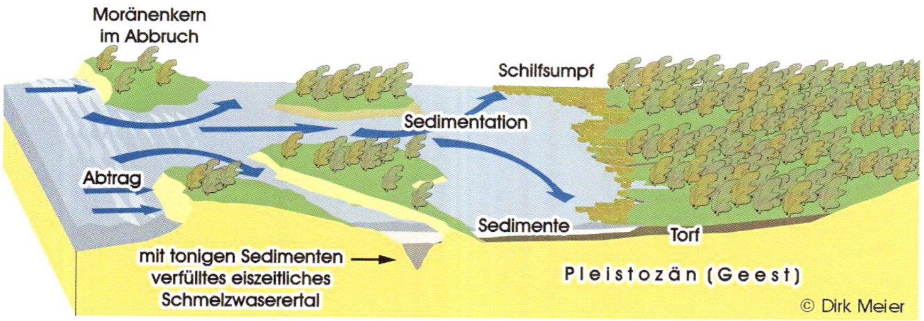

des Wasserspiegels in den küstenfernen Gebieten. Nur feinste Partikel konnten hier durch das Halmdickicht vom Wasser mitgeführt und sedimentiert werden während sich gröbere nahe der Küste ablagerten. In den küstenfernsten Gebieten, wo sich von der Geest abfließendes Wasser und Regenwasser staute, wuchsen sich weiter erhöhende Schilftorfmoore. Unterblieben hier die Salzwasserüberschwemmungen, entstanden Bruchwälder und Hochmoore.

Mit dem Abbau der Barriereküste aus Nehrungen und Geestkernen bedeckte die langsam vordringenden Nordsee das Moor im Westen mit tonigen Sedimenten, worauf Seemarschen aufwuchsen.[38] Nach Sammelfunden aus dem Watt bei Pellworm und Hallig Hooge könnten diese bereits in den ersten nachchristlichen Jahrhunderten, sicherlich aber seit dem 8./9. Jahrhundert besiedelt gewesen sein.[39] Noch aber waren für eine von der Viehhaltung abhängige Bevölkerung weite, von

Mooren bedeckte Gebiete im Bereich des heutigen nordfriesischen Wattenmeeres für die Siedler nicht nutzbar.

Die Urbarmachung dieser Wildnisse für den Getreideanbau wurde jedoch mit dem Bevölkerungsanstieg seit dem Beginn des Hochmittelalters um 1000 n. Chr. vorrangig. Verbunden mit diesem Landesausbau werden friesische Einwanderer aus den nördlichen Niederlanden, nachdem eine erste Migration schon im frühen Mittelalter nördlich der Eider erfolgte.[40]

Ausgehend von den besiedelten Seemarschen im Westen der nordfriesischen Uthlande erschloss nun ein Landesausbau mit der Anlage von Deichen, regelmäßigen Hofwarftenreihen und Sielzügen mit anschließenden Streifenfuren die Moorgebiete. Solche technischen Verfahren der künstlichen Entwässerung hatten sich von Holland aus über die Fluss- und Seemarschen der südlichen Nordseeküste ausgebreitet. Auch in Nordfriesland finden sich typische Siedlungsmuster aus dieser Zeit mit planvollen Marsch- oder Moorhufensiedlungen im mittleren Eiderstedt zwischen Oldenswort, Kotzenbüll, Witzwort und Uelvesbüll sowie auf Nordstrand.

Hingegen charakterisieren auf Pellworm unregelmäßig verteilte, aus Klei aufgeworfene hohe Warften verbunden mit umgebenen Blockfluren die mittelalterliche Kulturlandschaft. Wie im nordwestlichen Eiderstedt entstanden auch in der 1231 im Erdbuch des dänischen Königs Waldemar genannten Pellwormharde aus mehreren Kleinkögen größere bedeichte Gebiete, die sicherlich bis zu den heutigen nordfriesischen Außensänden reichten. Ihre westlichen Teile gingen infolge der spätmittelalterlichen Meereseinbrüche unter und wurden mit Sedimenten bedeckt.

Die größeren Landverluste erfolgten jedoch in den urbar gemachten Moorgebieten wie der östlich anschließenden Edomsharde sowie der Beltringharde und der Wiedrichsharde weiter im Norden. Hier waren die Tieferlegung der Landoberflächen durch Entwässerung, die dadurch bedingte Sackung der anmoorigen Böden und der Salztorf-

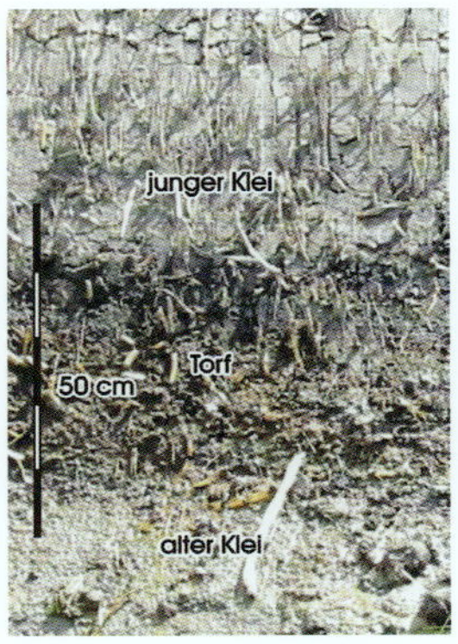

Torf zwischen altem und jungem Klei.
Foto: Dirk Meier

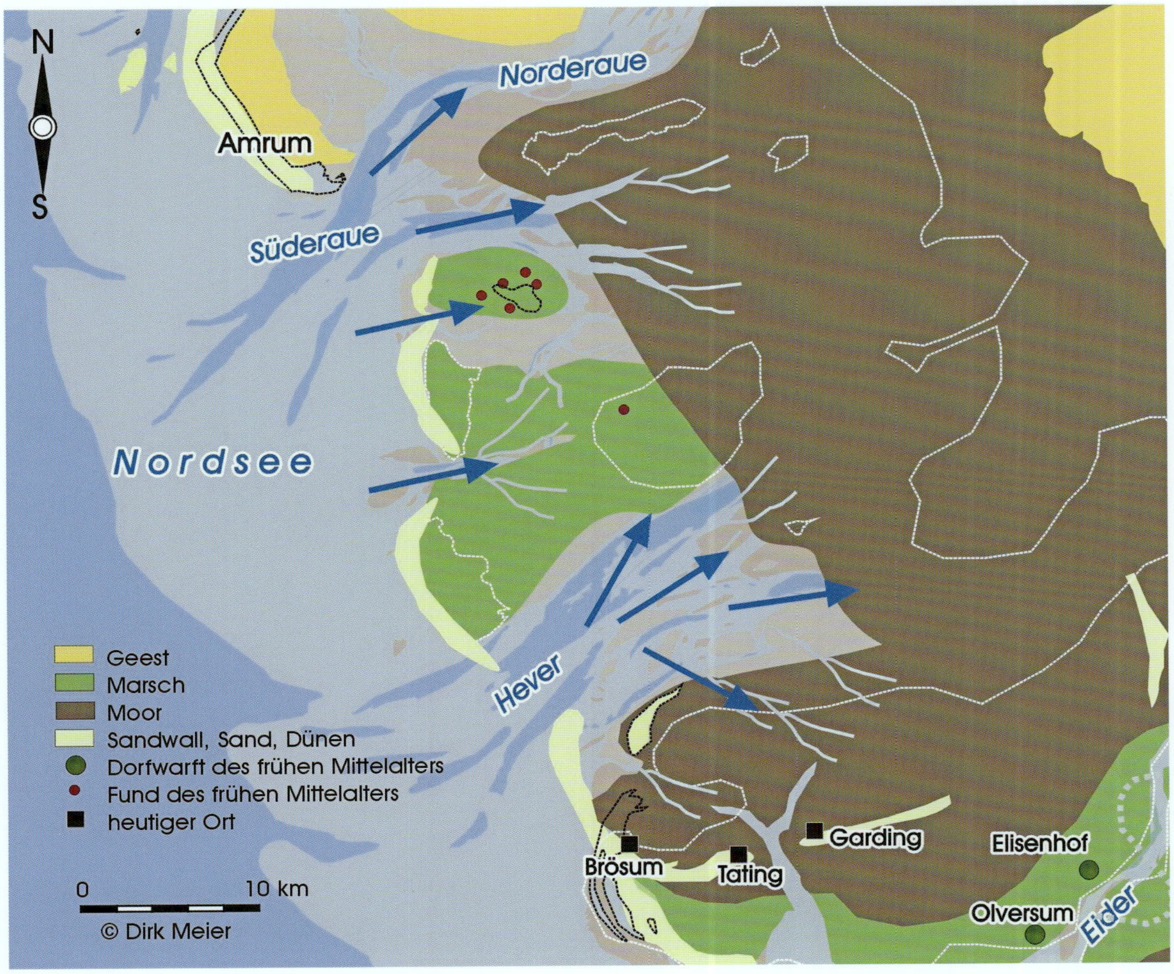

Das nordfriesische Küstengebiet um 800 n. Chr. Infolge des weiteren Meeresspiegelanstiegs zerbrach die Barriereküste, die Nordsee drang langsam in das Moorgebiet vor und überdeckte dieses mit Sedimenten tonigen Kleis. Danach bildeten sich im Gebiet des südlichen Eiderstedts, des westlichen Pellworms und der späteren Hallig Hooge Seemarschen aus. Erste kleinere Seemarschen waren hier wohl schon in den ersten nachchristlichen Jahrhunderten besiedelt worden (geographische Vorstellung auf der Basis geoarchäologischer Untersuchungen).

Geest
Hochmoor
Vorsand, Nehrung, Dünen
alte Marsch
junge Marsch, Hallig
Marsch, untergegangen
Kirche, älteres Patrozinium
Kirche, jüngeres Patrozinium
Kirche, um 1362 untergegangen
Lage unbekannt
Kirche, um 1362 untergegangen
Lage bekannt
Kirche, 1634 untergegangen
Salztorfabbau
Hafen
Meeresvorstoß
Deich, Deich vermutet
heutige Küstenlinie
N
S
Rickelsbüll
Horsbüll-
harde
Rodenäs
Neukirchen
Klanxbüll
Praepositura Withaa
Horsbüll
Emmelsbüll
Langsundtoft?
Niebüll
Klicksbüll
Bökingharde
Leck
1466
Vendal?
Risummoor
Deezbüll
-1456
1466
Lecker Au
Galmesbüll
Lindholm
Risum
Stedesand
Dagebüll
Föhr
Fahretoft
Soholmer Au
-1465/66
Uvekenbüll?
1480
Bargum
Boldixum
Nieblum
Ockholm
Oland
Langenhorn
Nebel
Occoholm?
1493
Norder-
goesharde
Norderaue
Amrum
Iuenbol?
Nordermersck?
Hingsteneße?
Wiedrichsharde
Gröde
Bordelum
Langnes?
Groden?
Habelde
Sudemersck?
Hamburger
Hallig
Bredstedt
Süderaue
-1634
Breklum
Wolt?
Beltringharde
Bottergatt
Gormers-
boll?
Westerwold
Bupte
Volgsbüll
Königsbüll
Reduetman
cap.?
Arlau
Balim?
Osterwold
Bupsee
Rorbeck
Wartinghusen?
Hoghe
Feddering man?
Bupsloot
Nordstrandischmoor
1478
Walthusum?
Heuerdam?
Brunocke?
Esbüll
Nordsee
Ilgroft
Norderwisck?
Großer Koog
um 1200
Siuerds
capelle?
Stintebüll
Morsum
Hattstedt
Pileworme
Gaikebüll
Schobüll
Pellwormharde
Karstine Kerke?
Ham
Rummelloch
Edomsharde
Odenbüll
Sywert-
manripe?
Flendesboll?
Padelek?
Praepositura
Strand
Halgeneß?
Rungeholte?
Evensbüll
Lith
Ivelek?
Nigendam?
Trindermarsch
Simonsberg?
Suderwisck?
Gundermetflot?
Lundenberg-
harde
Akenbol?
Vthermorflot?
Hersbüll
Hever
Lundenberg
Nordereider
Praepositura
Eiderstedt
Offenbüller
Bucht
1393
Uelvesbüll
Reinbool?
1391
1463
Osterhever
Jordfleth?
Witzwort
Kolden-
büttel
Westerhever
Offenbul?
1467
Old Tetenbüll?
Tönning
1445
Fallstief
Everschop
Holm
1456
Poppenbüll
1470
Oldenswort
Norderhöft?
1113
1205

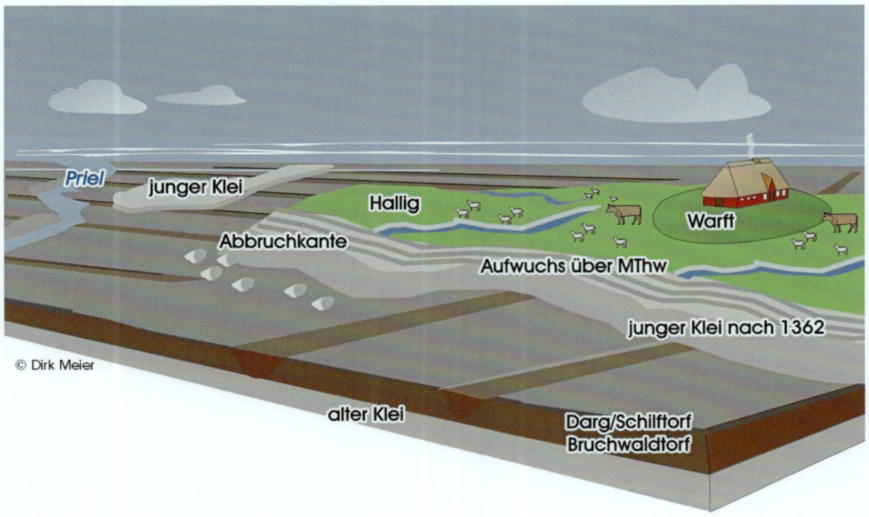

Seit der frühen Neuzeit aufgewachsene Hallig oberhalb des nach der Marcellusflut von 1362 abgelagerten jungen Kleis, welcher die mittelalterliche Kulturlandschaft bedeckt. Diese kennzeichnet anders als die unregelmäßige Flureinteilung der Hallig ein regelmäßiges Entwässerungssystem der Urbarmachung eines Moorgebietes. Priele haben die jungen Sedimente abgeräumt und Kulturspuren des untergegangenen Gebietes wieder freigelegt.

abbau neben geomorphologischen Ursachen maßgebliche Faktoren für diese Katastrophen im späten Mittelalter. Verantwortlich dafür war vor allem die Große Mandränke oder Zweite Marcellusflut von 1362. Dass diese sich nicht nur auf Nordfriesland beschränkte, sondern auch die Elbmarschen, die niedersächsische und dänische Küste bei Ribe (Ripen) betraf, über die Flussmündungen von Weser, Elbe und Eider weit in das Binnenland vorstieß sowie in England wütete, deuten schriftliche Quellen an.

Nach dem *Chronicon Eiderostadense vulgare* begann die Flut am 15. Januar (am Tag Mauri Abatis), erreichte ihren Höhepunkt am 16. (Marcellustag) und endete am 17. Januar. Die Angabe von 100.000 Toten ist erfunden.[41] Der Schreiber des ältesten Schleswiger Stadtbuchs notierte: *Anno MCCCLXII, am XVI. dage Januarii, do was ene grote watervlot ime Freslande, darinne up denne Strande XXX kerken unde kerspele vordrunkene.*[42] Eine weitere Urkunde von 1372 etwa berichtet, dass aufgrund fortgesetzter Fehden, des Großen Todes und der Überflutungen die Bewohner der Uthlande Mangel litten.[43] Eine Nachricht findet sich auch in den *Annales Slesvico – Holsatenses*, wonach am 16. Januar 1362 die *grote mandranck in Vreslande* auftrat.[44]

Nach diesen Angaben lässt sich ein hypothetischer Sturm rekonstruieren, der von England aus in nordwestlicher Richtung die Nordsee überquerte, die niedersächsische Küste streifte, vielleicht im Bereich des Skagerrak drehte und anschließend die nordfriesischen Uthlande am 15. Januar 1362 nachmittags zu einem ermittelbaren Hochwassertermin um 17 Uhr traf. Am 16. Januar entwickelte sich der Sturm abends zu einem Orkan, der über mehrere Hochwassertermine anhielt und die Deiche zerstörte. Trotz Ebbe lief das eingebrochene Wasser nicht ab.[45] Geht man von der durchschnittlichen Höhe der archäologisch untersuchten Warften und Deiche in Eiderstedt und Nordfriesland aus, so hat die Sturmflut von 1362 die bis durchschnittlich etwa NN +2 m hohen Deiche überschwemmt und die Höhe der bis ca. NN +3 m hohen Warften sicherlich erreicht, wenn nicht überschritten.

Da die Einkünfte der Propstei Strand und Föhr der Schleswiger Domkirche zustanden, finden sich Hinweise auf hier untergegangene Kirchspiele in dessen Register *(Registrum capituli Slesvicensis)*. Nach der Fassung von 1462, die ältere Angaben übernahm, büßte das Bistum 24 Kirchspiele in der Propstei *(praepositura)* Strand ein, darunter auch das später legendenhaft verklärte Rungholt.[46] Die ursprüngliche Liste des Bischofs Nikolaus III. Brun (1354–1369) lässt sich durch den Abgleich mit den jüngeren Quellen wieder herstellen.[47] Das Druckmanuskript beruht auf einer Handschrift von Paul Cypraeus.[48] Danach gingen etwa im Gebiet der *praepositura Strand* die Kirchspiele *ylegrufft, Brunocke, Stuntebull, Halgeneß, Nigendam, Rungholt, Akenbol, Gundermetflot, Vthermorflot, feddering man, Heuerdam, Balim, Gotmersboll, Suderwisck, Norderwisck, Flendesboll, Siuerds capelle* und *Karstine Kerke* unter. Der Name der untergegangenen Kirche in *Halgeneß* in der Beltringharde taucht später wieder im Namen einer Hallig auf. Das gilt auch für das in dieser Harde gelegene *Habelde*.

Nur einige dieser Kirchspiele lassen sich an Hand jüngerer Ortsnamen lokalisieren, archäologische Belege für untergegangene Kirchen beschränken sich auf die Wattgebiete im Bereich der ehemaligen Lundenbergharde im nordöstlichen Eiderstedt, um Hallig Hooge und Hallig Habel. Neben dem Untergang der Edomsharde und Landverlusten im Westen der Pellwormharde verkleinerten sich auch die Marschen der Trindermarsch sowie von Hamm und Lith auf Nordstrand.[49]

Noch bis zu ihrer Zerstörung in der Burchardiflut von 1634 bildete Alt-Nordstrand eine zusammenhängende Insel, von der danach nur die Inseln Pellworm und Nordstrand sowie ein Kranz später untergegangener kleiner Marscheilande übrigblieben. Über dem erhaltenen Hochmoor der Insel wuchs die Hallig Nordstrandischmoor auf, während die Hamburger Hallig ein kleines Stück des ehemaligen Vorlandes der alten Insel bildet. Das

Links: Die nordfriesischen Uthlande im Hochmittelalter mit 1362 und 1634 untergegangenen Kirchen, weltlichen Harden und bischöflichen Propsteien (praepositarae). Oberhalb des untergegangen und mit Sedimenten bedeckten mittelalterlichen Kulturlandes sind die Halligen aufgewachsen.

Alt-Nordstrand um 1600 mit Halligen, die über dem 1362 untergegangenen Kulturland aufgewachsen sind

untergegangene Kulturland Alt-Nordstrands bedeckten ebenso wie die bereits im 14. Jahrhundert verlorenen Gebiete junge Wattsedimente. Dort, wo Priele diese freispülen, bezeugen Kulturspuren in Form untergegangener Warften, Deiche und Fluren, dass sich hier einst vom Menschen genutztes und bearbeitetes Kulturland erstreckte. Was wir heute als schützenswertes Weltnaturerbe sichern, ist eigentlich eine ertrunkene Kulturlandschaft. Erst über dieser sind die heutigen Halligen aufgewachsen. Noch im Mittelalter war das Wattenmeer viel kleiner als heute.

Blick auf die Hallig Nordstrandischmoor, die auf dem Hochmoor der 1634 zerrissenen Insel Alt-Nordstrand aufwuchs, bei aufziehendem Tief am 29. Dezember 2011 auf dem Weg nach Rungholt. Foto: Dirk Meier

TRADITIONELLE WIRTSCHAFT AUF DEN HALLIGEN

LANDWIRTSCHAFT

Solange die Halligen vor den neuzeitlichen Küstenschutzmaßnahmen häufiger von Salzwasser überflutet wurden, prägte deren Grasland im Juni und Juli der bläulich-rötliche Farbton von Widerstoß *(Statice limonium L.)* und Strandnelke *(Armeria maritima Willd.)*. Erst mit der Errichtung von Sommerdeichen, wie auf Hallig Hooge 1914, vollzog sich ein floristischer Wandel. So war hier im Juni 1936 das Meede-Land im Norden der Hanswarft übersäht vom Gelben Klappertopf *(Rhinanthus L.)*, der die salzliebende Strandnelke *(Armeria maritima Willd.)* verdrängte, die sich nur noch auf den häufiger überfluteten Halligbereichen findet.[50]

Traditionell dient das vor allem während der Wintermonate öfter überflutete Grasland zur Viehhaltung und Heu- bzw. Meedewirtschaft. In den größeren kleinbäuerlichen Betrieben der Halligen wurden in der frühen Neuzeit zumeist sechs Kühe und etwa 30 Schafe gehalten. Hinzu kommt während des Sommerhalbjahres oft Pensionsvieh vom Festland zur Fettgräsung. Bei aufkommendem Sturm, wenn „Landunter" droht, wird bis heute alles Vieh auf die Warft gebracht. Ackerbau ist nur saisonal in den Sommermonaten in kleinen umwallten Arealen, wie auf Hooge nachgewiesen, möglich. Hier dürfte es bei der Hanswarft Kornanbau schon über mehrere Jahrhunderte gegeben haben.

Das Weideland war ursprünglich Allgemeinbesitz der Warftgemeinschaften oder Bolsinteressenschaft und bestimmte somit die Arbeitsordnung, die Einnahmen sowie das Verhältnis der Bauern untereinander, wie sie 1931 bereits Karl Weber in seiner Arbeit „Zur Rechtsgeschichte der Wiesengemeinschaften der Hallig Hooge" beschrieb. Das zu einem *Bol* als Flurstück gehörende Grasland untergliedert sich in Meede- und Weideland für Rinder, Schafe, Ziegen sowie Pferde und wurde nach Ruten bzw. Ellen, Quartier und Zoll bzw. auch Gräsern *(nuot, nuat) gegliedert*. Das von Prielen getrennte Weide- und Meedeland wurde jährlich unter den einzelnen Familien nach bestimmten Regeln zur Nutznießung verteilt. Dabei hatte jede Wohnstelle einen unterschiedlich großen Anteilsanspruch. Auf dem gemeinsam bewirtschafteten Weideland durften die einzelnen Warftgenossen so viel Vieh grasen lassen, wie ihnen anteilsmäßig zustand. Anstelle eines dreijährigen Rindes konnten auch zwei einjährige Rinder oder vier Schafe oder sechs Kälber oder acht Lämmer auf der zustehenden Fläche weiden. Für ein zweijähriges Rind berechnete man vier Kalbsgras (2/3 Nuatgras). Die Anrechte der Interessenten waren im *Meedschiffterbuch* (Mahdwechselbuch, Schifft = Landstück) und im *Fennebrief* (Weidebrief) festgelegt. Auch die Aufteilung des Meedelandes erfolgte nach der Größe

Traditionelle Weide- und Meedewirtschaft auf Hallig Langeneß-Nordmarsch, basierend auf einer Karte von Harcksen, 1804. Das Land war ursprünglich Allgemeinbesitz der Warftgemeinschaften, nur zur Kirchwarft gehörte kein Land.

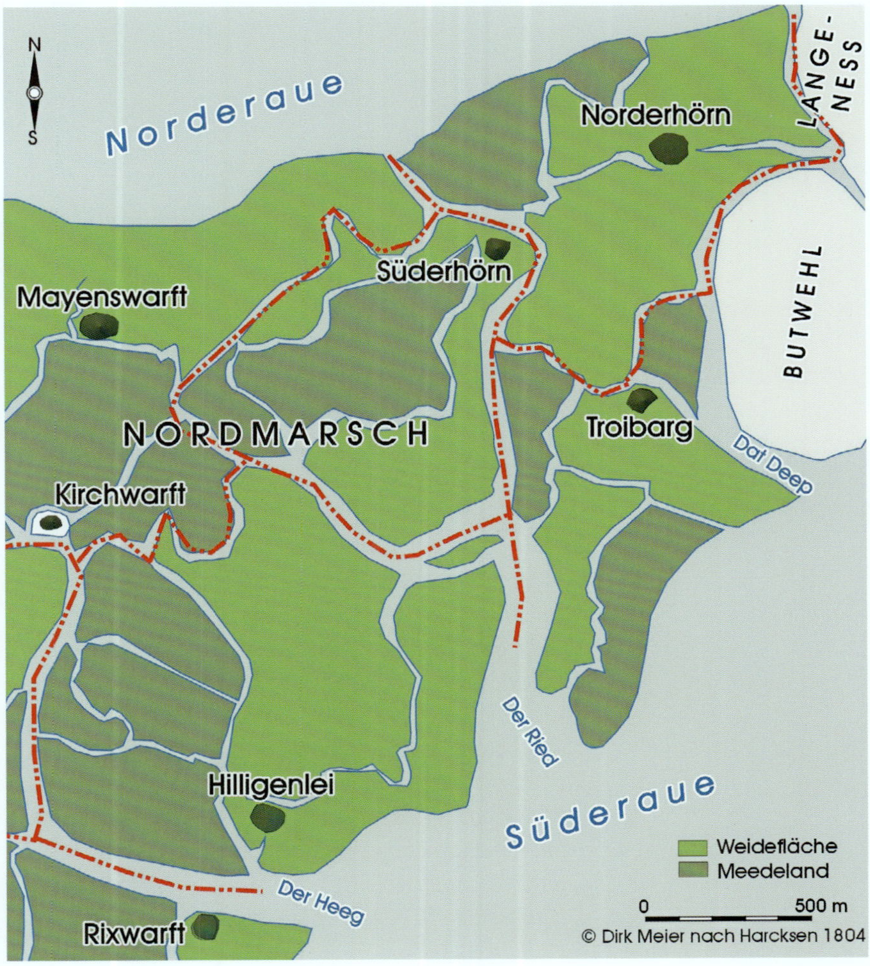

Typische unregelmäßige Fennen auf einer Hallig. Foto: Walter Raabe

der Anteile der einzelnen Warftinteressenten. Die Ecken einzelner Anteile kennzeichneten in den Halligrasen geschnittene Löcher, seltener auch Pflöcke.

Infolge von Erbschaft und Verkauf entstanden öfter komplizierte Besitzfragen an den Flurstücken. Manchmal wurden zur Vervollständigung der Landabtrennung Gräben gezogen, die aufgrund der Gezeitenwirkung bald Prielen glichen. Aus der Luft und auf den Flurkarten lassen sich deutlich die gewundenen Priele als natürliche Entwässerungsrinnen erkennen, welche die unregelmäßigen Fluren durchziehen. In diesen fließen nach Sturmfluten große Mengen des salzigen Überflutungswassers zurück. Das infolge der Gezeitenwirkung täglich ein- und auslaufende Wasser, heute durch Siele gesteuert, verhindert eine Verschlickung der tieferen Rinnen.

Das von den Prielen zerrissene Halligland erschwerte früher den Landverkehr, da entsprechend breite Brücken und ausgebaute Fahrwege bis in das 20. Jahrhundert nicht vorhanden waren. Fußgänger konnten auf schmalen Stegen, den Stöcken, die Priele überqueren. Die Warften liegen meist in der Nähe von bei Hochwasser schiffbaren Prielen. Traditionell erfolgte der Verkehr mit einmastigen Halligsegelbooten. Diese beförderten auch das Heu.

Das jahrhundertlange Festhalten an der gemeinsamen Bewirtschaftung des zu einer Warft gehörenden Landes bis weit in das 20. Jahrhundert bedingten die Umweltverhältnisse in einer den Meeresgewalten ausgesetzten Landschaft. So trugen die Warftgenossen auch die durch den Uferabbruch verursachte Flächenverkleinerung gemeinsam. Die dadurch verringerte Weidefläche hatte Auswirkungen auf die Festsetzung der Beschlagstärke. Nur beim Meedeland berücksichtigte man den Uferabbruch nicht, weshalb man auch die schon der Nordsee zum Opfer gefallenen Flächenanteile mitverteilte. So erhielten einzelne Warftgenossen bei der jährlichen Landzuteilung regelmäßig „auf dem Schlick“ liegende Anteile.

Erst in neuerer Zeit ging man auf den Halligen zur Landaufteilung über. Am 9. Mai 1939 kam es etwa auf Hooge zu einer Besitzanweisung an Einzelne, bevor am 20. April 1941 alle Grundeigentümer Eigenland erhielten.[51] Nach der Bedeichung Hooges mit einem Steinsommerdeich 1914 ver-

Noch heute bildet die Viehhaltung auf den Halligen den wichtigsten Wirtschaftszweig der Landwirte. Foto: Dirk Meier

suchten die Halligbauern Peter Rickertsen von der Ipkenswarft, Paul Diederichsen, Anton Andresen, Peter Boyens und Max Diedrichsen von der Hanswarft 1933 erfolgreich den Anbau von Hafer und Gerste.[52] In einem Versuchsfeld wurden 1938 bis 1941 Schlagwechsel, Düngung sowie der Anbau von Kartoffeln und Rüben sowie anderem Gemüse erprobt. Ein Teil des Hooger Meedelandes war seit 1936 zunehmend vom Klapperopf *(Rhinantus L.)* durchsetzt, was den Heuwert einschränkte. Ferner breiteten sich zahllose Ameisenhaufen auf dem Grasland der Hallig aus.

Die Weidefennen, auf denen das Vieh in den Sommermonaten graste, grenzten immer nahe an die Warft, sodass man die Tiere dreimal täglich auf die Warft zum Tränken führen konnte. Die Kühe lieferten Milch, aus der man Butter und Käse herstellte. Schweine wurden bis zur Schlachtreife herangezogen. Noch vor der Heuernte wusch man die Schafe in den Gräben bzw. Prielen der Hallig. Nachdem dem Trocknen der Wolle schor man diese am nächsten Tag. Die Wolle brachten Halligschiffer auf den Husumer Markt. Ferner hielten die Bewohner Geflügel, vor allem Haushühner.

Um Zerstörungen der Grasnarbe auf der Warft sowie an Gärten und Häusern zu vermeiden, dienten für das Großvieh spezielle, von Zäunen eingefasste Triftwege *(Ak)*. Die Tränk- und Melkplätze lagen meist an den Enden der Häuser. Auch die Häuser und Gärten umgaben Zäune. An der Warftböschung waren die Triften gepflastert. Solche speziellen Zäune und Wege finden sich bereits auf eisenzeitlichen Wurten, wie sie etwa in Süderbusenwurth in Dithmarschen aus dem 1. Jahrhundert n. Chr. belegt sind.[53]

Die Heugewinnung für die Winterfütterung der Tiere war mühsam, da das salzige Halliggras zwar nährstoffreich ist, aber nur einen kurzen Wuchs aufweist. Das mit der Sense gemähte Heu wurde mit Hilfe eines von Pferden gezogenen langen Querholzes *(Tehmbrett)* nach Wendung und Trocknung zu großen Haufen *(Tehmen)* zusammengeschoben. Auf Hooge gab es Pferde erst seit den 1930er Jahren.[54] Die zusammengeschobenen Heuhaufen häufte man mit Forken zu *Ruuken* auf. Das Heu ließ man einige Tage auf dem Feld zur Trocknung stehen, sammelte es dann oft in Segellaken oder transportierte es mit Booten bis zur Warft. Dort lagerte man das Heu in Diemen in der Nähe des Stalls, da die kleinen Böden der uthlandfriesischen Häuser nicht genug Raum boten. Bei hohen Sommersturmfluten konnten solche Heuhaufen auf den Wiesen fortgeschwemmt werden, was die mühevolle Arbeit zunichtemachte. Erst in neuerer Zeit nutzte man vor dem Einsatz heutiger Traktoren verstärkt Pferd und Wagen.

Droht „Landunter" wird vorher alles Vieh auf die Warft gebracht. Das Foto zeigt die Knudswarft auf Hallig Gröde wohl in den 1930er Jahren. Die Halligflächen sind bei starken Westwinden sogar während der Vegetationszeit überflutet. Quelle: A. Bantelmann 1975

An den Warfthängen breitete man im Frühsommer den im Winter in speziellen Gruben oder im *Pottstall* gesammelten Kuhmist aus und schnitt diesen in viereckige Platten. Diese durch Sonne und Wind getrockneten *Ditten* lieferten das notwendige Heizmaterial. Die 1919 geborene Käthe Kühn von der Hooger Backenswarft schreibt dazu in ihren Kindheitserinnerungen:

„Hinter den im Stall angebundenen Rindern verlief eine steinerne Rinne, in der der anfallende Mist aufgefangen wurde. Diese Rinne musste täglich „ausgemistet" werden. Der Dung wurde in eine mit Steinen oder Hölzern ausgekleidete Kuhle gekarrt, die „Mistpott" genannt wurde. Wer kein oder nicht genügend Vieh hatte, war froh, wenn er von den „größeren" Bauern etwas Mist bekam, weil Ditten im Sommer zum Kochen und Winter auch zum Heizen dringend benötigt wurden.

Sobald der Warftabhang etwas abgetrocknet war, wurde der Mist darauf ausgebreitet, verteilt und mit einem Miststampfer platt gestampft. Der Miststampfer bestand aus einem Stiel und einer Holzplatte. Diese war mit einem Segeltuch oder Leinen verkleidet, damit der Mist nicht haften blieb. Je nach Wetterlage dauerte es unterschiedlich lange, bis die Mistschicht an der Luft getrocknet war. Danach wurden mit einem Mistpricker (Dittenpricker), eine Art Spaten mit hölzernem Blatt und mit einer mit Blech verstärkten Schneide, etwa 20x20 cm große Stücke ausgestochen, vom Boden abgehoben und umgedreht. Diese sog. Ditten stellte man nach der Trocknung in Reihen auf. Zur Trocknung der unteren Reihen wurden diese umgedreht.

Der Fischfang war für die Halligbewohner nur ein Nebenerwerb. Foto von 1913: Eduard Meier, Archiv Meier

Einfacher Bohlensteg (Stock) über einen Priel auf Hallig Hooge. Foto: Dirk Meier

Traditionelle Heuernte auf den Halligen. Oben links: Das kurze salzige Halliggras wird in Laken für den Transport gepackt (Quelle: E. Wohlenberg 1969), oben rechts: Das Heu wird mit Booten über einen Priel transportiert (Quelle: A. Bantelmann 1975, Foto: Th. Möller um 1930), unten links: Frühjahrstrift über das Watt bei Ebbe zur sommerlichen Fettweide auf die Hallig am Horizont (Quelle: E. Wohlenberg 1969), unten rechts: Heudiemen auf einer Warft. Auf diesem brachte sich bei der Sturmflut 1962 ein Ehepaar mit Kind in Sicherheit, als der Westteil des Hauses zerstört wurde (Quelle: A. Bantelmann 1975, Foto: E. Wohlenberg).

Nach einigen Tagen konnte dann „geklootet" werden. Dafür wurde eine Holzunterlage gebaut, worauf man zwei oder auch drei Schichten Ditten stapelte, damit auch der letzte Rest an Feuchtigkeit entwich. Nur vollständig durchgetrocknete Ditten kamen als gestapelte Klooten auf den Boden, ansonsten brannten sie nicht. Diese mühsame Technik gab man von einer Generation zur nächsten weiter."[55]

Außer den vielleicht zwischen 15.000 und 20.000 Ditten pro Jahr und Haus diente auch gesammeltes Treibholz als Brennmaterial, das man oft zum Trocknen in kleinen Haufen an der Halligkante aufschichtete. Kohlen und Briketts kamen noch in der 1920er Jahren kaum zur Anwendung.

Eine Düngung des Landes mit Stallmist war aufgrund der häufigen Überschwemmungen unüblich. Nur ausnahmsweise kam der Stalldung, wie auf der Warft Norderhörn auf Hallig Langeneß, zur Ablagerung an das Stallende des Hauses.[56]

Neben den Tieren und ihren Erzeugnissen sowie Gemüse und ein paar Früchten aus dem Garten bot die Nordsee eine Ergänzung des Speisezettels. Mit Schiebernetzen fing man in den Prielen Krabben *(Poorn)* und Plattbodenfische. Wenn man auf einen Butt trat, holte man diesen mit der Hand herauf *(Buttpedden)* oder angelte meist von kleinen Booten nach Fischen. Vereinzelt sind aus dem Wattenmeer auch frühneuzeitliche Fischwehre bzw. Reusen bekannt geworden, die dem Eigenbedarf dienten. Diese bestanden aus einem V-förmigen Geflecht, was sich am Ende verjüngte. In diesen Anlagen wurden vor allem Schollen gefangen. Die Fische schwammen mit dem Flutstrom in die Sperren hinein und wurden bei Niedrigwasser an

Oben: Der im Winter angesammelte Stallmist wurde im Frühjahr an der Sommerseite der Warft ausgestrichen und gestampft; Mitte: Trocknung des in Soden (Ditten) geschnittenen Mistes; Unten: Stapelung der Ditten. Quelle: E. Wohlenberg 1969

Ditten als Vorrat im Haus. Kapitän Tadsen Museum auf Hallig Langeneß.
Foto: Dirk Meier

deren Enden eingesammelt.[57] Zudem sammelte man früher auch Möweneier. Waren vom Festland brachten kleine Boote, oder man fuhr mit diesen selbst nach Husum.

WARFTBAU UND WASSERVERSORGUNG

Die Sicherstellung des Trinkwassers für Mensch und Tier ist ausschlaggebend für die Bewohnbarkeit der Halligen, da das Grundwasser stark brackig ist. Bereits seit dem 12. Jahrhundert kennt man aus den Seemarschen Dithmarschens, des nordwestlichen Eiderstedts und der Insel Pellworm aus Klei errichtete Warften mit einer Wasserversorgung, die den frühneuzeitlichen Halligwarften ähnelt. Ein diesbezügliches Beispiel bildet die 1990 in einer archäologischen Schnittgrabung untersuchte Großwarft Hundorf bei Poppenbüll im nordwestlichen Eiderstedt. Anders als bei den Halligwarften stellt hier ebenso wie auf der nahen Großwarft Helmfleth ein vor allem vom morgendlichen Tau gespeister Teich die Wasserversorgung für das Vieh sicher. Daneben waren überwiegend für den Menschen Sodenbrunnen in Benutzung.[58] Bei den nordfriesischen Halligwarften plante man die Anlagen zur Wasserversorgung gleich mit deren Bau mit. Über den Bau einer Halligwarft berichtet 1726 Lorenzen in seiner „Genauen Beschreibung der wunderbaren Insel Nordmarsch“:

Wenn das Ufer einem Warff nahekommt, so müssen die Bewohner mit großen Unkosten weiter ins Land hineinrücken, eine Höhe oder Warff auf dem platten Lande aufführen, und mit Schubkarren zusammen häufen, hernach ihre alten Häuser abbrechen, und auf die bemdeldete Höhe wieder aufbauen. Solches haben bei Mannes Gedenken schon 5 Warffen [auf der Hallig Nordmarsch] mit ihren Häusern tun müssen, wo sie anders der Überschwemmung entgehen wollten. Wenn aber Leute auf einer solchen Warffe befindlich sind, welche hier keine oder nur wenige Ländereien haben, so verlassen sie ihr Vaterland und ziehen anderwärts zu wohnen.[59]

Die letzte nach alter Tradition erbaute Halligwarft war die von 1890 bis 1895 von I. Paulsen erbaute Neu-Peterswarft auf Nordmarsch-Langeneß, da sich die ältere inzwischen am Westufer der Hal-

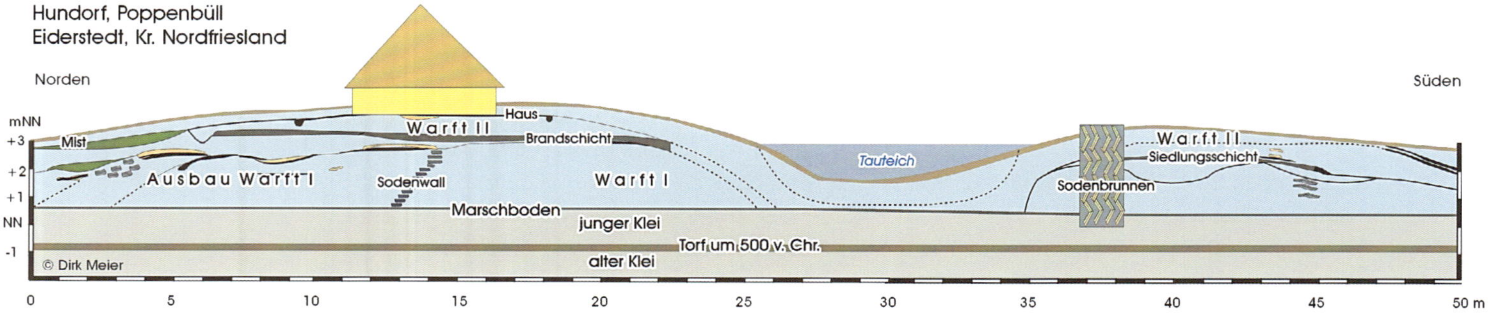

Schnitt durch die im 12. Jahrhundert aus Klei errichtete, dann erweiterte und im 14. Jahrhundert erhöhte Warft Hundorf im nordwestlichen Eiderstedt mit Tauteich als Viehtränke und Sodenbrunnen.

Wasserversorgung auf der Ockelützwarft, Hallig Hooge, um 1892.

Wasserversorgung einer Halligwarft.

lig im Abbruch befand. Das um 1895 erbaute Haus zerstörte die Sturmflut von 1962. Meiborg gibt auch 1896 in seinem Werk „Das Bauernhaus in Schleswig-Holstein" eine weitere Beschreibung vom Bau einer Halligwarft *(Warf)*, welche Bantelmann am Beispiel der 1759 errichteten Knudswarft (Knudtswarft) auf Gröde ergänzte.[60]

Danach wurden am vorgesehenen Bauplatz einer Warft zunächst die Grassoden entfernt und aufgestapelt, um damit später die Warftböschung zu verkleiden. Danach steckte man am Anlageort mit Holzpflöcken in dem Boden die Plätze für die Häuser, Brunnen, Zisternen (Sode) und die Tränkwasserkuhle für das Vieh (Fething, *Feding*) ab. Ferner verlegte man die Wasserleitungen, die zunächst aus Soden, später aus Holzröhren bestanden. Das vertieft ausgegrabene Fehtingloch erhielt oft am Rand zur Verstärkung eine Verkleidung aus Holzplanken. Mit Ausnahme von Nordstrandischmoor finden sich diese Einrichtungen auf allen Halligen. Zur Aufschüttung der Warft diente der anstehende Klei der Umgegend aus den Entnahmestellen *(sadik)*, wo man gleichfalls vorher die Sodendecke entfernte. Hatte der Warftauftrag eine gewisse Höhe erreicht, wurden die Haus- und Brunnenpfosten zur Stabilisierung des Hausgerüstes bei Sturmfluten meist in eine Tiefe bis zu 1,5 m in die Aufschüttung eingegraben. Ferner führte man die Zisternenwandungen zunächst aus Soden, später aus Ziegelsteinen mit auf.

Die traditionelle getrennte Wasserversorgung der Halligen mit Fethingen für das Vieh und Zis-

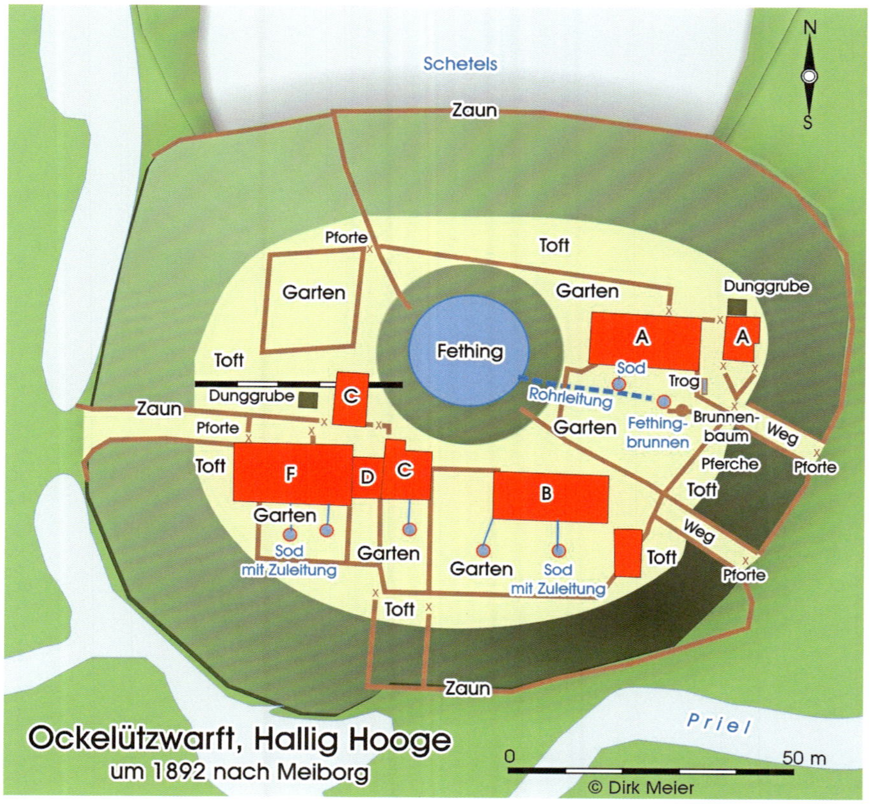

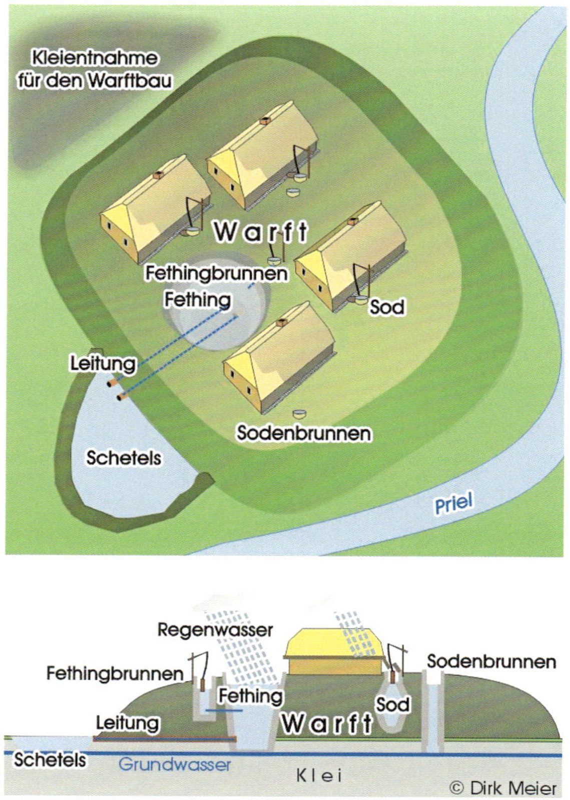

ternen für den Menschen bestand bis in jüngere Zeit. Erst als nach der Sturmflut von 1962 die Fethinge versalzten, wurden die Warften über Leitungen an die Wasserversorgung vom Festland aus angeschlossen.[61]

Hanswarft mit Fething, Hallig Hooge. Foto: Walter Raabe

Am Rande mancher Warften befindet sich als Auffangbecken für Regenwasser ein von niedrigen Wällen umgebener Schetels (Halligfriesisch: *Sketels*), von dem das Wasser durch ein mit einem Holzpropfen verschließbares Rohr zum Fething geleitet wurde, der bis etwa 1 m unter die Warftbasis in den Untergrund reicht. War nach Sturmfluten der Fething versalzt, konnte das Wasser durch das Rohr wieder ablaufen. In dieser Tränke sammelt sich an den Seiten der Eintiefung das austretende süße, vom Warftkörper aufgenommene Niederschlagswasser und vermischt sich mit dem Regenwasser sowie dem tieferen Brackwasser. An der Sohle des Fethings befand sich meist als Wasserreserve für trockene Notzeiten ein aus Soden erbauter Fethingbrunnen oder eine Tonne. Da eine direkte Wasserentnahme aus dem tiefen Fething mit seinen steilen Rändern nur schwer möglich ist, verbindet diesen ein verzweigtes Rohrsystem mit Brunnen, die sich meist an den Stallenden befinden. Früher holte man hier das Wasser mit Eimern hoch.

Die Menschen nutzten für sich das von den Reetdächern bei Regen herabfließende Regenwasser, das man durch unter der Traufkante verlaufende Holzröhren und gepflasterte Rinnen in Zisternen leitete. Die Zulaufröhren unter der Dachtraufe verstopfte man bei Sturmflutgefahr.

Diese flaschenförmigen Sode (Soode) waren zunächst mit Kleisoden, später mit Backsteinen verkleidet. Die kleine Öffnung ließ sich mit einem Deckel verschließen, um bei Sturmfluten auf der Hallig das Eindringen von Salzwasser zu verhindern. Zusätzlich stapelte man darüber oft Grassoden auf, deren Zwischenräume man mit Klei verschmierte. Aus den Soden schöpften die Bewohner das Wasser mit Eimern, die an Brunnenbäumen hingen oder an langen Stangen als Sodschwengel befestigt waren. Flaschenförmige Sode reichen mindestens bis in das späte Mittelalter zurück, wie Befunde der archäologisch untersuchten Wurt Lütjenbüttel in Dithmarschen belegen.[62] Hier bestanden zwei solcher Zisternen des 13./14. Jahrhunderts aus einem ovalen, mit Soden ausgekleideten Vorratsreservoir mit einer kleinen Kuhle an der Basis. Zu dem Sod führte von oben ein Schacht, der sich einfach mit einem Holzdeckel verschließen ließ. Solche Sode kennen wir noch auf den in der Frühneuzeit erbauten nordfriesischen Halligwarften, wo diese anstelle von Soden mit Ziegeln ausgekleidet sind. Entsprechende Befunde sind sowohl von den 1634 untergegangenen Warften der ehemaligen Insel Alt-Nordstrand als auch von Nordstrandischmoor belegt.[63] Über die Probleme und Reinigung dieser Zisternen schreibt Käthe Kühn von Hallig Hooge anschaulich in ihren Kindheitserinnerungen:

„Meine Mutter geizte mit jedem Schluck Wasser, denn in den trockenen Sommern wurde das Trinkwasser in den Brunnen zunehmend knapp. Wenn die Brunnen leer waren, wurden sie gründlich gereinigt. Dann kamen die Schuten mit Frischwasser vom Festland. Als größeres Mädchen hat man mich vor dem Befüllen in den Brunnen herabgelassen, und ich habe den Schlamm vom Brunnenboden in einen Eimer gefüllt, der an einem Tau hochgezogen wurde. Der mit Stein und Lehm aufgemauerte Brunnen wurde mit einer Bürste gereinigt und dann gefeudelt. Den älteren Frauen schmeckte danach der Tee gar nicht mehr. Sie mochten viel lieber den Tee, der mit Regenwasser gekocht wurde, das vom Reetdach über eine offene Rinne in den Brunnen geleitet worden war.

Sod aus Ziegelsteinen mit Wasserzuleitung in der Warftauftschüttung

Das Wasser für das Vieh wurde in Fethingen gespeichert, das waren große offene Kuhlen in der Warft, die zum Teil durch Quellwasser und zum

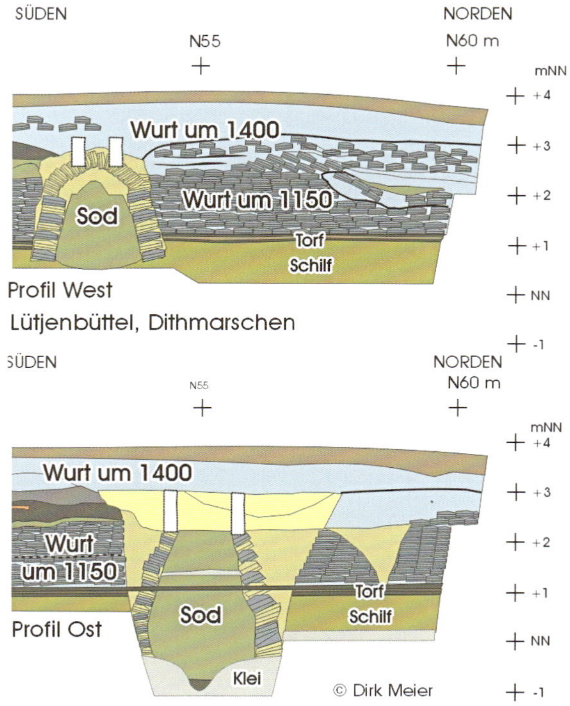

Links: Mit Holzdeckel verschließbarer Sod (Quelle: A. Bantelmann 1975), rechts: Sodschwengel mit Noost auf der Hanswarft, Hallig Hooge. Foto: Dirk Meier

Zwei in archäologischen Profilen angeschnittene mittelalterliche Sode auf der Wurt Lütjenbüttel, Dithmarschen.

Teil durch Regenwasser gefüllt wurden. Ein großes Problem brachten auch hier stets die trockenen Sommer, die den Wasserspiegel extrem sinken ließen. Auch verschlammten die Fethingquellen von Zeit zu Zeit immer wieder. Dann bastelten geschickte Halligleute einen oder auch mehrere Holzschlitten, die mit der Hand voller Schlamm gefüllt und von einem Pferd rausgezogen wurden. Auf der Backenswarft gab es nur ein Pferd, das Peter Diedrichsen gehörte.

Das Tränken der Tiere wurde einfacher, nachdem Pumpen und Selbstträнker angeschafft waren. Das Trinkwasser wurde aus dem Fething in ein Bassin gepumpt, von dem aus es durch ein Leitungssystem in eine mit einer Klappe abgedeckten Kumme geleitet wurde... Bevor es Pumpen gab, hatten die meisten Häuser einen „Hirnstring" oder „Ooser". Das war ein kräftiger Pfahl mit einem Schwengel, der neben der Zisterne (Fehtingbrunnen) stand, die vom Fething aus durch eine unterirdische Leitung mit Wasser gespeist wurde. An diesem Schwengel war ein Eimer angebracht, den man in die Zisterne herablassen konnte. Das Heraufholen des Wassers wurde „oosen" genannt. Das Wasser wurde durch eine hölzerne Rinne in den „Noost" geleitet."[64]

Diese steinernen *Nooste (Noste)* haben meistens eine konische, einige aber auch eine rechteckige Form. Manche weisen an den Kopfenden der Innenseiten Verzierungen auf. Die 16 dieser ehema-

Sodenbrunnen einer untergegangenen Warft im Watt von Nordstrandischmoor. Foto: Dirk Meier

Sod aus Backsteinen einer untergegangenen Warft im Watt von Nordstrandischmoor. Foto: Dirk Meier

Links: Sodschwengel und Noost auf der Hanswarft, rechts: Steinsarkophag auf der Kirchwarft, Hallig Hooge. Foto: Dirk Meier

ligen Steinsärge der Hallig Hooge bestehen aus rotem, eisenreichem Kristallsandstein, gelbem und weißem feinen Feldspat (Glimmer), Sandstein und gelblichem, grobem Sandstein mit mehr Feldspat und Glimmer.[65] Diese stammen vermutlich aus Steinbrüchen des Odenwaldes, der Eifel und des Weserberglandes. Als im späten Mittelalter große Teile der Uthlande untergingen, wurden diese in der frühen Neuzeit wohl aus dem Watt geborgen oder gelangten von den erhalten gebliebenen Inseln auf die Halligen, wo sie als Trinkwasserzisternen zweckentfremdet wurden.

So schreibt Heimreich in seiner Nordfriesischen Chronik, dass 1566 Broder Hansen auf dem Friedhof von Pellworm den Steinsarg erbrach, in dem später die beiden Frauen Pell und Worm bestattet worden seien, welche die Kirche erbauen ließen, nach denen die Insel ihren Namen erhielt. Das ist natürlich eine Legende. Angeblich soll dieser Steinsarg noch bei den Nachkommen des Broder Hansen bis 1640 als Viehtränke gedient haben.[66]

An die Verwendung einer solchen Zisterne erinnert sich ebenfalls Käthe Kühn: „Die Miete für das Haus auf der Hanswarft hat meine Mutter abgearbeitet. Im Winter standen im Stall wohl zehn große Ochsen, mir kamen sie riesig vor, und ich hatte immer Angst, wenn meine Mutter sie losband und sie zweimal am Tag nach draußen ließ zum Tränken. Der „Noost“, die steinerne Tränke, stand wohl vor der Stalltür und musste vorher mit Fething-Wasser mit der Hand vollgepumpt werden. Natürlich gehörten zur Versorgung der Tiere auch deren Fütterung und der Abtransport des Mistes.“[67]

HAUSBAU

Hinsichtlich der traditionellen Häuser auf den Halligen gibt es nur wenige schriftliche Zeugnisse. Nur allgemein beschreibt der Chronist Johannes Petreus im 16. Jahrhundert die Häuser der Nordfriesen: *Ihre Behausung ist geringe, aus Rasen und Brettern, auf den Hügeln und Werften gebauet. Daß die Einwohner desselbigen Landes von den Friesen herkommen, zeiget ihr Namen und ihre Sprache an.*[68] Auch Anton Heimreich erwähnt in seiner Nordfriesischen Chronik 1688 Wandkonstruktionen aus Erdsoden, Wasen (Strohwülste) oder Reet-Fachwerk. Reste einer solchen Sodenwand sind noch an der Stallseite des wohl 1617 erbauten uthlandfriesischen Hauses Olesen aus Alkersum auf Föhr erhalten. Die lange Verwendung von Erdsoden ist mit den teureren gebrannten Ziegelsteinen zu begründen. Mit Erdsodenwällen waren bereits Flechtwerkwände von Marschhäusern der römischen Kaiserzeit in Tiebensee (Dithmarschen) und Tofting (Eiderstedt) geschützt worden.[69] Auch existierten Viehpferche und weitere Bauten mit Sodenwänden im frühen Mittelalter.[70]

Das auf den frühneuzeitlichen Halligen errichtete Bauernhaus gehört zum Typ des uthlandfriesischen Langhauses mit Reetdach und Grassodenfirst. Das entsprechend der vorherrschenden Winde früher in west-östlicher Richtung erbaute Haus betrat man von Süden her. Ein oft später entstandener Giebel diente dazu, dass die Bewohner im Brandfall das Haus besser verlassen konnten, da das brennende Stroh zu den Seiten herabfiel. Das uthlandfriesische Haus weist aufgrund seines Stalllängsaufschlusses, der flettähnlichen Vordiele und der deckenlastigen Ernteeinlagerung Ähnlichkeiten mit dem niederdeutschen Hallenhaus auf, besitzt aber auch Bezüge zum friesischen Geesthar-

Wie das in Alkersum auf Föhr erbaute uthlandfriesische Haus aus der Zeit um 1617 mit seinen Ziegel- und Sodenwänden muss man sich die ältesten Häuser auf den frühneuzeitlichen Halligen vorstellen, heute im Friesenmuseum in Wyk auf Föhr. Foto: Bente Majchczack

Oben links: Aufriss eines uthlandfriesischen Warfthauses mit eingegrabenen Pfosten, oben rechts: eingegrabener Pfosten eines hochmittelalterlichen Bauernhaues auf der Süderbusenwurth, Dithmarschen. Foto: Dirk Meier; unten: Profil der im Hochmittelalter aus Klei aufgeworfen Wurt mit Hauspfosten in Pfostengruben und jüngeren Wurtaufträgen des späten Mittelalters.

denhaus.[71] Anders als die Ständerbauten mit Ständern auf Steinen besaßen die Häuser auf den Halligwarften ursprünglich in die Warfaufschüttung etwa 1,5 m tief eingelassene Pfosten, die das Dach stützten. Auf das Dach flüchteten sich die Bewohner, wenn Sturmfluten die Warft überschwemmten und die Wellen die Wände der Häuser zerschlugen. Die Tradition solcher in den Boden mit

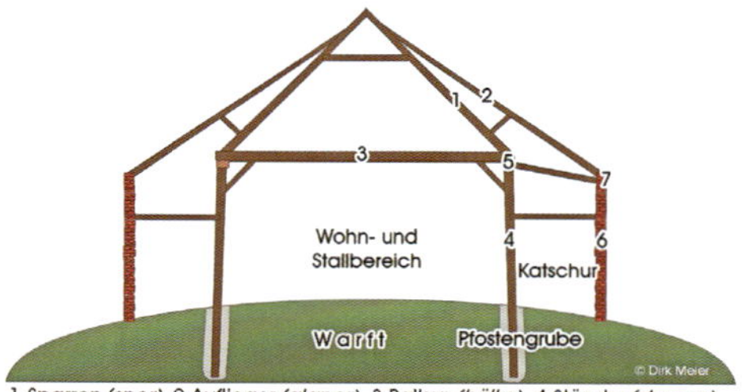

1 Sparren *(sper)*, 2 Auflieger *(alaper)*, 3 Balken *(bülke)*, 4 Ständer *(stunner)* bzw. *Pfosten*, 5 Spannbalken *(rem)*, 6 Mauer, 7 *murplat*

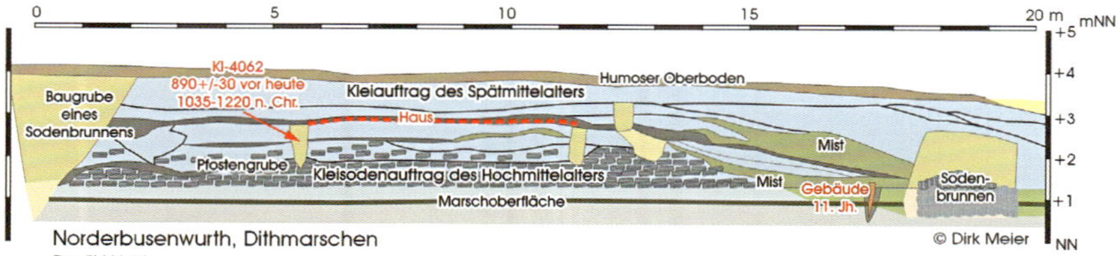

einer Pfostengrube eingelassenen Pfosten geht nach archäologischen Untersuchungen in den schleswig-holsteinischen Nordseemarschen bis zu den Wohnstallhäusern des 1. Jahrhunderts n. Chr. zurück. Auch die im Hochmittelalter errichteten Bauernhäuser besaßen eingegrabene Pfosten, wie Ausgrabungen auf den Wurten Süder- und Norderbusenwurth in Dithmarschen belegen.[72] Hinsichtlich ihrer Raumgliederung darf man in den hoch- und spätmittelalterlichen Marschbauernhäusern keine unmittelbaren Vorläufer des uthlandfriesischen Hauses sehen, zumal die Wirtschaft dieser Zeit in den eingedeichten Kulturlandflächen mehr auf Getreideanbau basierte, während auf den Halligen die Tierhaltung stark überwiegt.

Leider fehlen für die Halligwarften archäologische Nachweise solcher eingegrabenen Pfosten. Die Ausgrabungen auf frühneuzeitlichen Warften auf Langeneß und Hooge sind bislang unveröffentlicht, haben aber mehr Erkenntnisse zur Siedlungs- und Landschaftsgeschichte erbracht als zu den Häusern.[73] Die ältesten erhaltenen uthlandfriesischen Häuser stammen aus dem 17. Jahrhundert. Ausgehend von den erhaltenen frühneuzeitlichen Bauten lag bei diesen östlich der Eingangs-

Nach der Sturmflut 1962 erhielten alle Häuser Ziegeldächer. Wie anders ist dieser Blick auf die Hanswarft von Hallig Hooge als noch in den 1920er Jahren. Foto: Dirk Meier, Lehmann 1927

Uthlandfriesische Häuser auf Hallig Langeneß. Foto: Wilhelm Dreesen, Dirk Meier

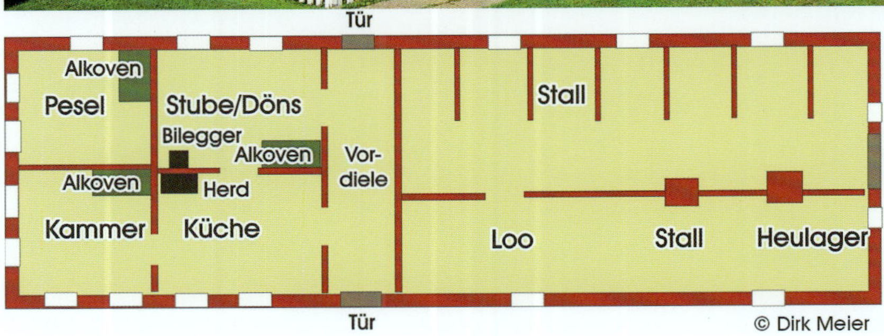

Grundriss eines uthlandfriesischen Langhauses

diele die Stube, die sich mittels eines Bileggers von der Küche aus beheizen ließ, während der anschließende Pesel unbeheizt blieb. Die Küche mit dem Herd befand sich hinter der Stube. Von dieser führte eine Treppe in den Keller unterhalb der Hochstube. Man schlief eher sitzend in Alkoven (Lukebetten). Neben den Wohnräumen gelangte man über die Vordiele auch zu dem nach Westen orientierten Stall mit den Vorratskammern. Die Last des Daches und des Heubodens ruht auf Holzständern auf Schwellsteinen oder früher auch eingegrabenen Pfosten. Zwischen der Außenwand aus Erdsoden, die erst später gebrannte, mit Muschelkalk verfugte Backsteine aufwies, und dem Innenschiff befinden sich in Längsrichtung des Hauses schmale Seitenschiffe *(katschur)*. Nach den Erdbüchern der frühen Neuzeit drängten sich in diesen Häusern viele Menschen mit ihrer Habe auf engem Raum zusammen.

Typisch für die uthlandfriesischen Häuser ist auch eine zweigeteilte Haustür. Bei dieser lässt sich der obere Teil zur Belüftung öffnen, während der untere geschlossen bleibt, damit am Haus gehaltene Kleintiere nicht ins Gebäude laufen. Da man über die halboffene Tür auch mit dem Nachbarn reden (plattdeutsch: *klönen*, friesisch: *klöönen*) konnte, werden diese umgangssprachlich Klöntüren genannt.

Das alte Bild der Hanswarft auf Hallig Hooge zeigt sehr gut die gleiche Orientierung der Häuser in west-östlicher Längsrichtung. Diese Bauweise bot den Vorteil, dass die vorherrschenden Westwinde das Reetdach weniger angriffen und zugleich beim südlichen Höchststand der Sonne viel Licht durch die kleinen Fenster in die Wohnstu-

Wohnstube eines uthlandfriesischen Hauses mit von der Küche aus beheizbarem Bilegger sowie holländischen Fliesen und Fliesentableau, Kapitän Tadsen Museum auf Hallig Langeneß. Foto: Dirk Meier

ben fiel. Seit dem Beginn des 19. Jahrhunderts vermerken zwar Topographien die Anzahl der Bauten auf den Halligen, doch bleiben deren Angaben allgemein.[74]

Ein noch sehr gut erhaltenes Hallighaus ist das Kapitän Tadsen Museum auf Hallig Langeneß. Döns, Pesel, Kellerstube und Speisekammer enthalten Mobiliar, Utensilien und Gerätschaften des 18. Jahrhunderts, die größtenteils von den ehemaligen Besitzern stammen. Mehr als 1.600 holländische Fliesen mit biblischen Motiven des Alten Testaments dokumentieren neben der Größe des Hauses das Vermögen des Erbauers. Besonders sehenswert sind zwei Fliesenpilaster aus 13 Fliesen neben dem Bileggerofen und das darüber angebrachte Fliesentableau mit einer Segelschiffdarstellung. Den Ständerbau ließ 1741 Tade Volkerts, Kapitän in holländischen Diensten, erbauen. Nachdem 1825 die schwere Februarsturmflut einen großen Teil des Gebäudes zerstörte, wurde es noch im gleichen Jahr wiederaufgebaut und vergrößert. Die Nachkommen von Tade Volkerts bewohnten bis 1981 das Haus. Nach einer dreijährigen Renovierung dient es seit 1987 als Museum.[75] Es ist das einzige uthlandfriesische Hallighaus, das mit Stall- und Wohnteil ganz erhalten ist.

Zum weiteren kulturellen Erbe der Halligen gehört der sog. Königspesel auf der Hanswarft von Hallig Hooge in einem 1776 (eher 1767) vom Kapitän und Schiffseigner Tade Hans Bandix erbauten Traufenhaus. Auch dessen Wände verzieren holländische Fliesen mit biblischen Motiven. Ebenso die Decken- und Türmalerei ist bemerkenswert. Der Name rührt daher, dass hier König Friedrich VI. von Dänemark übernachtete, als er bei einer Inspektionstour der Sturmflutschäden von 1825 von einer weiteren Sturmflut überrascht wurde.

Neben den größeren Gebäuden von vermögend gewordenen Walfangkommandeuren existierten kleine Bauten, wie das nur 6,70 m lange und 1,80 m breite Haus der Metje (Matje, Margaretha Petersen) Swers auf der Backenswarf von Hallig Hooge. Eine *Scherwand* trennte das Haus in Wohnbereich mit Schlafstube, Flur und Küche. Die Nord- und Südwand waren aus Flutsicherungsgründen stärker gebaut.[76] Bei weiteren kleinen Halligháusern mit deckenlastigem Ernteraum, wie auf der Peterswarf auf Hallig Nordmarsch-Langeneß, wurde der gesamte Dachraum mit Heu vollgestopft, auch um den Bau gegen Winterstürme auszusteifen. Über ihr Elternhaus auf der Backenswarft schreibt Käthe Kühn:

„Es war mit Reet gedeckt und hatte eine gemeinsame Wand mit dem Haus von Peter Diedrichsen, in dem er die Gaststätte „Zur Erholung“ betrieb. Unser Haus hatte eine Wohnstube mit einem Lukebett, einen Pesel, eine große und kleine Schlafstube, einen langen Flur, eine Küche und einen

Kochherd eines uthlandfriesischen Hauses, Kapitän Tadsen Museum auf Hallig Langeneß. Foto: Dirk Meier

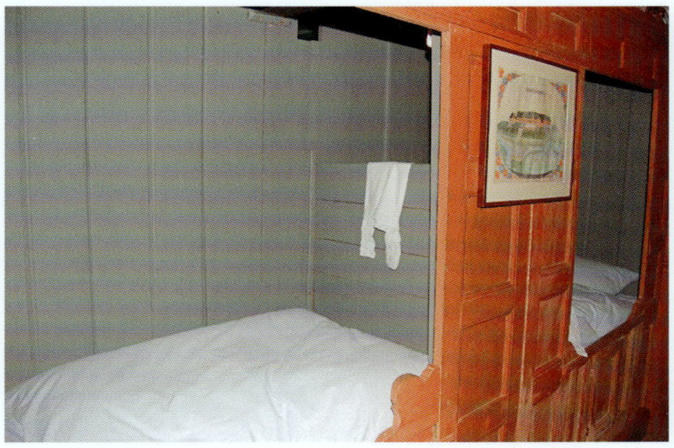

Lukebetten in einem uthlandfriesischen Haus, Kapitän Tadsen Museum auf Hallig Langeneß. Foto: Dirk Meier

Königspesel auf Hallig Hooge. Ölbild von Jacob Alberts 1893

Stall. Vor uns war es von unserer Tante Stienke Diedrichsen bewohnt worden. Aus heutiger Sicht hatte das Haus Museumswert, doch war uns das damals nicht bewusst. Die Ausstattung zeugte von einer langen Geschichte des Hauses. Die Wände in Flur und Pesel waren mit blauen holländischen Fliesen verkleidet. Ebenfalls aus Holland stammten zwei Schiffsbilder, zusammengesetzt aus 3x4 und 4x4 Fliesen, die nach Auskunft eines holländischen Experten vom dem Fliesenmaler Pals Karsten aus Harlingen gemalt und in Makkum in der zweiten Hälfte des 18. Jahrhunderts gebrannt worden sind. Die Initialen B.I. in den Flaggen weisen B. Ipsen als Eigner aus, womit der Erbauer des Hauses gemeint sein dürfte.

Zeitlich dazu passt sehr schön die Ausmalung des in der Stube befindlichen einzigen Lukebettes des Hauses mit dem Spruch:

Wenn ich zu Bette gehe
und wieder auferstehe
laß mich für allen Dingen
Dir Herr ein Danck Lied singen

und der Jahreszahl Anno 1779.

In der Stube stand auch der einzige Ofen des Hauses, ein Bilegger, aus Gusseisen, der von der Küche aus befeuert wurde. Alle anderen Räume waren ungeheizt. So waren in kalten Wintern die meisten Fenster mit prächtigen Eisblumen verziert, eine Erscheinung, die die Menschen heute gar nicht mehr kennen. Natürlich war dann auch das Bettzeug feucht und kalt, auch das kann man sich heute kaum noch vorstellen.

Vor allem die Wohnstube war mit Seefahrermitbringseln dekoriert, die aus England, Frankreich und Holland, aber auch aus Ost Asien stammten. Am prachtvollsten war ein farbig bemalter Eckteller, in dem allerlei Kostbarkeiten aufbewahrt wurden."[77]

Abweichend von den sonstigen Grundrissen liegen die Wohnräume im alten Haus von Edlef Hansen auf der Hallig Hooge im Kreuz. Davon befinden sich Wohnstube und Pesel an der Südseite, Küche und Kellerstube an der Nordseite. Der beschränkte Bauplatz dürfte zu dieser Form geführt haben, sodass nicht immer eine geschlossene Verteilung der Räume im Wohn- und Wirtschaftsteil möglich war.[78]

SALZTORFABBAU

Ein gewinnbringender Erwerbszweig vom 12. Jahrhundert bis zur frühen Neuzeit im Gebiet zwischen Hooge und Habel und auf dem nordfriesischen Festland bot der Salztorfabbau. Dieser ist bereits für das Ende des 12. Jahrhunderts von Saxo Grammaticus belegt, wenn der dänische Chronist das Verfahren auch nicht aus eigener Anschauung kannte. Nach dem Schleswiger Stadtrecht von 1150 und im Flensburger Stadtrecht von 1284 existierten Einfuhrzölle auf das Salz aus den Uthlanden. Im Schleswiger Stadtrecht heißt es: „Die Friesen, welche Salz bringen, geben für die Salzausfuhr 12 Pfennig [Zoll]". Der Aufschwung der Salzausfuhr zeigt sich auch darin, dass ihn neben den

Haus von Edlef Hansen auf der Hanswarft, Hallig Hooge. Quelle: Lehmann 1927

Einheimischen auch Fremde betrieben. So steht im Flensburger Stadtrecht, dass die Mitbürger, die im „Utland bei den Salzbuden Salz kaufen“ und einführen, eine Ausnahme von den strengen Bestimmungen des Salzhandels erhalten.[79]

Das Erdbuch des dänischen Königs Waldemar II. von 1231 nennt vier Salzbrennereien. So steht in diesem geschrieben: „Ferner gehören die gesamten Steuern in Frisia dem König. Ferner von den vier Brennereien *(Braenaetallaer)* gehören ¾ dem König und ¼ zum Herzogtum [Schleswig].“[80] Der König besaß vermutlich Eigentum an den Salzsiedereien, denn die Salzgewinnung war kein Monopol der Landesherrschaft, sondern wurde in einer privaten Genossenschaftsform der Friesen betrieben.

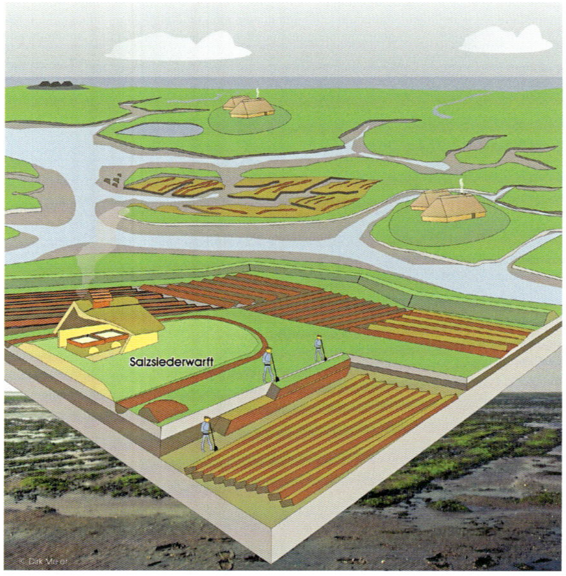

Schema des Salztorfabbaus und Salztorfabbauspuren in Nordfriesland.

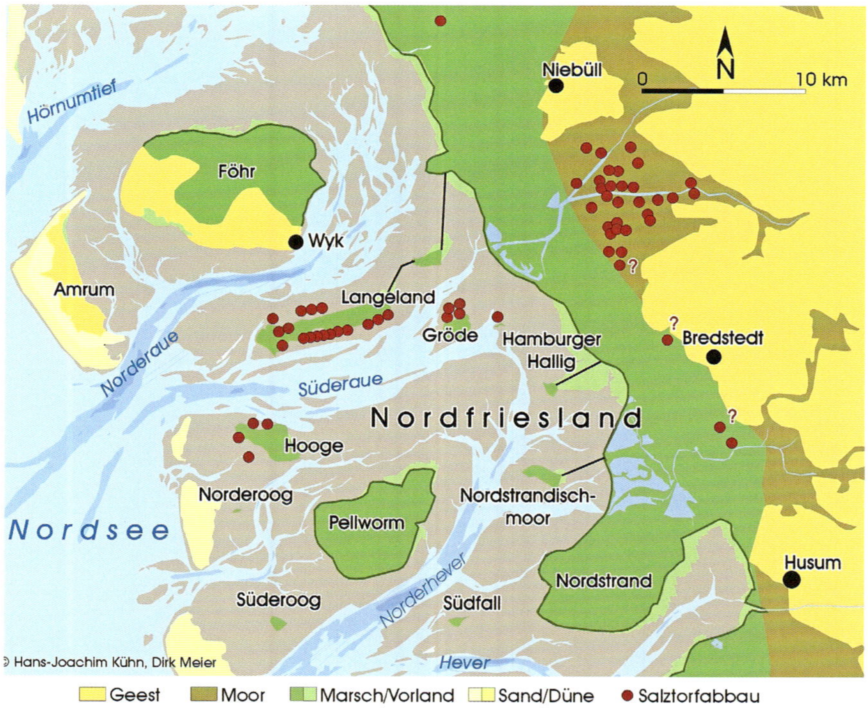

Die Salzsieder wohnten während des Sommers nahe ihrer Abbaugebiete. Im Friedensvertrag von Langsuntoft von 1344, indem die Niederlage der Bökingharde gegen den dänischen König besiegelt wurde, ist u.a. die Rede von Steuern auf das das *Brodensalt und Sylverstuth* [Pfannensalz und vermutlich eine Art Salzsteuer].[81] Auch das Zinsbuch des Schleswiger Domkapitels erwähnt, dass die Salzgewinnung am ganzen Strand betrieben wurde. Nachdem noch bis zur Zweiten Marcellusflut von 1362 in weiten Bereichen der Wiedrichsharde Salztorfe abgebaut wurden, verlagerte sich der Abbau in der frühen Neuzeit auf das Umfeld der nördlichen Halligen und dann zu den Vorländern Alt-Nordstrands und des nordfriesischen Festlandes, wie sich indirekt auch aus dem Schleswiger Zinsbuch ergibt.[82] Mit Schuten wurde nun meist der abgebaute Torf aus dem Watt zu Salzkögen an gesicherten Stellen gebracht, wo das Trocknen und Verbrennen erfolgte.

1544 musste die Bökingharde eine Steuer von 48 Tonnen Salz an den dänischen König entrichten. Genauere Zahlen liegen erst für 1638 vor, als von den Halligen Galmsbüll und Dagebüll nach Ribe 6.864 Tonnen Salz mit Schiffen transportiert wurden.[83]

Ausgangsmaterial ist ein im Untergrund des nordfriesischen Wattenmeeres weit verbreiteter Torf, der in seinem unteren Bereich aus Niedermoor-, in seinem oberen Bereich aus Hochmoortorf besteht. Dort, wo das Meer wieder vorstieß, nahm der lockere Hochmoortorf Salzwasser auf, das nach der Verdunstung Salz zurückließ. Da sich dieser Vorgang wiederholte, wurde der Torf mehr und mehr mit Salz angereichert und schließlich mit meist 0,30 bis 0,60 m mächtigen Sedimenten bedeckt.[84]

Der Abbau des Torfes erfolgte vor, aber auch hinter niedrigen Deichen, später auch im Watt in von Kajedeichen umgebenen Abbaufeldern während des Sommerhalbjahres.[85] Zunächst wurde der den Salztorf bedeckende Klei in langen Bänken abgehoben und in die alten Gruben gestürzt. Danach grub man den salzhaltigen Hochmoortorf aus, ließ aber den unteren nicht salzhaltigen Niedermoortorf unberührt. Der aufgelockerten Salztorf wurde getrocknet und dann verbrannt. In der dabei gewonnenen Asche reicherte sich das Salz stark an.

Die Salzasche brachte man zur Salzsiederwarft, wo das Salz mit Salzwasser ausgesolt wurde. Dafür kippten die Salzsieder die Salzasche in hölzerne Trichter (Küppen), in deren Mitte sich ein für die Asche undurchlässiges Rost aus hölzernen Speichen und einem Strohgeflecht befand. Aus einem Brunnen bezogenes Meerwasser lief dann solange durch den Trichter, bis die eingefüllte Asche kein Salz mehr aufwies. In einer zweiten Küppe erfolgte eine Wiederholung des Vorgangs. Die gesättigte Lösung (scharfer Pekel, Breen) floss danach in eine eiserne Siedepfanne, unter der sich ein Feuerungsraum befand. Zur Gewinnung feinkörnigen Salzes ließ man die Sole bei hohen Temperaturen bis zu zwölf Stunden sieden. Danach kam das Salz in hölzerne Tröge. Da das so gewonnene Salz etwa ein Zehntel des Torfgewichtes entsprach, waren die Gewinne recht beachtlich. Aus 800 Pfund Torfasche ließen sich etwa 300 Pfund Salz gewinnen, 1 m³ nasser Hochmoortorf besaß einen Kochsalzgehalt von etwa 24 kg.[86]

Mittelalterliche Reste des Salztorfabbaus sind vor allem im Gebiet der Halligen Habel, Gröde und Nordmarsch-Langeneß belegt, aber auch bei Hallig Hooge bekannt. Typisch für die Abbaufelder im Watt sind graue Kleibänder, die sich mit schmaleren Streifen bräunlicher Farbe abwechseln. Dabei handelt es sich um Abbauschollen, die in die nicht sauber entfernten Reste des abgebauten Torfs sowie der Schilfbrocken (Darg) eingebettet waren. Auf der ehemals begrünten Oberfläche dieser Schollen, jetzt schräg nach unten liegend, befanden sich oft Vegetationsreste von Salzwiesenpflanzen. Dies bezeugt ein Abbau auf Halligland. Heute steht im Bereich der nördlichen Halligen Torf nur noch in geringen Resten an. Inmitten der ausgebeuteten Flächen ist der Torfsockel vor allem dort erhalten, wo sich ehemals Warften befanden. Die alten Erdentnahmestellen hatten die Siedler mit Torfasche als Abfallprodukt der Salzgewinnung ausgefüllt. Die umfangreichen Salztorfaschen bezeugen, dass die Verarbeitung des Salztorfabbaus in der Region selbst erfolgte. Die meisten Funde weisen in die Zeit des 14. bis 15. Jahrhunderts.[87]

Das aus Asche extrahierte Salz bildete ein wichtiges Exportgut im 13. und 14. Jahrhundert. Dessen Profiteure konnten es sich leisten, Steinsarkophage aus Steinbrüchen des Odenwaldes, der Eifel und des Weserberglandes zu importieren.

Diese gewinnorientierte Salztorfgewinnung bildete einen Raubbau an der Natur, da Watt- und Landoberflächen tiefer gelegt wurden. Brachen die zu schwachen Deiche, überspülte das Meer rasch die niedrigen Landoberflächen, deren Wiederbedeichung kaum mehr möglich war. Schon vor 1362 erfolgten Meeresvorstöße aus nordwestlicher und nördlicher Richtung durch die Norderaue sowie etwas später aus südwestlicher Richtung durch die Süderaue und zerschnitten die Kulturlandschaft der Wiedrichsharde mit ihren Salztorfabbaugebieten immer weiter. Die 1398 erfolgten Klagen der südlich an die Wiedrichsharde angrenzenden Edoms- und Beltringharde aufgrund von Unfrieden und großer Wassernot unterstreichen solche Landverluste.[88]

Das von Kaiser Karl V. 1550 erlassene Verbot, im friesischen Küstengebiet nach Torf zu graben, blieb für die Uthlande ohne Auswirkungen. Auf der Hallig Galmsbüll wurde noch bis 1790 nach Salztorfen gegraben und die Aschenlauge nach althergebrachtem Verfahren eingedampft. Erst das bessere weiße Salz aus der Lüneburger Saline verdrängte das graue, bitter schmeckende friesische Salz und beendete den nordfriesischen Salztorfabbau.

Oben: Entfernen des Kleis zum Abbau des Salztorfes. Grafik: Nordseemuseum, Foto: Dirk Meier; unten: Mittelalterliche Salztorfabbauspuren im Watt bei Hallig Langeneß. Quelle: A. Bantelmann 1966

SEEFAHRT

König Christian VI. von Dänemark und Norwegen (1730–1746). Ölbild um 1740 von Johann Salomon Wahl, Museum Frederiksborg.

Holländischer Grönlandfahrer „Zaandam". Ölbild von Jochen de Vries 1772, Rijksmuseum Amsterdam

Da die Erwerbsmöglichkeiten der Landwirtschaft auf den Halligen begrenzt waren, verdingten sich zahlreiche Männer auf niederländischen Walfangschiffen.[89] Die sog. Grönlandfahrt im 17. und 18. Jahrhundert brachte vielen Familien Vermögen. Andere verarmten, wenn ihre Angehörigen auf See blieben. Nachdem der Holländer Willem Barents bei der Suche nach dem Seeweg nach Indien 1596 Spitzbergen entdeckt hatte[90] und von einer ähnlichen Erkundungsreise der Engländer Henry Hudson 1607 die Nachricht mit nach Europa brachte, dass es dort viele Robben, Walrosse und Wale gäbe[91], sandten 1612 die Engländer und 1613 die Niederländer Fangschiffe aus. Da man Spitzbergen zunächst für Grönland hielt, sprach man noch lange von der Grönlandfahrt. Die Schiffslisten von Hamburg enthalten wohl auch deshalb erst 1719 Aufzeichnungen über den Fang von Walen in der Davis Straße vor Grönland. Zwischen 1670 und 1725 fuhren von Holland 7.891 und von Hamburg 2.602 Schiffe aus, die 34.447 bzw. 10.441 Wale fingen. In der Spätzeit des Walfangs zwischen 1787 und 1800 fingen die Hamburger Schiffe nur noch 1026 Wale in 14 Jahren, somit 2,8 Wale pro Schiff.[92] Als am Ende dieses Goldenen Zeitalters des Walfangs der Grönlandwal fast ausgerottet war, kamen die Fangfahrten ab 1800 fast zum Erliegen.

Nachdem König Christian VI. von Dänemark und Norwegen am 28. Januar 1735 die Seefahrer der Inseln Sylt, Föhr, Amrum und Pellworm sowie der Halligen Oland, Langeneß, Gröde, Habel, Butwehl, Nordmarsch, Hooge und Südfall von den Soldaten- und Landdiensten befreite, fuhren bald zahlreiche Männer auf Walfang. Seefahrer wie Martens 1671, Zorgdrager 1720 und Eschels 1835 berichteten über ihre Fangfahrten. Weitere Zeugnisse belegen Kirchenbücher und Inschriften auf Grabsteinen.[93] Um 1700 verdingten sich etwa 3.700 Nordfriesen bei der Grönlandfahrt.[94] Von 1669 bis 1756 fuhren 512 in Hamburg beheimatete Walfänger unter dem Kommando nordfriesische Seeleute.[95] Daran beteiligten sich Jungen von 11 Jahren, wie Jens Jacob Eschels von Föhr[96], und alte Leute bis an die 70 Jahre. Allein von der Insel Föhr mit etwa 4.500 Einwohnen kamen 1760 volle 64 *Commandeure* (Schiffsführer), 229 Steuerleute und Harpuniere und 1.122 Matrosen. Der Föhringer Commandeur Mathias Petersen (1632–1706) erhielt aufgrund seiner Fangquote von 373 Walen in den Buchten Spitzbergens den Namen *Glücklicher Matthias*.[97]

In der Winterzeit erteilten oft die älteren nordfriesischen Commandeure angehenden Seeleuten Unterricht und vermittelten navigatorische Kenntnisse. Trotzdem gingen bei der Grönlandfahrt zahlreiche Schiffe unter. Während der Fangperioden von 1670 bis 1725 blieben 317 holländische Schiffe im Eis stecken. Nahe der Insel Mayen nördlich von Island und östlich von Grönland wurde 1777 sogar eine ganze holländische und englische Flotte vom Eis eingeschlossen.[98] Bei der Waljagd mit Harpunen konnte das verwundete Tier oft ganze Bootsbesatzungen beim Tauchen unter Wasser ziehen, wenn diese die Leinen der Fanggeschosse nicht kappten. 1777 etwa gingen allein 14 Schiffe im Eis verloren, wobei 17 Föhrer Seeleute, 20 Seefahrer von der Insel Rømø und 13 Männer von Hallig Nordmarsch umkamen.[99]

Nach Hause brachten die Seefahrer holländische Fliesen oder geschnitzte Kleinkunstwerke aus Holz oder Walbein mit, welche diese in ihren Mußestunden gearbeitet hatten. Walknochen dienten als Stützen für Grabsteine, als Grenzbefestigungen, Hocker oder Bänke.

Nachdem die Grönlandfahrt schon seit der zweiten Hälfte des 18. Jahrhunderts nicht mehr den sonst üblichen Profit abgeworfen hatte, verdingten sich viele Nordfriesen auf Handelsfahrten nach Ost- und Westindien, wo die Niederlande, England und Dänemark Stützpunkte ihrer Handels-Compagnien unterhielten. Von den Ostindi-

enfahrten der niederländischen VOC *(Vereenigde Oostindische Compagnie)* brachten die Seeleute Gewürze mit nach Hause. Anders als bei der Grönlandfahrt blieben die Kapitäne und Mannschaften jetzt viel länger von zu Hause fort. Neben Krankheiten und Unfällen auf See gab es auch bei den Zubringerfahrten nach Holland Katastrophen, auch war das Wattenmeer mit seinen Untiefen gefährlich.[100] Größere Schiffe, wie Schmacken, transportierten meist um die 100 Passagiere, manchmal auch mehr als das Doppelte. Bei Unwetter mussten alle Mann unter Deck. Über ihnen wurden die Luken geschlossen. Kenterte das Schiff bei einem Sturm oder zerschellte es an Inseln oder Sänden, gab es für die Eingeschlossenen kaum ein Entrinnen. Wrackkarten dokumentieren diese Dramen.[101]

Ein weiteres Geschäft, das etwa seit 1680 aufkam und 1807 in England verboten wurde, bildete der Atlantische Dreieckshandel.[102] Dabei fuhren die Schiffe von Europa aus mit Feuerwaffen, Bronze- und Stahlbarren, grobem Tuch, billigen Glasperlen und Manufakturprodukten an die westafrikanische Küste, wo die Ladung gegen Sklaven auf Märkten von lokalen Händlern gekauft oder getauscht wurde. Man vermied lange Liegezeiten, sodass die Segler schon ab Anfang Dezember mit Kurs auf die Karibik in See stachen. Dort nahmen sie vom Erlös der Sklaven landwirtschaftliche Exportgüter, vor allem groben Zucker, Zuckersirup (Melasse), Rum oder Baumwolle an Bord, segelten damit ab April in ihre Heimathäfen zurück und verkauften gewinnbringend die Ladung im Frühsommer auf den europäischen Märkten. An diesem Handel waren französische, niederländische, deutsche und englische Gesellschaften beteiligt, vor allem aber die *English Royal African Company*. Damit eröffnete sich auch für die schleswig-holsteinischen Reeder ein neues Betätigungsfeld im Westindienhandel, da 1755 die Fahrtbeschränkungen für die dänischen Kolonien in der Karibik aufgehoben worden waren.[103] Tatsächlich aber liefen nur rund zwei Drittel der europäischen Afrikafahrten im Rahmen des Dreieckshandels ab. Zudem bildeten vor 1700 Gold und nicht Sklaven das wichtigste afrikanische Exportgut. Auch segelte nicht ein Schiff alle drei Routen, sondern einzelne Reeder spezialisierten sich auf Teilseewege.

Eine erlebnisreiche Seereise anderer Art hatte der 1753 auf Hooge geborene Kapitän Haye Laurens (Lorenzen). Als er 1804 mit der Bark „De Kinds Kinder" seines Reeders M. von Trompowsky in

Der Hooger Kapitän Haye Laurens (1753–1825), der den späteren französischen König Ludwig XVIII. auf seiner Bark nach Schweden brachte, erhielt später den Lilienorden. Quelle: E. Wohlenberg 1969

Riga lag, charterte diese der französische Graf von Blacas als Abgesandter des Grafen von Provence, des späteren Königs Ludwig XVIII. Der damals in Kurland lebende Ludwig wollte sich mit seinem in England lebenden Bruder, dem späteren König Karl X., in Schweden treffen, um gegen die Kaiserkrönung Napoleons zu opponieren. Bei der mit Kapitän Laurens unternommenen Seereise nach Kalmar musste aufgrund eines Sturmes eine Notankerung vor der Insel Öland erfolgen. Als Anerkennung für seine Dienstleistung erhielt Laurens später von Ludwig XVIII., der nach dem Sturz Napoleons auf den französischen Thron gekommen war, 1818 den Lilienorden und 1.000 Francs. Ferner hatte er schon früher weitere Geschenke, darunter eine silberne Teekanne, Porzellantassen, eine Taschenuhr und eine Kaminuhr bekommen.[104]

Zu den bekannten Segelschiffkapitänen der Halligen gehört auch der 1869 auf Langeneß geborene Boye Richard Petersen. Als er sechs Jahre alt war, zogen seine Eltern nach Gröde. In seinem Lebenslauf schreibt er: „Da die Hallig Gröde vom Festlan-

Sog. Puffhunde als typische Seemannsmitbringsel, Kapitän Tadsen Museum auf Hallig Langeneß. Foto: Dirk Meier

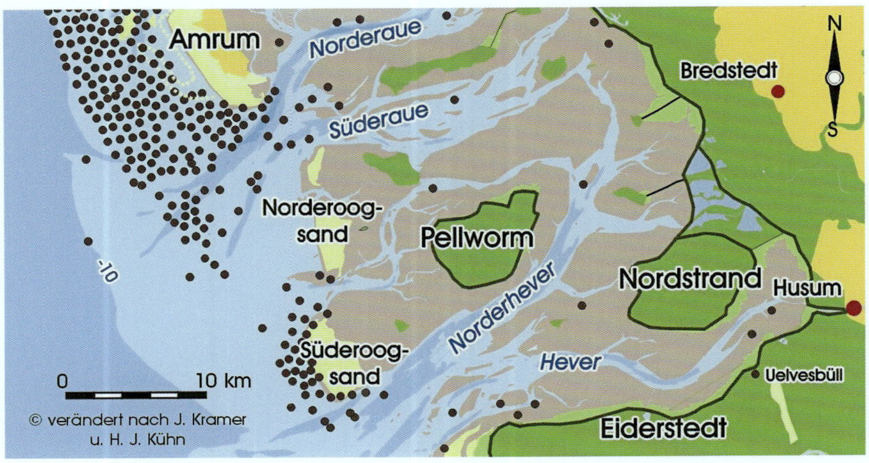

Wracks im südlichen nordfriesischen Wattenmeer

Holzwrack bei Hallig Südfall. Foto: Dirk Meier

de und den anderen Halligen durch tiefes Wasser abgetrennt war, lag es in der Natur der Sache, daß man von klein auf mit dem Wasser und den Booten bekannt und vertraut wurde. Mit 12 Jahren segelte ich schon allein von einer Hallig zur anderen, worüber die Eltern sich keine Sorgen machten. Die Folge davon war, daß ich, wie mein Großvater und Vater in ihren jungen Jahren, Seemann werden wollte." So heuerte Boye Petersen als Schiffsjunge und Koch auf einem Englandfahrer, der Kuff „Tetta Margaretha", an. Deren Heimathafen war Wyk auf Föhr. Schließlich wurde er bei der Firma Laeisz Kapitän der „Preußen", des größten ohne Hilfsmaschine ausgestatteten Segelschiffes der Welt mit fünf Masten. Von 1902 bis 1909 führte er den Großsegler, unter anderem bei einer Rekordfahrt vom Ärmelkanal nach Iquique in Chile in 56½ Tagen. Für seine Verdienste erhielt er den Königlich Preußischen Verdienstorden IV. Klasse.[105]

Boye Richard Petersen von Hallig Langeneß war von 1902–1909 Kapitän auf der „Preußen", dem größten Segelschiff der Welt. Foto: State Library of Victoria, Melbourne

Beendet sei dieser Abschnitt mit den Worten der Inschrift, wie sie auf zwei Stubentüren im Haus eines Kommandeurs auf der Peterswarft der Hallig Langeneß vorhanden war:

DURCH GLÜCK UND WALFISCHFANG
GIBT GOTT MIR HAUS UND LAND[106]

DIE HALLIGEN AUF HISTORISCHEN KARTEN

Auf der ersten, 1559 veröffentlichten Karte mit Kalendarium von 1558 bis 1585 der Herzogtümer Holstein und Schleswig des Kartographen und Mathematikers Marcus Jordanus und deren Nachbildungen von Gerad de Jode 1578 und Abraham Ortelius 1579 erscheint im Süden des heutigen nordfriesischen Wattenmeeres *Strant* als große, langrechteckige Insel. Dies traf so nicht mehr zu, da Alt-Nordstrand nach dem Untergang der Edomsharde und der Wiederandeichung Pellworms bis zur Burchardiflut von 1634 einen halbmondförmigen Umriss mit einer Meeresbucht im Süden aufwies. Zudem fehlen die in dieser Zeit schon bestehenden Halligen.[107]

Die Portulan- bzw. Kompasskarte *Sixtus Juttiae...* des Niederländers Lucas Janszoon Waghenaer aus seinem in Leiden zwischen 1584 und 1588 gedruckten Atlas *Spieghel der Zeevaerdt* berücksichtigt vor allem die Wattströme und Fahrwasser. Die Karte, deren Vermessung wohl älter als 1588 ist, zeigt auch noch die Wiedingharde als Insel vor ihrer Landfestmachung von 1566. *Strandt* (Alt-Nordstrand) ist ebenfalls falsch in rechteckigen Ausmaßen dargestellt. Neben den Inseln *Ameren* (Amrum), *Silt* (Sylt) und *Fux vooren* (Föhr) hat Waghenaer auf seiner Seekarte sehr schematisch mehrere Halligen mit Warften eingezeichnet. So finden wir südwestlich von *Strandt Noorder* und *Zuder ooch* sowie *Nubel* sowie nördlich von *Strant Hoge*, *Nortmaß*, *Groede*, *Oelandt* und *Habel*, östlich von Föhr *Langeneß* sowie nahe der nordfriesischen Festlandsküste mehrere später angedeichte Halligen. An Stelle Südfalls ist *Nubel* vermerkt.[108]

Johannes Petreus (Petersen), von 1565 bis zu seinem Tod 1603 Pastor in Odenbüll auf Nordstrand, zeichnete um 1597 eine weitere grobe süd-gerichtete Karte von Nordstrand, die er seinem Werk *Korte Beschrivinge des Lendlins Nordstrandes* beigab.[109] Westlich von Pellworm sind die noch größeren Halligen *Süder Ouch* und *Nört Ouch* eingetragen. Nordwestlich von Pellworm liegt *Die Hooge*. Dann folgt entlang der nördlichen und östlichen Küstenlinie ein Kranz mehrerer Halligen von Westen nach Osten, so u.a. *Nortmarsch*, *Butwehl*, *Grode*, *Horst* und andere, deren Namen teilweise schwer zu entziffern sind. Falsch sind auch die Benennung der Föhrer Kirchen und die Entfernungsangabe zum benachbarten Amrum. Überliefert ist die Karte in einer jüngeren Nachzeichnung aus dem Beginn des 17. Jahrhunderts von Johannes Mejer. Breiten- und Längenangaben sind überschätzt, Orte nur signaturhaft und teilweise ungenau eingetragen, Wattflächen fehlen ganz. Zwar ist der Umriss der Insel Alt-Nordstrand recht gut dargestellt, doch Lage, Größe und Zahl der Halligen stimmen so nicht.

Die Karte vermerkt noch *Herst* oder *Horst* als unbewohnte Hallig neben Gröde. Ebenfalls erscheinen auf der Nachzeichnung von Mejer *Silboll*, *Gardsland* und *Ebland* als unbewohnte Eilande nördlich von Nordstrand, rund 30 Jahre später fehlen diese schon.

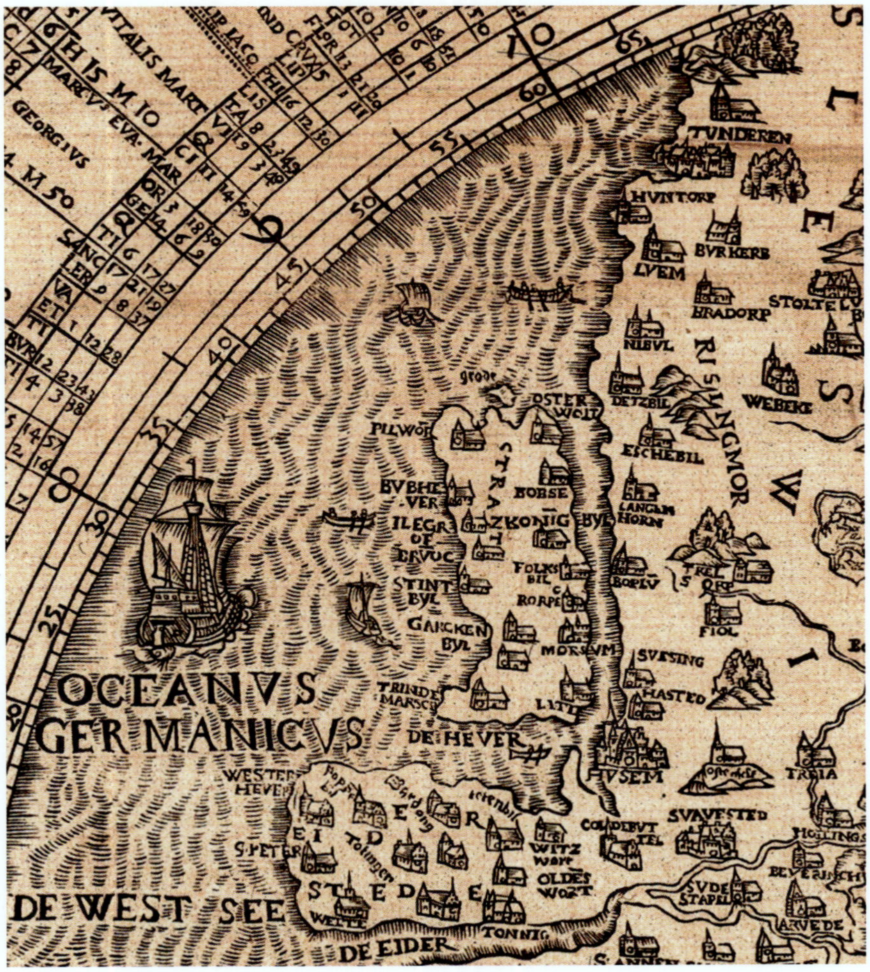

Herzogtümer Schleswig und Holstein 1559 mit Kalendarium von 1558 bis 1585 von Marcus Jordanus, Ausschnitt. Nördlich der Hever ist „Strant" als langrechteckige Insel zu sehen, was so nicht mehr zutraf. Ferner fehlen die schon bestehenden Halligen.

Die Halligen und Inseln im nordfriesischen Wattenmeer auf der Portulankarte Sixtus Juttiae … des Niederländers Lucas Janszoon Waghenaer aus seinem in Leiden zwischen 1584 und 1588 gedruckten Atlas Spieghel der Zeevaerdt. Um 1585.

Zwischen Pellworm und der Trindermarsch sind im Gebiet der im 14. Jahrhundert untergegangenen Edomsharde fünf Halligen zu sehen. Dabei liegen *Autzham* und *Tretzhalg* etwas nördlich von *Südfall, Nübel* und *Nielandt*. Auf letzterer sind fünf Häuser *(dom.* für domus*)* vermerkt. Zu den Halligen schreibt er: *Sodann gehört eine Insel dazu, die Nielandt heißt, und westwärts davon liegt Südfall, darauf nur ein Wohnhaus, und dazwischen liegt eine Insel oder Hallig, Nübell, genannt.* Westlich von *Nübell* und *Nielandt* verortete Petreus Südfall. Die hier durch die Hever gefährdete Hallig wurde bald aufgegeben. Die Bewohner verlegten ihre Häuser auf das größere Eiland *Nielandt* im Osten, das nun den Namen Südfall erhielt.

Die Karten des 17. Jahrhunderts vermerken eine größere Hallig Südfall neben dem kleineren Nubel. Südfall hat der Landmesser Jan Beerentz Westerdijk aus Friedrichstadt im Rahmen der geplanten Abdämmung der Rungholt-Bucht gezeichnet, da der Deich über die Hallig nach der Nordstrander Trindermarsch verlaufen sollte.[110] Die Skizze *Littus Rungholtinum* von Peter Sax (1597–1662) zeigt die geplante Abdeichung der nach 1362 eingebrochenen Rungholtbucht an die Hallig Südfall. Für ihn war zu Recht die gesamte Wattenbucht *weiland* ein zusammenhängendes Land. Weitere grobe Skizzen des Chronisten, so die *Ruina aliquot Paroeciarum* (Überbleibsel etlicher Kirchspiele)[111] und die *Haec est facies Insulae Nordstrandiae ante adventum Frisorum* (Dies ist der Anblick der Insel Nordstrand vor der Ankunft der Friesen) vermerken untergegangene Orte und zahlreiche Priele in der Rungholt Bucht ohne Belege.

Auf der *Descriptio Insularum aliquot Minorum* (Beschreibung etlicher kleiner Inseln) von Peter Sax sind zahlreiche Halligen mit latinisierten Namen eingetragen: *Sudfallia, Australis-Ouga [Süderoog], Septentrionlis-Ouga [Norderoog], Hoga, Nordmarsia, Butweelium, Langenessum, Neßum, Hingstneßum, Groda, Olandia, Herstum, Habyllum, Apellandia, Nr. 15 [ohne Namen], Lundigslandia, Gardslandia, Ibslandia, Hilbüllum, J. H. Jens Haysens Hallig, Nr. 22 [ohne Namen], Famulanum, Insula Moderanum.* Sieht man von den als Hallig bezeichneten Vorländern und den später untergegangen ab, lassen sich die heutigen Halligen hier neben der Insel Alt-Nordstrand *(Nordstrandia)* klar erkennen.

Auch der Mathematiker Johannes Mejer (1606–1674) versuchte sich an historischen Entwürfen der schleswigschen Westküste. Dabei ist seine Karte *Von dem alten Nortfrieslande Anno 1240* weit mehr der Phantasie als der Realität entsprungen.[112] Die vermerkten Orte sind teilweise frei erfunden. Ein Teil davon befindet sich bereits in Mejers *Designatio der Harden vnd Kerkspelen in Frisia Minori oder Nordfreßlandt Ao. 1240*, einer Vorarbeit zu seinen historischen Entwürfen.[113] Mejer schrieb wohl vor allem vom *Catalogus vetustus* ab. Eiderstedt reicht auf dieser Karte viel zu weit nach Westen. Während Utholm und Westerhever Inseln waren, sind die Harden Everschop und Eiderstedt hingegen nicht durch größere Wasserläufe getrennt gewesen. In den Uthlanden existieren zu viele Inseln. Zudem war Sylt durch Wasser von der dem Festland vorgelagerten Horsbüllharde getrennt. Sowohl J. N. Schmidt (1851) als auch R. Hansen (1893) haben sich im 19. Jahrhundert an Umzeichnungen des Mejerschen historischen Entwurfes versucht. Während Schmidt zwischen gesicher-

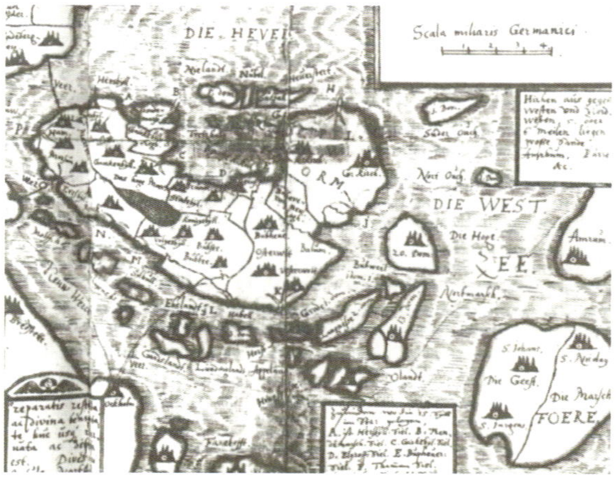

Ausschnitt der Karte „Nordstrandia Cimbria …" von Johannes Mejer (1606–1674) mit der Insel Alt-Nordstrand und einigen Halligen. Nachzeichnung einer Karte um 1597 von Johannes Petreus. Norden ist unten.

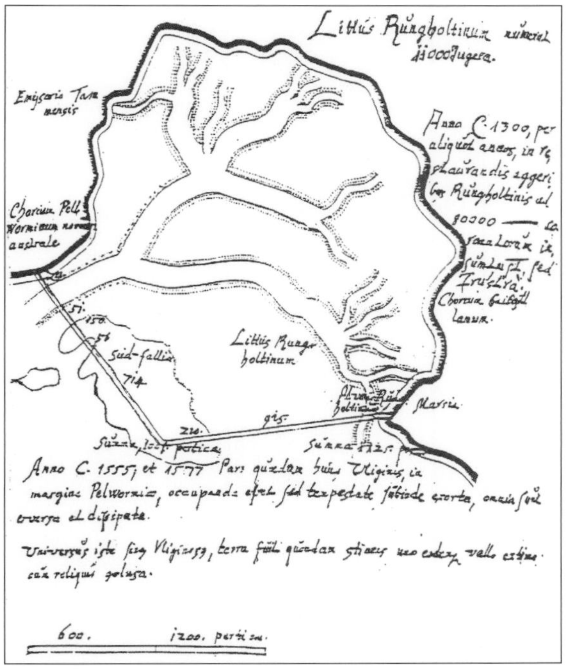

Tuschzeichnung auf Pergament „Littus Rungholtinum" von Peter Sax mit Rungoltbucht, Prielen, der Hallig „Süd-fallia" und der darüber projektierten Abdämmung.

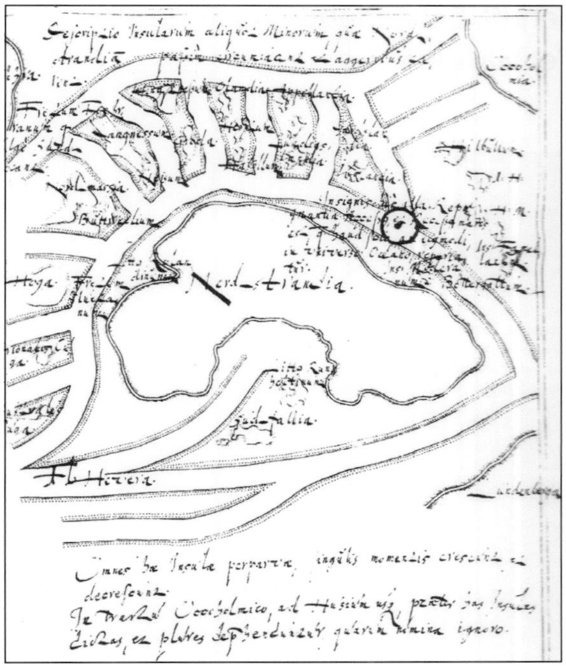

Tuschzeichnung auf Pergament „Descriptio Insularum aliquot" von Peter Sax (1597–1662) mit Wattströmen, der Insel Alt-Nordstrand und mehreren Halligen.

ten, ungewissen und zweifelhaften Kirchorten unterscheidet, bestand nach Hansen – was durchaus zutreffend ist – vor den spätmittelalterlichen Katastrophenfluten mit Strand eine zusammenhängende Landmasse im Süden des heutigen nordfriesischen Wattenmeeres. Viele Einzelheiten von Mejers historischem Entwurf lehnte Hansen zu Recht ab.

Seit dem 17. Jahrhundert mehren sich unter Anwendung von Winkel- und Längenvermessungen genauere Karten der nordfriesischen Küste. Dabei spielten die holländischen Deichingenieure eine große Rolle. So vermaß Beerentz 1631/32 die Dagebüller Bucht. Die Karte ist zwar nicht mehr erhalten, dafür aber Kopien mit Ergänzungen des Wasserbauingenieurs Leeghwater. Aus der Hand von Beerentz stammt auch eine weitere Vermessungskarte Alt-Nordstrands, die als Kupferstich 1637 in Holland gedruckt wurde. Der Deichgraf der Nordergoesharde, Joh. Wittemak, zeichnete mit *Frisia Minor* 1640 ein verzerrtes Kartenbild der schleswigschen Westküste, wenn auch einige Teilgebiete genauer dargestellt sind. Dieses Werk beruht auf Ergänzungen älterer Karten. Als Längenmaß gilt die Eiderstedter Rute.

Die *Landcarte von Nordergoesherde, Ambt Husum, Lundenberg und dem Nordstrande* von Johannes Mejer von 1641 zeigt die Insel ebenfalls vor und nach der Burchardiflut von 1634. Diese Karten vermerken Rungholt nordöstlich von Südfall auf dem Rungholt Sand, wobei Mejer noch weitere, nicht nachweisbare Kirchorte aufführt. Ansonsten sind trotz einiger Fehler die zeitgleichen Karten Mejers von 1635 bis 1648 brauchbar.[114] Nach 1642 kartierte Mejer unter der Benutzung der Karte von Beerentz das Inselgebiet von Nordstrand und Pellworm vor 1634. Nach dem Abschluss seiner Feldarbeit in den Herzogtümern wurden 37 in Kupfer gegossene Karten der von Mejer und Danckwerth 1652 verfassten *Newen Landesbeschreibung* beigegeben, während seine Handzeichnungen nicht erhalten sind. Der holländische Verleger J. Blaeu ließ diese nachdrucken und 1662 in einem weiteren Atlas herausgeben.

Bemerkenswert ist die Handzeichnung des zerstörten *Noordt-Strant* von 1659 vom Deichgrafen Quirinus Indervelden. Zu sehen sind neben den Resten von Pellworm und Nordstrand ein Kranz von Eilanden als Reste alten Inselvorlandes und junger Köge im Norden und Osten der ehemaligen Insel sowie das verzweigende *Het wal (Falsdeep)* als Vorläufer der Norderhever in der Rungholtbucht.

Als die Dänische Gesellschaft der Wissenschaften 1761 mit einer ersten großangelegten Vermessung des Landes nach trigonometrischen Verfahren begann, entstanden auch für Schleswig und Holstein topgraphisch zuverlässige Karten. Nachdem man noch dem *Danske Atlas* von Pontoppidan von 1781 eine Karte aus der Zeit Mejers beifügte, wurden nun für die Westküste Schleswigs als

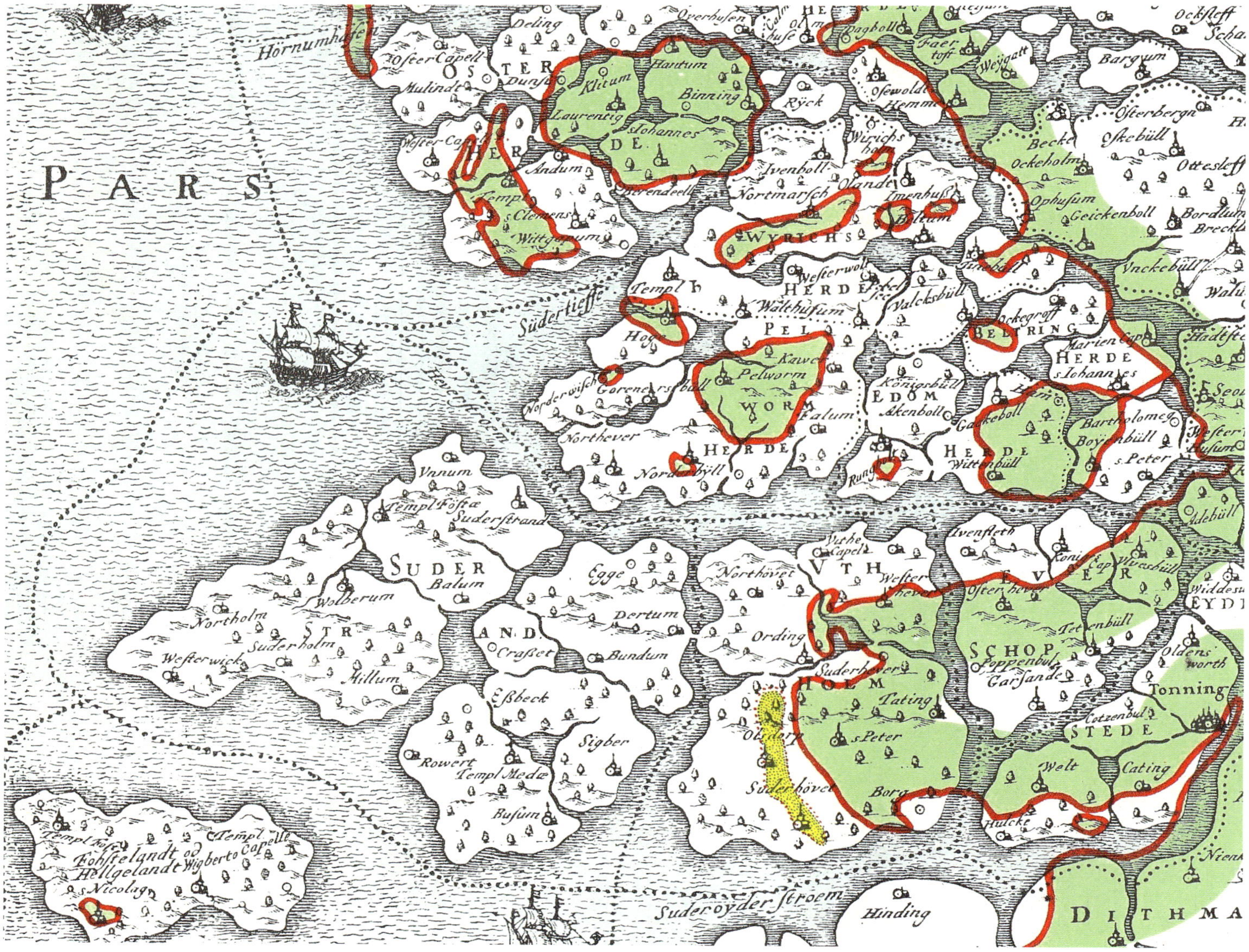

Ausschnitt der „Landtcarte Von dem Alten Nortfrieslande Anno 1240“ von Johannes Mejer. Der historische Entwurf der Uthlande ist nicht sehr realistisch.

„Landtcarte von Nordergoesherde, Ambt Husum, Lundenberg undt dem Nordstrande“ von Johannes Mejer von 1641 (Ausschnitt).

Karten die *Kort over Tønder og Lügumkloster Amter, samt Deel af Haderslebhuus, Apenrade, Flensborg og Bredsted Amter, udi Hertugdømmet Schleswig* (1805) und *Kort over den sydlige Deel af Hertugdømmet Schleswig samt Øen Femern* (1825) im M. 1:200.000 veröffentlicht. Diese beruhten auf Vorarbeiten von 1:20.000. Hinzu traten seit dem Beginn des 19. Jahrhunderts genaue Deichkarten.

Die Karten zwischen der Burchardiflut von 1634 und der ersten genauen Halligvermessung von 1804 belegen eine starke Größenabnahme der Halligen. Dies war im Wesentlichen eine Folge der schweren Sturmfluten von 1717 bis 1720. Zwei im Kopenhagener Reichsarchiv vorhandene Karten vermitteln eine ungefähre Größendarstellung der nördlichen Halligen im 18. Jahrhundert. Die hinsichtlich der Halligen etwas realistischere Karte ist

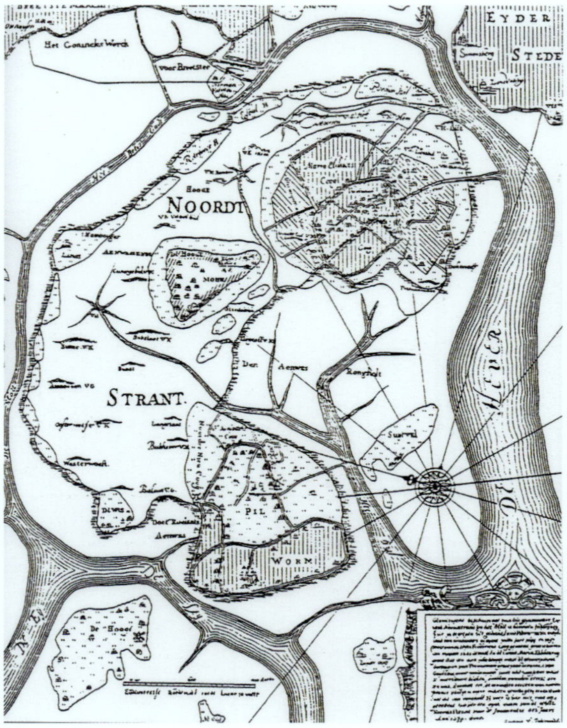

Handzeichnung des zerstörten „Noordt-Strant" mit Halligen von 1659 vom Deichgrafen Quirinus Indervelden. Norden ist links.

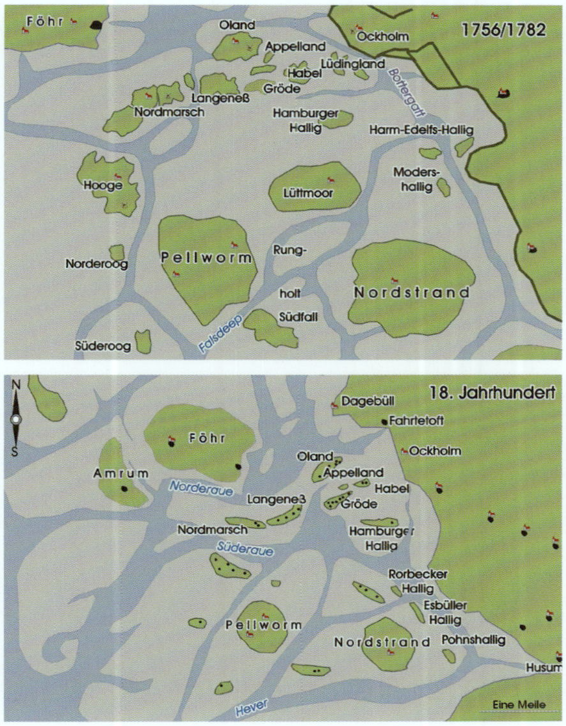

Karte der Halligen ohne Beschriftung aus dem 18. Jahrhundert (oben) und „Charte von dem sogenannten Schmal-Tieffe, desselben Tonnen und Baaken und von den umherligenden Wasser- und Land-Gegenden. Verfertigt bey der Commissial Besichtigung, den 25. Aug. 1756 von J. H. Remmers. Copiirt den 16. Sept. 1782 von H. P." (unten). Vereinfachte Umzeichnung, Originale im Rigsarkivet, København

ohne Titel und Datum, die andere trägt den Titel *Charte von dem sogenannten Schmal-Tieffe, desselben Tonnen und Baaken und von den umherligenden Wasser- und Land-Gegenden. Verfertigt bey der Commissial Besichtigung, den 25. Aug. 1756 von J. H. Remmers. Copiirt den 16. Sept. 1782 von H. P.*

Besonders dramatisch war die Verkleinerung der Halligen Südfall und Habel.[115] Da in der frühen Neuzeit die Steuerlast nach der Halligfläche erhoben wurde, mussten die Halligvorsteher ihre Eilande selbst vermessen. Da die gemeldeten Flächen der Obrigkeit jedoch zu gering erschienen, erfolgte 1789 eine erste amtliche Vermessung auf Kosten der Halligbewohner. Deren Einspruch gegen diese Maßnahme hatte zunächst Erfolg. Bei der nächsten Vermessung 1799 legten die Halligleute jedoch vergebens Einspruch ein. Die Größe der Halligen zu Beginn des 19. Jahrhunderts dokumentierte von 1802 bis 1804 erstmals der Landmesser Friedrich Harcksen. Von ihm liegen detailreiche farbige Karten von den Halligen Nordmarsch, Langeneß, Butwehl, Oland, Gröde, Appelland, Habel und Südfall vor.[116]

Nach dem Ergebnis der 1804 durchgeführten Landvermessung ergab sich eine erhebliche Differenz zu den bisher gemeldeten 1.135 Demat (559, 56 ha)[117], denn nun ermittelten die Landmesser Halligflächen von insgesamt 6.608 Demat (3.257,74 ha). Die sich danach richtenden Steuerlasten bedeuteten für die Halligbewohner eine erhebliche Mehrbelastung, zumal die Sturmfluten von 1824 und 1825 schwere Schäden verursachten und sich die Halligen verkleinerten.[118]

Großformatigere Übersichten finden sich im Kartenwerk für Schleswig, das der dänische Premierleutant Johann Heinrich Christian du Plat auf Order des damaligen Kronprinzen Friedrich VI. von 1804 bis 1805 schuf. Das um Holstein vervollständigte Gesamtwerk aus 14 Einzelkarten ist im Maßstab 1:57.600 nebst einer Übersichtskarte von Schleswig-Holstein in der Königlichen Handbibliothek auf Schloss Christiansborg in Kopenhagen archiviert.[119] Diese Karten sind auch bedeutend, weil sie die Halligen zwanzig Jahre vor der verheerenden Februarsturmflut von 1825 zeigen, die wir in einem eigenen Kapitel behandeln.

Etwas mehr als zwanzig Jahre danach vermittelt eine dänische Karte von 1858 die Größe und Zahl

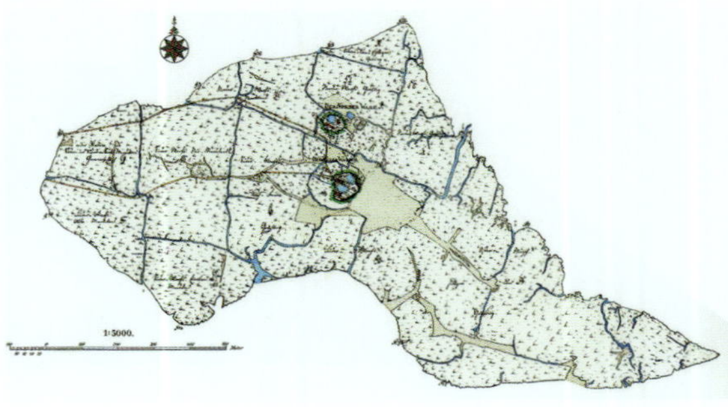

Hallig Habel, Vermessung von Harcksen 1804.

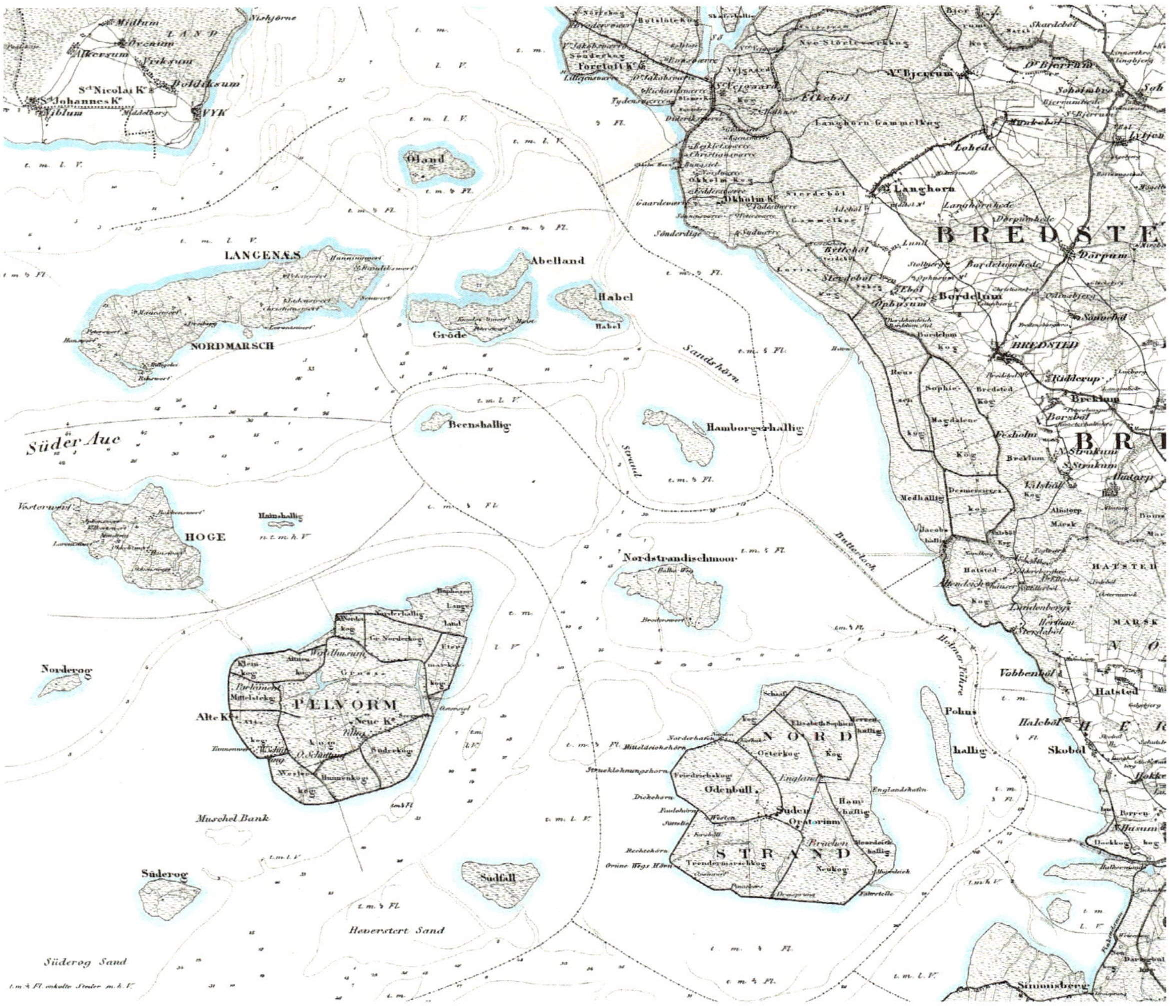

Das nordfriesische Wattenmeer mit Inseln, Halligen, Watten und Prielströmen. Dänische Karte von 1858.

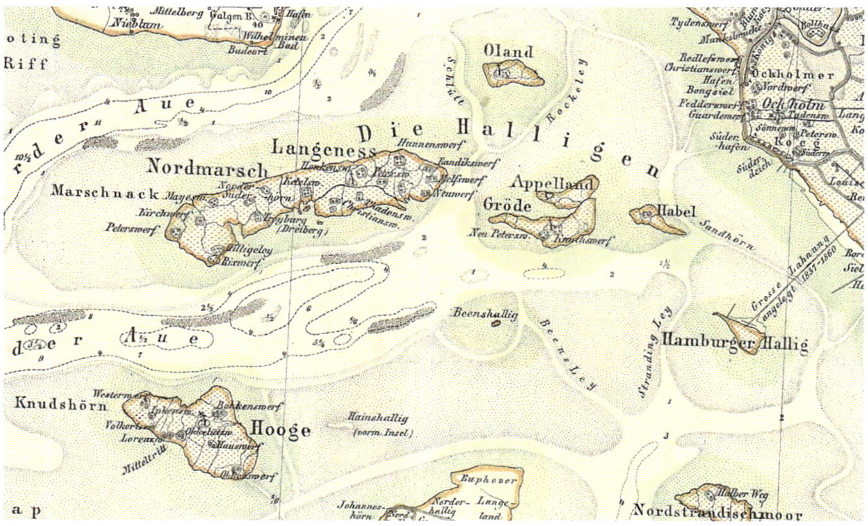

Ausschnitt einer Karte von 1864 (Blatt Tondern). Gezeichnet von F. Handtke, Druck: C. Flemming, Glogau.

der Halligen in dieser Zeit. Zwischen *Hoge* und Pellworm liegt noch die später abgetragene Hainshallig, während Nordmarsch und *Langenæs* schon zusammengewachsen sind, sind Gröde und *Abelland* noch getrennt. Die erste Preußische Karte von 1864 vermerkt die Hainshallig nur noch als vormalige Insel, während die kleine Beenshallig noch eingezeichnet ist. Sie verschwand in den 1890er Jahren. Appelland und Gröde sind jetzt miteinander verbunden. Zur *Hamborger Hallig* führt auf der Karte von 1864 eine zwischen 1857 und 1860 angelegte große Lahnung. Östlich von Nordstrand liegt 1858 die erst 1925 angedeichte Pohnshallig *(Ponis Hallig)*. Das östliche Nordstrander Vorland wurde Herren- und Englandshallig genannt. An der nordfriesischen Festlandsküste sind mit *Okkolm, Foretoft* und *Dageböl* drei ehemalige Halligen ebenso eingetragen wie mit der *Skæferhallig, Sturehallig* und *Behallig* im bedeichten *Botschlote Sö* als ehemaligem Bottschlotter Tief.

Mit dem Hinweis auf die Messtischblätter der Preußischen Landesaufnahme seit 1877 sei der kurze Überblick zur historischen Kartographie der Halligen abgeschlossen, auf einzelne Karten kommen wir im Folgenden noch zurück.

UNTERGEGANGENE UND ANGEDEICHTE HALLIGEN

Bis zur Befestigung ihrer Kanten im frühen 20. Jahrhundert sind im nordfriesischen Wattenmeer zahlreiche Halligen vom Meer abgetragen worden, einige wuchsen auch mit anderen zusammen oder wurden – wie Ockholm oder Dagebüll – an das nordfriesische Festland angedeicht. Nicht alle untergegangenen Halligen lassen sich anhand schriftlicher Zeugnisse und Karten noch identifizieren, manche waren auch unbewohnt. Andere bildeten Überreste der 1634 zerstörten Insel Alt-Nordstrand.

Die schon genannte Handzeichnung des Deichgrafen Quirinus Indervelden von 1659 zeigt, dass 25 Jahre nach der verheerenden Burchardiflut von 1634 von Alt-Nordstrand nur noch Pellworm und Nordstrand, das Gebiet des Wüsten Moores – das bis 1634 unbesiedelt im zentralen Teil der großen Insel lag – sowie eine Reihe kleiner Marscheneilande als Rest der einstigen nördlichen und östlichen Küstenlinie übrig geblieben waren. Dabei handelt es sich um Teile ehemaliger Vorländer der alten Insel und um jünger bedeiche Köge. Diese hatten vor 1634 aufgrund der hohen Auflandung junger Marsch im Küstenbereich Alt-Nordstrands oberhalb des damaligen Mittleren Tidehochwassers gelegen. Nach dem Ende der Burchardiflut fielen sie wieder trocken und wandelten sich im Unterschied zu den verlorenen und in das Wattenmeer einbezogenen Bereichen Alt-Nordstrands zu Halligen, die nachfolgende Sturmfluten mit Ausnahme der Pohns-Hallig und der Hamburger Hallig, vernichteten. Zwischen den Inseln Pellworm und Nordstrand verzweigte und vertiefte sich das *Fals-*

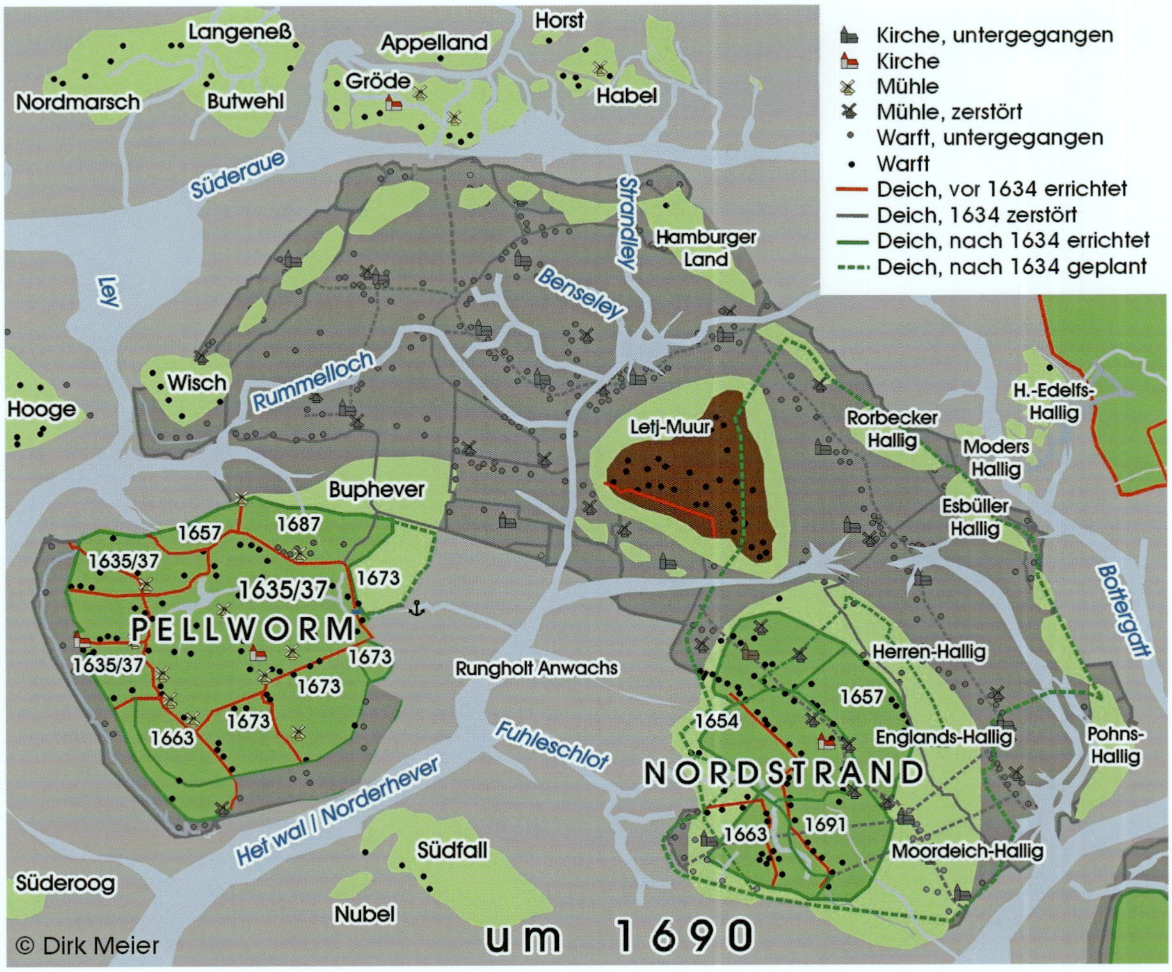

Das südliche nordfriesische Wattenmeer mit Inseln und Halligen nach der Burchardiflut von 1634 und 1690. Die Umrisse der untergegangenen Bereiche Alt-Nordstrands mit Warften, Mühlen und Kirchen sind dunkelgrau markiert.

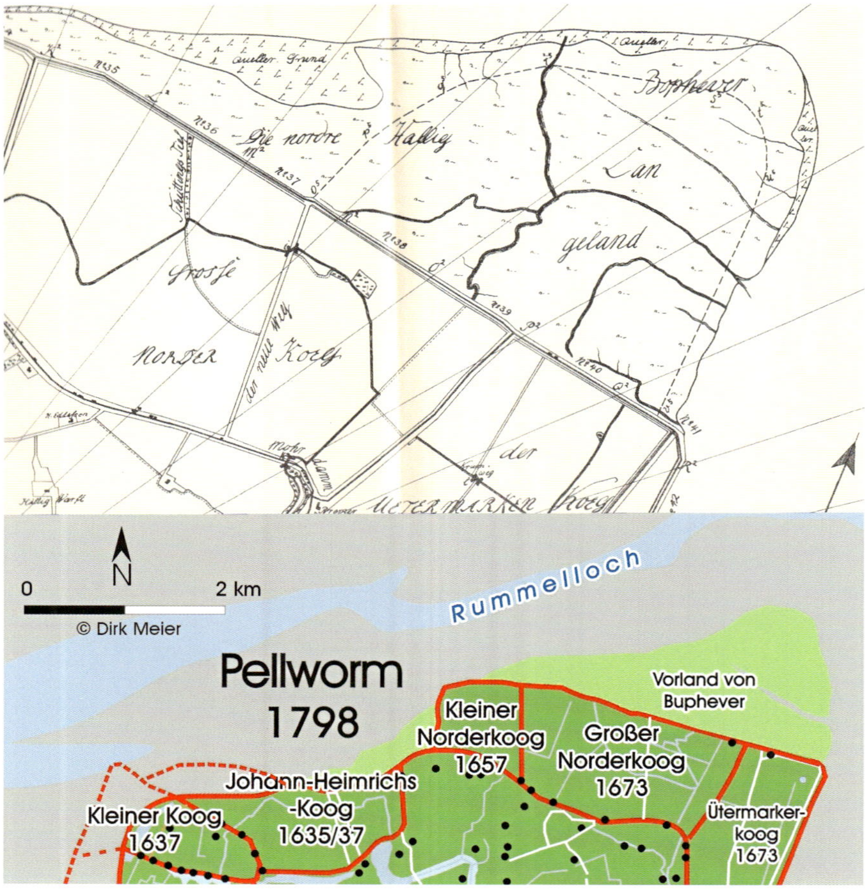

„Carte ueber Gegenstände des Deich- und Wasserbaus und auf der Insel Pelworm entworfen in den Jahren 1803, 1804 von C. F. G. J. Salchow". Quelle: Müller u. Fischer 1936, Taf. XI (Ausschnitt)

deep (Het wal) weiter. Mit dem weiteren Vorstoß dieses gefährlichen Prielstroms und seiner Verbindung mit dem Rummelloch sowie dem Wattengebiet um die Süderaue bildete sich die breitere und tiefere Norderhever.

Zeitgenössische Berichte erwähnen, dass nach der Sturmflut von 1634 schon bei normalen Tiden das Wasser durch die Deichbrüche stieß und die infolge der Urbarmachung einstiger Moorgebiete niedrigen Köge Alt-Nordstrands überflutete. Demnach befanden sich diese damals schon unterhalb des MThw. Nachrichten kurz nach der Katastrophe belegen, dass auf einzelne Stellen der überschwemmten Insel Alt-Nordstrand noch Überlebende auf ihren Warften wohnten und Ansprüche gegenüber dem Landesherrn auf das an ihre Warften grenzende, nun zum Watt gewordene ehemalige Kulturland erhoben. Sehr bald hörte man von ihnen jedoch nichts mehr, was auf die zunehmende und schnelle Zerschneidung des Landes hindeutet. Viele hatten sich auch auf das wüste Hochmoor *(Letj Muur)* der alten Insel geflüchtet.[120]

Im Gebiet des durch die Flut von 1634 schwer getroffenen Alt-Nordstrands hatten nur die Wiederbedeichungen im Bereich der Pellwormharde Erfolg.[121] Die alte Kirche ebenso wie die neue von 1528 sowie mehrere Warften waren hier erhalten geblieben, wenn deren Häuser auch größtenteils zerstört darnieder lagen. Unsagbar waren das Leid und der Verlust an Menschenleben sowie an Vieh- und Ernteausfällen. Zudem hatte Salzwasser die Böden verdorben. Den Bewohnern Pellworms gelang jedoch schon von 1635 bis 1637 mit dem Großen Koog, dem Mittelsten Koog, dem Kleinen Koog, dem Wester-Neuen-Koog sowie dem nördlichen Teil des Alten Kooges eine Sicherung der verbleibenden Marschen, wenn auch nur unter Rückverlegung des westlichen und teilweise auch des südlichen Seedeichs.

Während hier die Inseldeiche gefährdet blieben, wuchs im Norden Vorland auf. Dieses nach der Sturmflut von 1751 unbewohnte, auf einer Karte von 1803/04 des Deichbauinspektors Salchow *De nordre Hallig* und *Bophever Langeland* genannte unbewohnte Vorland wurde 1938 als Buphever Koog angedeicht.[122] Bemerkenswert ist sein *Generalbericht über die Beschaffenheit der auf der Insel Pellworm befindlichen Deiche, Uferwerke, Vorländer und Watten sowie der sämmtlichen* Wasserlösungen, der an die Rentekammer gerichtet war und zu der die *Carte ueber alle Gegenstände des Deich- und Wasserbaus auf der Insel Pellworm, entworfen in den Jahren 1803, 1804...* gehörte. Darin hält Salchow für die Pellwormer Nordküste fest, dass die Halligen Norder-

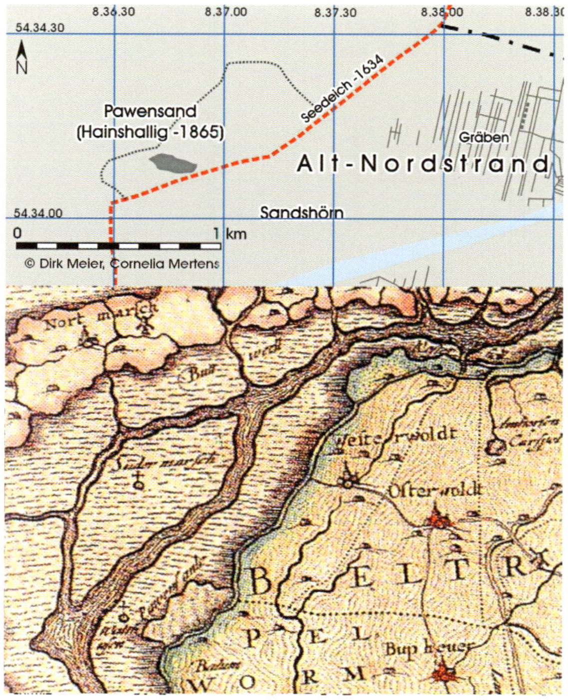

Hainshallig im nordwestlichen Teil der 1634 untergegangenen Insel Alt-Nordstrand. Die Karte Alt-Nordstrands von Johannes Mejer vermerkt hier als Vorland den Pawensand.

oog und Hooge *zwei Forts gegen den Angriff der eigentlichen See* bilden und zur Aufschlickung beitragen. So liegt das Watt an der Inselnordseite deshalb höher als an der Südseite, hinzu kommt der nicht ganz weggespülte Rest des nach 1634 ausgedeichten Landes.[123] Auf seiner Karte Pellworms ist auf Buphever, Langeland und einem Teil der Norderhallig als gebrochener Linienzug ein Bedeichungsentwurf eingetragen.

Von den anderen nach der Zerstörung Alt-Nordstrands erhalten gebliebenen Marscheilanden am nördlichem und östlichem Außenrand gingen die meisten, mit Ausnahme der Hamburger Hallig und der Pohns-Hallig, unter.[124] So bildete nordöstlich von Buphever die Hainshallig den letzten Überrest des ehemaligen Vorlandes Alt-Nordstrands, was Johannes Mejer auf seiner Karte als Pawensand vermerkt. Gleiches dürfte für die Beenshallig gelten. Diese hatte sich nach mehreren Sturmfluten ebenfalls im 18. Jahrhundert verkleinert, als die Februarsturmflut von 1825 über diese hereinbrach. So heißt es in einer Eingabe der Landschaft Nordstrand an die Rentekammer am 9. Oktober 1829: *daß der Ertrag der nicht bewohnten Beenshallig, welche alljährlich vermietet worden, sich nach den großen Fluten und durch die erlittenen Beschädigungen über die Hälfte gemindert habe, wobei noch von den zur Sicherstellung der Hallig aufgewendeten Kosten abgesehen würde. Diese würde sich auf die Zeit von Neujahr 1825 bis dahin 1829 erstrecken...*[125] In einer weiteren Nachricht der Schleswig-Holsteinischen Kasse zu Rendsburg an den Staller vom 25. August 1832 ist zu ersehen, dass *zufolge Allerhöchster Resolution vom 23. März 1831 die Landsteuer für Beenshallig für die Jahre 1825–1830 incl. gänzlich erlassen, für die Jahre 1831 und ferner aber auf die Hälfte herabgesetzt* wurde.[126] Die Größe der 1854 unbewohnten Hallig betrug nur noch 51 Steuertonnen (ca. 27,87 ha).[127] Zwar ist sie auf der dänischen Generalstabskarte von 1858 noch eingezeichnet, wurde aber nach 1860 bereits häufig überspült und verschwand bis 1890 völlig.

Die Modershallig und Harmelfshallig südlich der Hamburger Hallig vernichtete die Nordsee schon um 1756. Auch die Esbüller Hallig als Rest Alt-Nordstrands überdauerte nicht. Über dem Wüsten Moor *(Letj-Muur)* wuchs die Hallig Nordstrandischmoor auf, die wir im nächsten Kapitel ausführlicher behandeln.

Anders als auf Pellworm prägen auf den nur knapp über dem Mittleren Tidehochwasser liegenden Marschen von Nordstrand reihenförmige Hofwarften des planvollen hoch- und spätmittelalterlichen Landesausbaus in dem ehemaligen Moorgebiet das Siedlungsbild. Deren Anlage erfolgte im Hochmittelalter noch auf dem unkultivierten Hochmoor, da diese auf Torfsockeln stehen, während dieses im Umland aufgrund von Entwässerung und Abgrabung verschwunden ist. Erst mit großem Kapitaleinsatz landfremder Geldgeber – Holländer, Flamen sowie später auch Franzosen – erfolgten in diesem Teil der alten Insel im Auftrag des Herzogs von Schleswig-Holstein-Gottorf Wieder- und Neubedeichungen. Quirinius Indervelden und seine Mitpartizipanten deichten 1654 den Friedrichskoog (Alter Koog) ein, mit dem ein Teil der Marschen Gaickebülls und Odenbülls wieder gesichert werden konnte.[128] Die neuen Deiche auf Nordstrand folgen dabei nicht dem Verlauf der älteren. Kurz danach entstanden 1657 der Marie-Elisabeth-Koog im Osten sowie 1663 der Trindermarschkoog und schließlich 1691/93 im Süden der Neue Osterkoog bzw. Neukoog, mit dem ein Teil des ehemaligen Kirchspiels Evensbüll wieder gesichert wurde. Von diesen Bedeichungen profitierten die Einheimischen kaum, sie hatten nicht nur ihre Existenzen verloren, sondern mussten auch mit ansehen, wie landfremde Geldgeber Neuland gewannen und ihre eigenen Höfe gründeten.

Von 1668 liegt eine Handzeichnung Nordstrands mit den ersten Neubedeichungen vor. Diese zeigt im Norden und Osten der Insel ebenso wie andere dieser Zeit Überreste Alt-Nordstrands mit Watten, Prielen und untergegangenen Kirchen. In

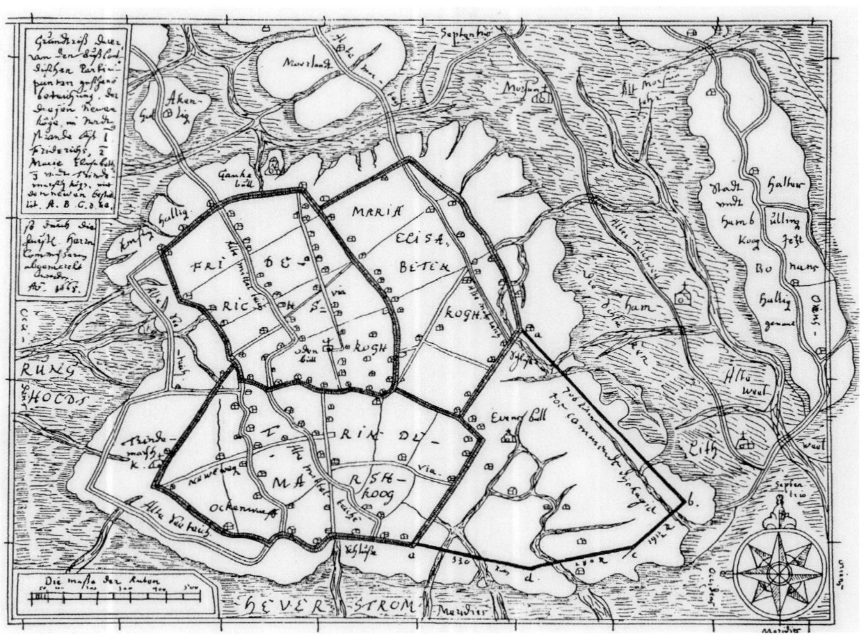

„Grundtriß derer von den ausländischen Partizipanten geschenen Beteichung der dreyen newen köge im Nordtstrande, als 1. Friderichs, 2. Marie Elisabeth 3. undt Trindemarsch köge mit dem newen bestick lit. A. B. C. w. e., so durch die fürstl. Herrn Commisarien abgemerkt wurden. Ao. 1668".

Herren-Hallig und Pohns-Hallig. Ausschnitt der Generalkarte von Nordstrand von 1857. Quelle: Müller-Fischer 1936, Taf. VI

zwei Feldern am oberen linken Rand ist sie mit der Überschrift betitelt: *Grundtriß derer von den ausländischen Partizipanten geschenen Beteichung der dreyen newen köge im Nordtstrande, als 1. Friderichs, 2. Marie Elisabeth 3. undt Trindemarsch köge mit dem newen bestick lit. A. B. C. w. e., so durch die fürstl. Herrn Commisarien abgemerkt wurden. Ao. 1668.*[129] Im Unterschied zur Karte von Indervelden von 1659 sind innerhalb von nur neun Jahren erhebliche Veränderungen des Vorlandes eingetreten. Während in dem schon stark zurückgegangen Vorland Priele schon teilweise an die neuen Seedeiche reichen, ist das Vorland im Süden und Südosten unter Berücksichtigung des Trindermarschkooges nahezu unverändert. An das östliche Vorland schließt sich ein breites, von einem Längs- und drei Querprielen durchzogenes Watt mit den eingezeichneten 1634 untergegangenen Kirchspielen *Morsum*, *Ham* und *Lith* an. Nach Osten folgt der langgestreckte *Stadthalters undt Hambulling Koog, jetzt Bonans Hallig [Pohns-Hallig] genannt* an, das von der *Alt Morsum Fehr* bis zum *Lither weel* reicht. Dieses stützte

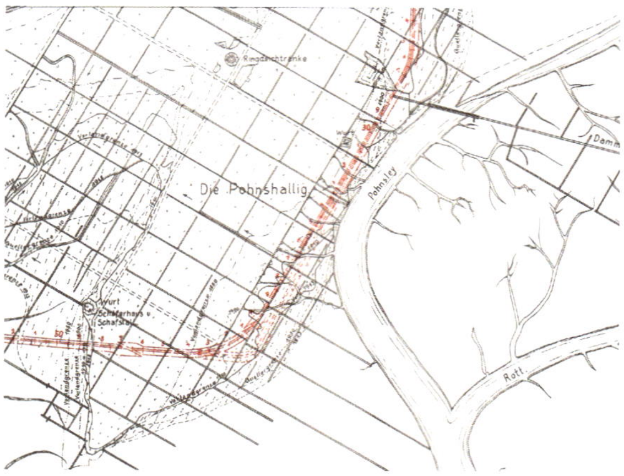

Entwurf zur Bedeichung der Pohnshallig aus den Jahren 1914 und 1917 (Nachträge aus dem Jahre 1918), Ausschnitt. Quelle: Müller-Fischer 1936, Taf. IX

sich auf den früheren Seedeich Alt-Nordstrands und das alte Vorland.

Die über dem damaligen Mittleren Tidehochwasser aufgewachsene Quellerbildung im Osten Nordstrands besaß in der Mitte des 19. Jahrhunderts eine solche Ausdehnung, dass die durch das Englands-Loch getrennte Herren- und Englands-Hallig mit der Moordeich-Hallig nach älteren Bestrebungen von 1858/63[130] als Morsumkoog 1866 an den Deich des Nordstrander Neuenkooges von 1691 und Elisabeth-Sophienkooges von 1771 angeschlossen werden konnte.[131] Die noch durch einen Priel von Nordstrand getrennte Pohns-Hallig diente lange Zeit den Bewohnern von Schobüll zur Heugewinnung. Diese besaß um 1858 im Süden eine Warft mit zwei Gebäuden, die auf einer weiteren Karte von 1918 noch als Wurt Schäferhaus und Schafstatt vermerkt sind.[132] Zudem ist auf diesem Bedeichungsentwurf des Pohnshalligkooges eine Ringdeichtränke im Norden der Pohns-Hallig und eine weitere im Vorland des Morsumkooges zu erkennen. Solche von einem Ringdeich umschlossenen Tränken in ausgedehnten Vorländern dienten für das Vieh, das hier zugleich bei Sturmfluten Schutz fand. In preußischer Zeit seit 1867 erfolgte auf Nordstrand eine Verbesserung der Seedeiche durch Steindecken[133] und Landgewinnungsmaßnahmen durch Lahnungsbau. Dies erlaubte 1925 die Andeichung des Pohnshalligkooges. Für diesen gab es zwar schon ältere Entwürfe, deren Ausführung aber der Erste Weltkrieg verhinderte.[134] Der noch vor 1914 fertiggestellte Nordstrander Damm wurde nach dessen Instandsetzung 1935 als hochwasserfreie Straßenverbindung für den Kraftfahrzeugverkehr ausgebaut.[135]

Weiter im Norden lag zwischen den Halligen Gröde-Appelland und Oland die kleine, 1711 noch erwähnte Hallig Hingsteneß, welche durch das Vordringen des Schlütts im 19. Jahrhundert unterging. Deren Name hatte sich von dem infolge der Marcellusflut von 1362 zerstörten Kirchspiel *Hingsteneße* auf die darüber aufgewachsene Hallig übertragen.[136] Ebenso wurden *Lundingland* und *Südhörn* östlich von Habel durch die Nordsee abgetragen. Die dänische Karte dieses Gebietes von 1858 führt beide Halligen nicht mehr auf.[137]

Andere Halligen konnte man aufgrund fortschreitender Aufschlickung schon seit dem 16. Jahrhundert an das nordfriesische Festland andeichen. Auch wenn das Land noch nicht ganz deichreif war, verkürzte man so die Seedeichlinie und besaß für diese einen tragfähigeren Untergrund.

Ein diesbezügliches Beispiel bildet Ockholm südlich der Soholmer Au. Das zur Strander Beltringharde gehörende 1362 untergegangene Kirchspiel *Occoholm* (*Ockeholm*) mit mehreren Warften nennt bereits die Liste des Schleswiger Bischofs Nicolaus Brun (1350–1367).[138] Nach der katastrophalen Zweiten Marcellusflut von 1362 blieben von *Occoholm*, dessen Marsch nicht höher als die östlichen und nördlichen Teile des alten Strandes aufgewachsen war, nur einige Äcker *(ager)* übrig, wie das Zinsbuch des Schleswiger Bischofs 1462/63 ausführt.[139] So bestanden noch Einkünfte von drei Äckern sowie Butterabgaben. Diese waren im Unterschied zu den im Erdbuch genannten Wiesen *(pratum)* und Weiden *(pascuum)* vermutlich durch Sommerdeiche geschützt. Die Wirtschaft der nach 1362 aufgelandeten Hallig Ockholm beruhte auf Viehhaltung und Salztorfabbau.

Da Ockholm 1435 bei der Unterstellung der Marschharden unter den Herzog von Schleswig zur Nordergoesharde kam, fehlt dessen Nennung bei der Neuordnung von Alt-Nordstrand von 1593 unter den Orten der Beltringharde. Die Verlandung des Priels zwischen Ockholm und dem Festland erlaubte eine Landfestmachung. Zu dieser Zeit umgab die Hallig schon ein Sommerdeich, den teilweise die schwere Novembersturmflut von 1532 zerstörte, die vier Wehlen einriss. So heißt es in einer Handschrift, die als Quelle das Koogbuch von 1586 angibt, dass *Anno 1515 iß Ockholm erstlich gedicket worden, anno 1532 iß allgang der Dick wedder thoreden in 4 verschiedenen Molen und iß grot gewesen 2197 Dt. 1 R 23½ Flaut Kogß Buck von 1586.*[140]

Nach einem 1543 geschlossenem Vertrag zwischen den *Untersathen im Langenhorne und Ockholmer Koge wohnhaftig* lässt sich eine Andeichung der Hallig mit ihren 16 Warften an das Festland für diese Zeit annehmen. Darin steht u.a.:

Idt hefft sick also im vorgangen Jar begeven, dat de Inwaners des Koges Ockolm hebben angespraken den Inwanern und Kogeßluden im Horninger Koge, dat de im Langenhorne wanende, so viele Dickes up eren Lande nicht en hedden alse de in Ockholm. Und weren derhalben furderen dat man den Dicke mit dem Lande mochte meten, und also den darna up ißlich Demit Marschlandes gelicke vel Dickes mochte gemethen werden. So werden den de Kogeßlude im Langehorn darup de Tid nicht wol tho geneget und begerden, by eren eigen Dick thobliven nha older gewanheit. Darumme hebben de Kogeßlude in Ockholm einen Bref von Kon. Mayt. erlanget in Menunge, dat de beden Koge vorgenomt scholden besichtigt werden dorch 8 Uthkogeßlude…[141]

Der Vertrag betrifft nicht nur die Unterhaltung des Ockholmer Deiches. Die von den ganzen Gemeinden beider Köge getroffene Vereinbarung über *Dick und Damme* wurde dem König vorgelegt, da er am Zustandekommen beteiligt war. Danach traten die Einwohner des Ockholmer Kooges 1542 an die Langenhorner mit dem Ersuchen heran, die

Nordfriesisches Festland um 1500 mit Harden, Kirchen, Deichen und davor liegenden Halligen.

Ockholmer Koog und andere Köge mit alten Hallig-Namen vor dem Geestrand bei Langenhorn und Stedesand.

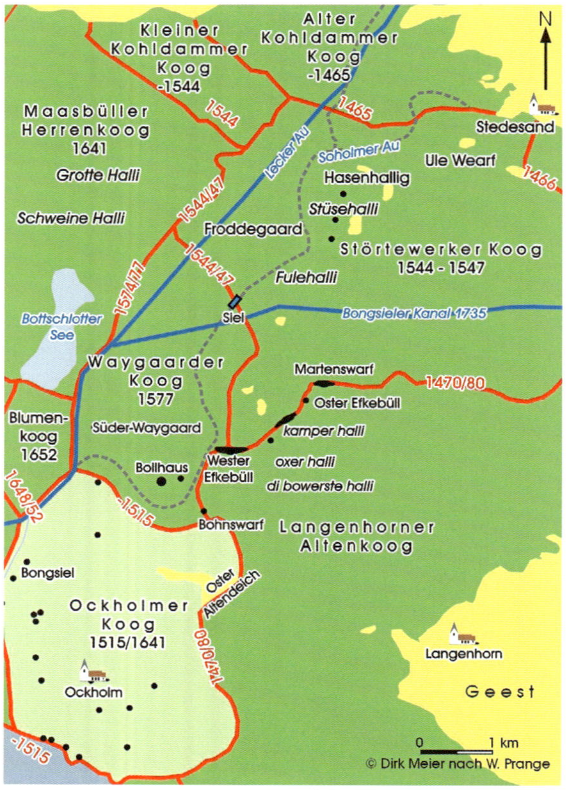

Kirche von Ockholm von 1647. Der Vorgängerbau wurde 1634 zerstört. Foto: Dirk Meier

Deiche mit dem zugehörigen Land neu zu vermessen, da ihre Deichlast ungerechtfertigterweise höher sei. Aber die Langenhorner Koogleute wollten ihre bisherigen Deiche behalten, weshalb die Ockholmer sich an den König wandten. Danach sollte eine Besichtigung durch die Außenkoogsleute erfolgen. Nun setzten diese eine Deichunterhaltung in beiden Kögen mit einer gleichmäßigen Verteilung der Lasten fest. Jeweils acht Koogleute aus Langenhorn und Ockholm erkannten diese Regelung an. Dabei wird die Ausfassung von 200 Ruten (ca. 1,05 km) des Ockholmer Kooges durch die Langenhorner hervorgehoben, damit 3½ Ruten mehr als früher. Hierfür konnten sie jedoch das Spätland nutzen.

Die Unterhaltung des Ockholmer Seedeiches, für den nach dem Vertrag von 1543 die Ockholmer selbst größtenteils aufkommen mussten, wurde mit der Bedeichung zwischen der Nordergoesund Bökingharde als Langenhorner Deich zum Mitteldeich. Nun mussten sich auch die Langenhorner stärker am Ockholmer Seedeich beteiligen.[142] Zur angedeichten Hallig Ockholm gehörte ein zeitweise von Flensburger Kaufleuten seit 1579 genutzter Hafen. Nach der Eindeichung wurde eine Kirche gebaut. Die Deiche der nach Westen vorspringenden Halbinsel blieben in der Folgezeit von Sturmfluten gefährdet, da sich auch vor ihnen kein Vorland erstreckte und Streitigkeiten zwischen den Anrainergemeinden die Deichunterhaltung erschwerten. Die Burchardiflut 1634 durchbrach den Seedeich, sodass der Ockholmer Koog überschwemmt und die Kirche zerstört wurde. Dabei verloren etwa 400 Menschen ihr Leben. Da man die Ausbesserung der Mitteldeiche zum Schutz des Hinterlandes als vorrangig erachtete, begann man erst 1639 unter König Christian IV. mit einer teilweisen Neueindeichung des Kooges. Dabei wurde die bis 1641 errichtete Deichlinie gegenüber der älteren verkürzt und zurückverlegt. Das durch die Sturmflut von 1634 herrenlos gewordene Land ging in den Besitz des dänischen Königs über, der damit auch die Deichlasten übernahm. Später erhielt dieses der Kammerherr Burchard von Ahlefeldt. 1647 entstand eine neue Kirche.[143]

Neben den kleineren, auch geologisch untersuchten Halligen gehört das von Prielen umgebene Froddegaard im von 1544 bis 1547 eingedeichten Störtewerker Koog. Diese liegt 1 bis 2 m höher als die umgebene Marsch und weist mit bis zu NN +1 m hoher Südwestseite mit Abbruchkante sowie flacherer Nordostseite das typische Relief einer nordfriesischen Hallig auf. Der niedrige Aufwuchs der Hallig im Vergleich zu den heutigen im nordfriesischen Wattenmeer ist auf ihre Eindeichung in der Mitte des 16. Jahrhunderts zurückzuführen, da sie nicht weiter aufschlickte und seitdem ein Wasseranstieg von etwa 25 cm im Jahrhundert erfolgte. Zudem lag sie im Hinterland des Wattenmeeres nahe der Festlandsküste. Allerdings haben sich auch die geestnahen Sedimentdecken stärker gesetzt. Die Oberfläche der Hallig besteht aus etwa

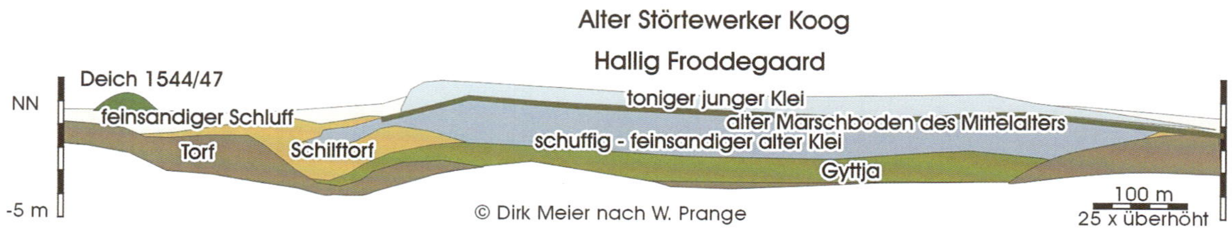

Geologischer Schnitt durch die Hallig Froddegaard.

75 cm mächtigem, tonigem, nach 1362 abgelagertem jungem Klei. Darunter befindet sich ein konservierter alter humoser Boden oberhalb des tonigen, vor 1362 abgelagerten alten Kleis. Keramikfunde belegen, dass diese alte Marsch im 11./12. Jahrhundert teilweise besiedelt worden war. Diese Besiedlung endete mit den Sturmfluten des späten Mittelalters, welche den jungen tonigen Klei unter ruhigen Wasserbedingungen sedimentierten, während sich in den Wattströmen aufgrund der Wasserbewegung Schluff und Feinsand absetzten.

Auf den hochliegenden frühverlandeten Wattgebieten wuchsen hier neben Froddegaard, der Stüsenhalli, und der Hasenhallig im später bis 1547 eingedeichten Störtewerker Koog weitere Halligen auf. Dazu gehören ihren Namen nach die *bowerste halli, oxe halli* und *Kamper halli* im bis 1480 eingedeichten Langenhorner Altenkoog und die *Grotte Halli* und *Schweine halli* im 1641 bedeichten Maasbüller Herrenkoog.[144] In die umliegenden niedrigeren, stärker gesackten Torf- und Schilftorfgebiete war im 14. Jahrhundert das Meer vorgestoßen.

Mit dem Deich von 1544/47, den später wieder teilweise Sturmfluten zerstörten, wollte man die Bucht zwischen dem Großen und Kleinen Kohldammer Koog von 1466 bzw. 1544 im Norden sowie dem Langenhorner Alten Koog im Süden schließen.[145]

Westlich des Kohldammer Kooges erstreckte sich seit den spätmittelalterlichen Meereseinbrüchen die breite Dagebüller Bucht, die zur 1231 im Erdbuch Waldemars II. erwähnten Bökingharde gehörte. Die Inselliste des Erdbuchs beinhaltet aber keine Namen, die auf eine der späteren Halligen in der Dagebüller Bucht hindeuten. Über die hier schon 1362 erfolgten Landverluste gibt das Zinsbuch des Schleswiger Bischofs mit dem Untergang *(submersae)* von fünf Kirchen und Kapellen ohne namentliche Nennung in der Bökingharde *(Bokingherret)*, Horsbüllharde *(Horsbüllherrit)* und auf Sylt *(Syld)* nur einen Anhalt.[146] Eine Gemeinde war danach auch in Risummoor untergegangen.[147] Nach dem *Catalogus vetustus* aus dem Ende des 15. Jahrhunderts verlor die Bökingharde mit *Odmershusen, Spynkebul* und *Vendal* drei Kirchen. Ob diese sich dort befanden, wo Mejer sie auf seinen Karten vermerkt hat, ist völlig unklar. Danach hätten Spinkebol südwestlich von Galmsbüll und Odmershusen westlich von Dagebüll, Vendal etwa in der Mitte zwischen Maasbüll und Galmsbüll gelegen. Noch unwahrscheinlicher ist die Lage von der ehemaligen Kirche von Risum in größerer Entfernung südlich des heutigen Risum. Hingegen nennt das Schleswiger Domkapitelregister nur den Verlust einer Gemeinde, die wohl im unbedeichten Gebiet an der Lecker Au lag.[148] Der Bestand der Kirchen in diesem Gebiet um etwa 1450 lässt sich dem Zinsbuch des Schleswiger Bischofs entnehmen, das für die Bökingharde sieben, auf Risummoor vier und auf den Marschinseln drei angibt, und zwar *Risum, Lintholm, Nigebul, Dedesbul, Fortoft* (Fahretoft), *Wisch* (Dagebüll) und *Galmesbul* (Galmsbüll).[149]

Letztere drei Kirchen befanden sich auf inzwischen in der westlichen Dagebüller Bucht aufgewachsenen Halligen. Die in der zweiten Hälfte des 16. Jahrhunderts vermerkten Fahrwasser zwischen Föhr und der nordfriesischen Festlandsküste belegen, dass deren Zerschneidung erheblich voranschritt. Eine Ursache dafür war der in diesem Gebiet schon seit dem Hochmittalter betriebene und bis zum Ende des 18. Jahrhunderts fortdauernde Salztorfabbau.

Im Osten der Dagebüller Bucht lag die bis NN +2 m hohe Geestinsel Risummoor, die um 1450 ein Damm mit der Festlandsgeest verband. Dieses bereits seit dem Hochmittelalter kultivierte Moor wurde seit 1456 mit einem Deich (Kornkoog) umgeben.[150] Die weitere Landgewinnung erfolgte hier seit 1430 mit Dammbauten von Risummoor nach

Peterswarft der ehemaligen Hallig Ockholm. Foto: Dirk Meier

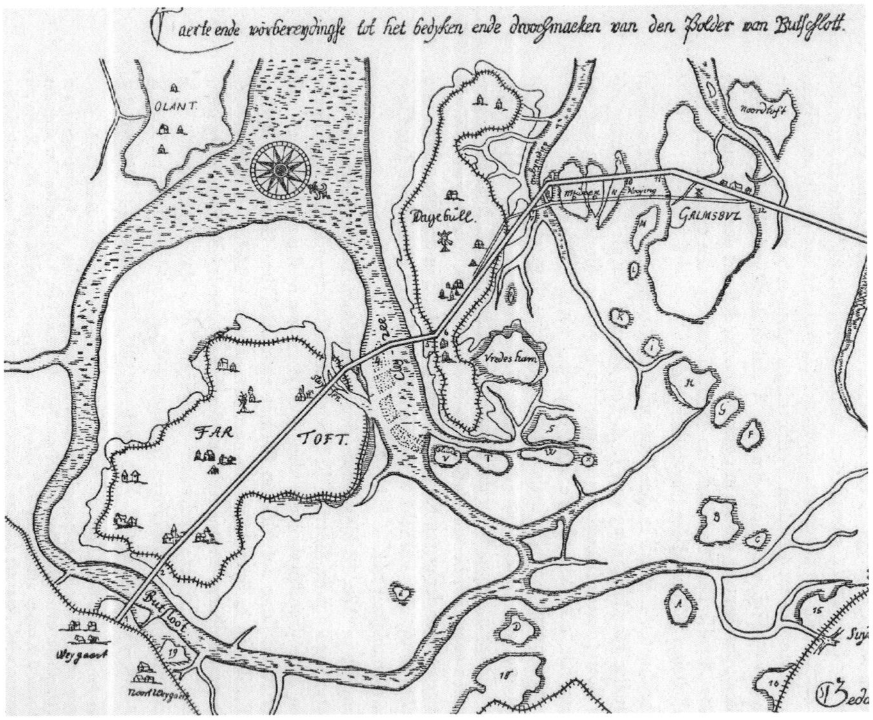

Ausschnitt der „Caerte ende voorbereijdinghe tot het bedyken ende droochmaken van den Polder van Butschlott" von Leeghwater kurz vor 1634. Quelle: Fischer 1955, 144 Abb. 10

Ausschnitt der Karte von Johannes Mejer „Das Ambt Tondern ohne Lundtofft Herde. Anno 1648" mit den Halligen in der Dagebüller Bucht.

Kirche von Fahretoft. Foto: Dirk Meier

Klixbüll und Stedesand.[151] Danach entstanden östlich und südlich von Risummoor der Große- (Alte) und Kleine Kohldammer Koog (1465/1544).[152] Da den Deich des Kleinen Kohldammer Kooges die Sturmfluten von 1593 bis 1634 mehrfach durchbrachen, bestätigt dies die Meeresangriffe in die weit nach Osten reichende Dagebüller Bucht, in denen sich bei Sturmfluten das Wasser staute. Deren östliche Begrenzung bildeten hier der 1544/1547 in der teilweise verlandeten Niederung der Soholmer Au bedeichte Störtewerker Koog[153] sowie der 1577 im „Schlickland" nach drei Jahren mühseliger Arbeit fertig gestellte Waygaard Koog.[154] Dieser reichte im Süden bis an den Ockholmer Koog.

Bei der schwierigen Bedeichung des Störtewerker Koogs von Efkebüll, über Bredenland bis zum Deich von Riesummoor konnte die Soholmer Au nur mühsam abgeschleust werden. Zudem wurde der Flutraum der Dagebüller Bucht weiter eingeengt, sodass hier die Fluten höher aufliefen. Deshalb verstärkte man den Deich des Kornkooges.[155] Gleichfalls gefährdet war der Waygaarder Deich zwischen Risummoor und Ockholm. Von seiner mit Streitigkeiten verbundenen Unterhaltung hing die Sicherheit der Menschen der zurückliegenden Köge bis Bargum und Stedesand ab, da der bei der Augustflut 1573 auf einer großen Strecke fortgerissene Störtewerker Deich nicht wiederhergestellt worden war.[156] Ein am 24. Dezember 1593 erfolgter Durchbruch ließ sich jedoch schließen.

Diese Meeresangriffe auf die Seedeiche entlang der Dagebüller Bucht machten deren Abdeichung zu einer vordringlichen Aufgabe. Die hier liegenden größeren Halligen Galmsbüll, Dagebüll und Fahretoft konnten als Stützpunkte einer Abdeichung dienen. Eine erste Abdämmung war bereits nach einer Besichtigung 1570 durch Herzog Hans den Älteren von Schleswig-Holstein-Hadersleben begonnen worden.[157] Vermutlich schon ein Jahr später versuchte man eine Abdämmung des Langeseher Priels zwischen den Halligen Galmsbüll und Nordtoft sowie des anschließenden breiten Wydinghart Priels zwischen Nordtoft und der Wiedingharde. Die Sturmflut von 1573 machte dieses Vorhaben jedoch zunichte. Da die anschließende Abdeichung des Bottschlotter Tiefs zwischen den Halligen Fahretoft und Ockholm in der südlichen Bucht 1578 misslang, versuchte man ein Jahr später eine weitere weiter im Osten im Bereich des Kleiseer Tiefs bei der Hallig Weigaard. Mit dem Tode des Herzogs 1580 wurden die Bauarbeiten eingestellt.

Das war der Stand, als der holländische Wasserbauingenieur Jan Adriaanszoon Leeghwater im Auftrag des Herzogs Friedrichs III. die Dagebüller Bucht schließen sollte. Diese Pläne fallen in eine Zeit geänderter Eigentumsverhältnisse. Während zur Zeit des ersten Abdämmungsversuchs das Vorland den Anliegern gehörte, beanspruchte dieses nun der Landesherr, der am 18. Oktober 1610 zur Eindeichung des Bottschlotter Anwachses aufrief. Zur Durchführung erhielten holländische Unternehmer einen Vertrag *(Oktroi)* mit weitreichenden Vorrechten. Die Zurückhaltung der Einheimischen erklärt sich aus der Überlieferung ihrer Vorfahren mit den Erfahrungen des letzten Bedeichungsversuchs wie auch aus den neuen Rechtsverhältnissen.[158]

Mit der geplanten Abdeichung der Dagebüller Bucht entstanden einige mit Ausnahme der Karte von Jan Beerentz verzerrte Handzeichungen.[159] Zur Bekanntmachung des schon erwähnten Bottschlotter Werks von 1610 gehört der *Abriß von Buthschlott im Ambte Tondern* als schematische Darstellung der Dagebüller Bucht mit einer unzutreffenden Eintragung der Wattströme und der Auslassung kleinerer Halligen.[160] Ebenfalls fehlerhaft und mit verzeichneten Wattströmen ist die Karte von N. J. Piscator von Holstein mit einer Nebenkarte über den Anwachs bei Deezbüll. Am besten ist die Handzeichnung *Caerte ende voorbereijdinghe tot het bedyken ende droochmaken van den Polder van Butschlott* mit dem Zusatz der Herstellung auf kleinem Format zum täglichen Gebrauch im Feld des holländischen Ingenieurs J. A. Leeghwater, der an der Bedeichung des Bottschlotter Werkes mitwirkte.[161] Diese geht auf eine nicht mehr vorhandene Karte von Beerentz zurück, wie vermerkt ist. In der Dagebüller Bucht verlaufen von Westen her vier Wattströme und zwar von Norden nach Süden das *Wydingharts wihl*, das *Onlijnsdiep*, die *Cleyzee* und das *Butsloot*. Ein weiterer kleiner Priel ist zwischen Galmsbüll und Nordtoft eingetragen, dessen Ausläufer kaum über die projektierte Deichlinie hinausreicht. In einen Ausläufer des Ringstroms entwässert die *Suyder Slys* (Süderschleuse) des Gotteskooges, in das *Butsloot* die alte Lecker Au von *Wansraets* her. Für das Bedeichungsvorhaben der Bucht sind fünf Siele in einigen kleineren Nebenarmen des Kleiseer Tiefs auf Fahretoft vorgesehen. Der vorgesehene Deichschlag lässt zwar den größeren Teil Dagebülls außendeichs. Diese Hallig besaß allerdings ebenso wie *Fartoft* einen eigenen, wenn auch niedrigen Deich.

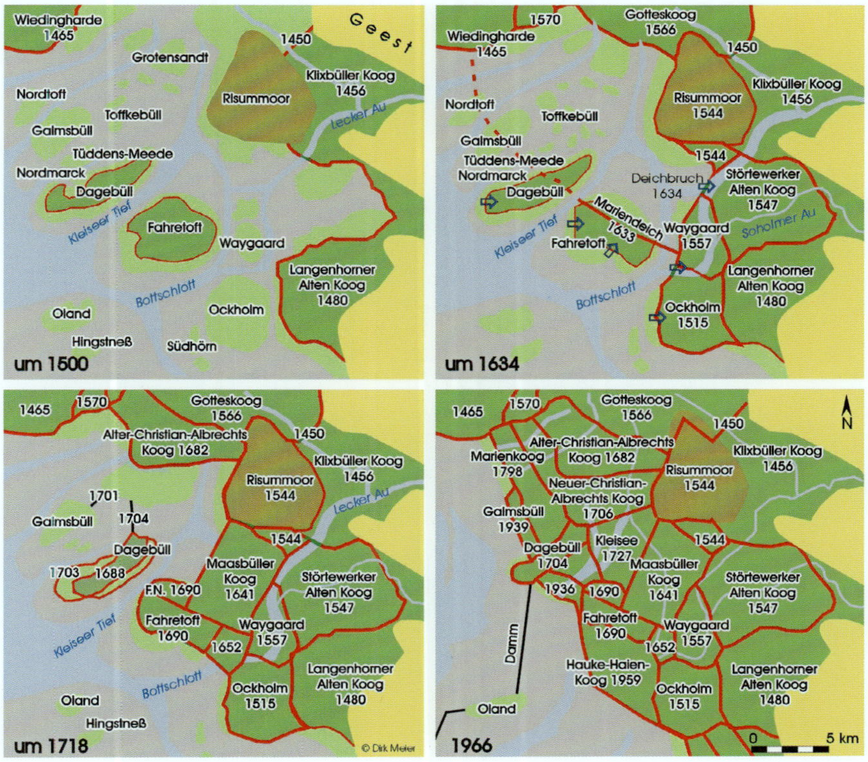

Bedeichung der Dagebüller Bucht

Die sich an die Zeichnung von Leeghwater anlehnende Karte *Frisia Minor* von 1640 zeigt die fertiggestellten Teile des Bottschlotter Werks, dessen Vollendung die Burchardiflut von 1634 verhindert hatte. Auf der verzerrten Karte sind nur die Watten und Priele annähernd genau dargestellt. Zu sehen ist das *Smalle Deep* mit zwei in die Dagebüller Bucht hinein reichenden Prielen, dem *Kleise deep* und dem durch den Deichbau abgeschnittenen *Butslot deep*. Das Kleiseer Tief weist eine Verbindung mit dem *Unliens deep* auf, die wohl nach der Abschneidung des Bottschlotter Tiefs entstand.[162]

Weniger verzerrt ist die Übersichtskarte von Johannes Mejer mit der Überschrift *Das Ambt Ton-*

Uthlandfriesische Häuser auf der ehemaligen Hallig Dagebüll.
Foto: Dirk Meier

dern ohne Lundtofft Herde. Anno 1648. Meyers Kartengrundlage basiert auf Wittemark anstatt auf Leeghwater. Das nördliche Tief bezeichnet er abweichend als *Weelstiefe*. Unzutreffend ist die bei Mejer lückenhafte Bedeichung der Hallig Fahretoft, die vorweggenommene Bedeichung des Blumenkooges und dessen Eintragung als Wasserfläche.

Die Pläne zur Abdeichung der Dagebüller Bucht kamen voran, als es 1631/32 gelang, neben den Niederländern 22 einheimische Mitpartizipanten für das Vorhaben zu gewinnen.[163] Die Anwohner der angrenzenden Marschharden und der entfernten Geestharden mussten Stroh, Buschwerk und Pfähle liefern. Die Arbeiten begannen am 9. April 1632 mit einem Einsatz von 5.500 Arbeitskräften, deren Meuterei Soldaten verhindern mussten. Die Pläne richteten sich nach den alten Entwürfen des 16. Jahrhunderts. Auf Fahretoft war 1633 der Seedeich in geradliniger Verlängerung des Bottschlotter Werkes fertiggestellt und das Bottschlotter Tief durchdämmt, dessen Reste heute einen See bei Fahretoft bilden.[164] Der neue Deich lief dabei teilweise über Wattflächen. Im April begann zwischen Fahretoft und Dagebüll die Abdämmung des Kleiseer Tiefs, das sich nicht nur stark vergrößert, sondern dessen Strömung auch zugenommen hatte. Zudem beeinträchtigten unerwartet frühe Stürme am 24. und 25. August 1634 die Arbeit. Infolge der Katastrophenflut vom 11. Oktober 1634, in der das Wasser auf Höhen von 4 m über dem damaligen MThw auflief und am Risumer Moor eine Höhe von umgerechnet bis NN +5,76 m erreichte[165], kam eine Fortsetzung des Vorhabens nicht mehr in Betracht. Leeghwater kehrte nach Holland zurück, wo er 1650 starb.

Kirche von Dagebüll.
Foto: Dirk Meier

Ungeachtet der Misserfolge blieben jedoch die 50 Partizipanten auf Fahretoft. Sie versuchten nun eine Durchdämmung der übrigen kleineren Tiefs. Da der Herzog jedoch alle Bottschlotter Ländereien selbst übernahm, stellten die letzten Holländer 1647 ihre Tätigkeit am Bottschlotter Werk ein.[166] Erst 1648/52 gelang die Eindeichung des nach dem Amtmann und Hauptanteileigner des Oktroys Blome benannten Kooges.[167] Die Bewohner der Hallig Fahretoft schützten sich allein mit einem von 1686 bis 1688 errichteten Seedeich.[168] Zu Beginn des 18. Jahrhunderts wurde auf Fahretoft der heutige Kirchenbau der St. Laurentius Kirche vollendet. Ebenfalls auf der ehemaligen Hallig Dagebüll, deren Bedeichung bis 1740 erfolgte, entstand 1731 die heutige Kirche.[169]

Nördlich von Dagebüll lag die Hallig Galmsbüll, die ursprünglich etwas größer als Oland war und von der ebenfalls bis 1782 Salztorfe abgebaut wurden. Zu dieser Zeit hatte sich die anders als Dagebüll ungesicherte Hallig stark verkleinert. Von den ursprünglich vier Warften war nur noch eine übrig, die direkt an die Nordsee grenzte und deren bewohnbare Fläche sich mit jedem Sturm verkleinerte. Nach einem Visitationsbericht von 1710 befanden sich auf der Hallig etwa 80 Haushalte. Galmsbüll gehörte zu den ärmsten Kirchengemeinden des Herzogtums Schleswig. Obwohl schon seit den 1730er Jahren die Bewohner keine Steuern mehr bestreiten konnten und seit 1745 der dänische König zu den Erhaltungskosten der Warft beitragen musste, baute man direkt an der Abbruchkante 1749 eine neue Kirche auf einer großen Warft, die 43 Häuser umfasste.[170] Erst nach der Eindeichung des Christian-Albrechts-Kooges von 1682 wurde die Hallig 1701 durch einen Damm mit dem Festland verbunden.[171]

Das daran aufschlickende Vorland war 1780 deichreif. Deshalb beschloss man 1788, den Anwachs einzudeichen. Der 1798 fertige Marienkoog führte zu einer Änderung der Strömungsbedingungen, weshalb man 1800 die Kirche wegen Einsturzgefahr abgetragen musste. Die Bewohner des aufgelösten Kirchspiels zogen in den Marienkoog, der Rest der alten Hallig blieb außendeichs, wie noch eine dänische Karte aus der Mitte des 19. Jahrhunderts zeigt. Aus den Steinen der abgebrochenen Kirche errichtete man ein Armenhaus, in dem bis zum Neubau der Kirche Gottesdienste stattfanden. In der schweren Sturmflut von 1825 ging die seit 1802 schon von der Nordsee umspülte Warft endgültig unter.

Die Halligen von Nordtoft, Nordmark und de Wisch wurden von der Nordsee abgetragen, während die unbewohnte Christianshallig nördlich von Dagebüll um 1850 das Vorland des 1798 eingedeichten Marienkooges umgab.[172] Im Gebiet des 1641 eingedeichten Maasbüller Herrenkooges mit dem Bottschlotter See liegen die ehemalige Kleine und Große Hallig sowie die Schäferhallig, von denen nur die letztere bewohnt war. In den Alten Christian-Albrechts-Koog von 1682 wurden die Halligen Waygaard, die seit 1577 schon ein Damm mit dem Festland verband, und Grotesand einbezogen. Tefkebüll bildete einen Bestandteil des 1706 eingedeichten Neuen-Christian-Albrechts-Koogs.[173]

Während in der Frühneuzeit im Westteil der Dagebüller Bucht somit Zerstörungsvorgänge des Meeres überwogen, nahm infolge der Sedimentzufuhr und Landgewinnungsmaßnahmen die Verlandung im inneren Teil der Bucht zu, was weitere Eindeichungen erlaubte. Infolge weiterer staatlicher Landgewinnungsarbeiten ist heute der ehemalige Buchtcharakter völlig verschwunden, nur die Westspitze der ehemaligen Hallig Dagebüll ragt noch nach Westen vor. Weiter im Norden dehnt sich das Vorland fast bis in den Bereich aus, das dem vordringenden Meer einst zum Opfer fiel.

Nördlich der ehemaligen Dagebüller Bucht wurden im Gebiet des 1566 eingedeichten Gotteskooges ebenfalls mehrere Halligen integriert, darunter die Hallersbüllhallig, die Lehnshallig, die Kophallig, die Grösshallig und die Engelhallig. Da die Entwässerung des Kooges mangelhaft war, behielten einige von ihnen noch im Winter ihren Halligcharakter. Zu Beginn des 16. Jahrhunderts gaben viele Eigentümer ihre schlechten Schlickländereien auf, weil sie die Deichlasten nicht zu tragen vermochten.[174]

Gotteskoog mit eingedeichten Halligen im Aventofter See auf der dänischen Generalstabskarte von 1855.

Abschließend sei nur darauf hingewiesen, dass außerhalb unseres Betrachtungsgebietes auch in Eiderstedt Halligen in neue Köge einbezogen wurden, darunter die Pieckhallig, Meed- und Jacobshallig im 1905 bedeichten Cecilienkoog. Mit der Gewinnung des Finkhaushalligkooges 1936 südwestlich von Husum deichte man die ehemalige Finkhaushallig, ein Überrest des Vorlandes der Lundenbergharde, wieder an das Festland an. Bei der Bedeichung des Prielstroms der sog. Norderei der im Osten Eiderstedts wurden die Obbenshalligen 1565 in den Deich des Obbenskooges eingebunden.[175] Kurz danach, um 1570, war auch die Herrenhallig nördlich von Friedrichstadt bedeicht worden.[176] Weitere Halligen und Reste alter Marschgebiete wurden bei der Bedeichung der Offenbüllerbucht zwischen Osterhever und Uelvesbüll eingedeicht, die einen großen Teil des mittelalterlichen Kulturlandes im späten Mittelalter zerstört hatte.

HEUTIGE HALLIGEN

HALLIG SÜDFALL

Die heutige 0,407 km^2 große Hallig Südfall erstreckt sich auf einer Länge von etwa 1,5 km in Ost-West Richtung und bildet den Überrest einer ehemals weitaus größeren Hallig.[177] Sie gehört zum Land Schleswig-Holstein, wird seit 1957 vom Verein Jordsand betreut und steht unter Naturschutz. Auf der einzigen Warft im Westen befindet sich ein Wohnhaus mit Nebengebäuden, in denen eine Vogelschutzstation und eine SAR-Wache mit einer Funkstation der Deutschen Gesellschaft zur Rettung Schiffbrüchiger untergebracht ist.

In der Umgebung von Südfall findet sich überwiegend Sandwatt, aber im Norden und Westen der Hallig auch toniger Schlick. Zu den höher aufsedimentierten sandigen Gebieten gehören der Heversteert westlich von Südfall zwischen der Norderhever und dem Dwarsloch sowie südlich der Hallig der Korbbakensand. Südlich der Hallig verläuft der breite und tiefe Heverstrom, der seit dem späten Mittelalter nach dem Durchbruch der Witzworter-Lither Nehrung zwischen dem östlichen Eiderstedt und dem südöstlichen Teil der alten Insel Strand bis an das Mündungsgebiet der Husumer Aue reichte. Von Südwesten verläuft als Seitenarm der Hever das Dwarsloch bis zur Westseite der Hallig. Noch weiter westlich fließt nach Nordosten die Norderhever. Der Name Hever ist aus dem friesischen *hef* (Haff) für Wattenmeer abgeleitet. Nördlich von Südfall führt von der Norderhever bis nach Strucklahnungshörn auf Nordstrand der Prielstrom Fuhle Schlot südlich des Rungholtsandes.

Nachdem die Hallig Südfall 1711 noch eine Größe von 134 Demat (66,06 ha) besaß, dürfte sich diese infolge der Sturmfluten von 1717 bis 1721 schon stark verkleinert haben, ohne dass sich der Landverlust genau angeben lässt.[178] Zur Zeit der ersten genauen Halligvermessung 1807 wies Südfall noch eine Fläche von etwa 233 ha auf. In dieser Zeit waren noch drei Warften vorhanden. Während die Süderwarft schon unbewohnt an der Abbruchkante lag, befanden sich auf der Norder- und der Osterwarft insgesamt sieben Häuser. Danach verkleinerte sich die Hallig infolge der Sturmfluten 1821, 1824 und 1825 weiter.[179] In der letzteren ertranken alle Menschen. Nur der Halligbauer Peter Christiansen mit seiner Familie entging diesem Schicksal, da sein Haus schon 1824 durch eine Sturmflut zerstört worden war und alle mit einem Boot aufs Festland geflüchtet waren. Erst später kehrte Peter Christiansen zurück.[180]

Den Landverlust der Hallig in den letzten vierhundert Jahren zeigt ein Vergleich mit den Karten des 17. Jahrhunderts, in denen *Südfallia* etwa mit einer Länge von 4 km und eine Breite von 2 km erscheint.[181] Diese größere Hallig sollte 1633 als Stützpunkt für die geplante Abdeichung der Rungholt-Bucht dienen, die sich seit 1362 weit nach Norden zwischen Pellworm und der Trindermarsch erstreckte. Entsprechende Vorschläge von der Nordstrander Trindermarsch und vom Pellwormer Süder-Neuen-Koog hat Jan Beerentz auf seiner Karte Alt-Nordstrands eingetragen. Verlauf und Abmessungen des geplanten Deiches mit der umschlossenen Fläche vermittelt auch die Handzeichnung von Peter Sax mit dem Titel *Geometrische Delineatio der Landschaft Nordstrand, sambt den Schlicken und Anwachsen, alß Anno 1634, J. Johan Berentz alles hatt gemessen und befunden.* Der Alt-Nordstrander Anwachs, wie dieser vor allem in der Rungholter Bucht vorhanden war, ist mit einer Schraffur hervorgehoben. Zur geplanten Abdämmung vermerkt die Karte:

Wan ein Teich gelegt wird alß hir die Roying [Lininienführung] A. B. C. aufweiset, so kann Inwendig dem Teichbande beschloßen werden 1100 Demat. Das Gardye [Entfernung] von B nach C, und von B nach A, ist lang 2126 Ruten; Und zwar von A nach B über dem Schlick 24 Ruten, über die Groede [bewachsenes Land] 51 Ruten, über das Hocheland 56 Ruten, über Südfall 714 Ruten, Summa 1001 Ruten [darin fehlt die Breite des Tiefs]; Von B nach C über die Groede 210 Ruten, über das hohe Schlick 915 Ruten, Summa 1125 Ruten.[182]

Die gleichen Längenangaben nennt auch der 1626 in Trindermarsch als Sohn des Predigers Johann Heimreich geborene Anton Heimreich:

Wie auch Johann Berends von Friedrichstadt A. 1633 im Herbst auf H. Friedrich III. Befehl den Deich von Pellworm nach Trindermarsch gemessen, auch die Maße von Trindermarsch nach Südfall (so betragen 1125 Ruten) und von Südfall nach Pellworm (so 1000 Ruten belaufen), als ist daher vermutet worden, daß man diese Örter zu deichen vornehmen würde. Aber wie solches sonsten damals sehr vorteilhaftige Werk unangefangen ist hinterblieben, als wäre auch wol unmöglich gewesen, den strengen Lauf des zwischen Pellworm und Südfall hineinreichenden Fallstroms überzudammen.[183]

Allerdings kam dieser großzügige Plan nicht über Vermessungsvorarbeiten hinaus und wurde infolge der Burchardiflut vom 11. Oktober 1634 hinfällig. Wichtig ist der Hinweis, dass bereits damals die Norderhever eine solche Tiefe besaß, dass dieses Werk wohl auch nicht hätte gelingen können.

Die auf den Karten des 17. Jahrhunderts vermerkten Halligen Südfall und Nübel sind nicht die ersten in der Rungholt-Bucht. So befinden sich auf der ursprünglich von Johannes Petreus stammenden Karte von Nordstrand um 1597 zwischen Pellworm und der Trindermarsch fünf Halligen.[184] Dabei liegen *Autzham* und *Tretzhalg* etwas nördlich von *Südfall*, *Nübel* und *Nielandt*. Auf letzterer sind fünf Häuser (*dom.* für *domus*) vermerkt. Das alte Südfall lag danach westlich von *Nübel (Nübell, Nubel)* und *Nielandt*. Infolge der Erosion der Hallig Alt-Südfall durch die Norderhever zogen deren Bewohner auf das größere Eiland *Nielandt* im Osten, das nun den Namen Südfall erhielt. Weiter im Norden der nach 1362 eingebrochenen Rungholt-Bucht verschwanden wohl die *Audtshallig* und *Tretzhallig* um 1590.

Erst als sich die Hallig Südfall verkleinerte, kamen viele mittelalterliche Kulturspuren wieder zu Tage, die seit der frühen Neuzeit immer wieder beobachtet wurden. Vor dieser für die Uthlande so verheerenden Zweiten Marcellusflut von 1362 erstreckten sich im Gebiet der heute von der Norderhever und ihren Seitenprielen durchzogenen Watten die Edomsharde mit mehreren Kirchspielen. Einen der ersten Hinweise über das untergegangene Kulturland beschreibt Matthias Boetius in sei-

Hallig Südfall. Foto: Cornelia Mertens, Quelle: Meier u.a. 2013

ner *Cataclysmo Nordstrandico* 1622 mit den Worten: *Es sei nichts so sicher, wie daß in jener Bucht zwischen Trindermarsch, Südfall und Pellworm neben den zuletzt genannten Dörfern auch Rungholt gelegen habe, eine Stadt, deren Name bei unseren Vorfahren ganz besonders berühmt gewesen und auch heute noch im Volksmunde lebendig ist.*[185] Dabei wird er sich auf die Berichte Einheimischer gestützt haben.

Im Folgenden führt er in seinen „Drei Bücher[n] über Denkwürdigkeiten von Sturmfluten, welche Nordstrand betroffen haben“ aus, dass bei ablaufendem Wasser nicht nur das ufernahe Watt trocken falle, sondern, dass auch eine große, weite, schmutzige und schlammige Fläche aus dem Meerwasser auftauche, derart, *daß man über die vorwiegend sandigen Stellen mit Wagen, über die meisten aber nach Belieben zu Fuß einige 1000 Schritte passieren kann. Auf die Weise kann man von einer der bei Nordstrand liegenden Inseln zur anderen, obgleich sie weit von einander liegen, ohne Schiff hinüberkommen. So verkehren auch Menschen und Vieh zwischen der Trindermarsch und Südfall sicher. Und die diesen Weg machen, erkennen in dem schlammigen Boden die Spuren von Brunnen, Wegen und Gräben. Auch findet man dort nicht selten metallene Becken, Kessel und andere Gegenstände.*[186]

Des Weiteren schreibt er: *und nicht nur sind wahrscheinlich, sondern sicheren Glauben verdienen die Schriften, welche berichten, daß nahezu alle Watten einst mit Graswuchs bekleidet gewesen seien, die Gestalt von Pflug- und Weideland gehabt hätten, mit Dörfern geschmückt und von festen Deichen umgeben gewesen seien. Doch, wenn es unsicher ist, wie und wann jene Orte und Felder untergegangen sind, von denen nur Sagen und spärliche Nachrichten Kunde geben, so sind auch ihre Spuren und ihre einstige Lage unbekannt, es können vielleicht von vielen derselben aus alten Schriften nur ihre Namen festgestellt werden.*

Entwicklung der Hallig Südfall zwischen dem 17. Jahrhundert und heute

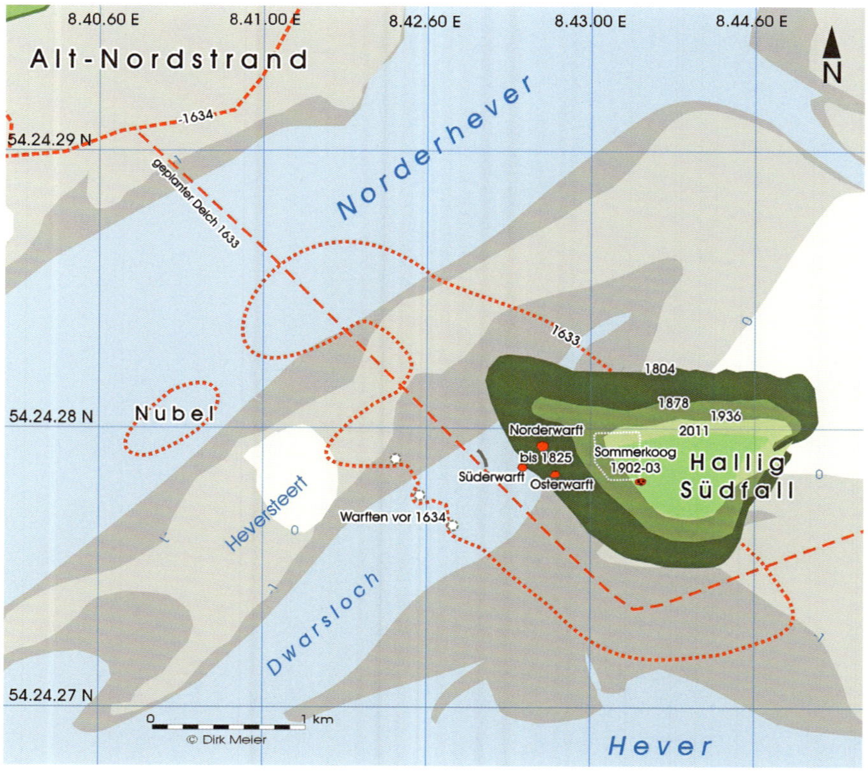

Es sollen bei Nordstrand insgesamt 32 Dörfer oder Kirchengemeinden untergegangen sein. Das Volk fügt hinzu, daß dies zur gleicher Zeit, nämlich im Jahre 1300 stattgefunden habe. Andere stimmen mit der Zeit wohl überein, behaupten aber, daß die Katastrophe nicht nur Nordstrand, sondern diese gesamten Marschgegenden getroffen habe, in welcher von dem heftigen Unwetter und von der schweren Flut allmählich soviele Dörfer vernichtet worden seien. Wie dem auch sei, es scheint wohl glaubhaft, daß sie nicht alle zugleich untergegangen, und daß sie nicht in einer Reihe gelegen haben, vielmehr an allen Ecken der Insel und in verschiedenen Kögen. Man rechnet dann so viele verlorene Dörfer von Nordstrand auf, von denen die Namen noch in unbedeutenden Schriften enthalten sind.[187]

So waren nach ihm im Osten und Nordosten *Rodekerk, Bojebüll, Wittebüll* und die Kapellen oder Kirchen von *Maria, Johannes* und *Bartholomäus*, im Nordwesten *Immenhusen, Biltum, Tinenbüll, Südermarsch* und *Ockogrov* und die Kapellen von *Heisenium (Heinsen)* und *Redwerd* sowie die Kirchspiele *Habyll (Habel), Langeneß, Hingsteneß* und *Nordmarsch* untergegangen. Unter den im Westen verloren Kirchen nennt er *Gormersbüll, Flerdebüll, Norderwisch, Heverdamm* und die *Katharinen- und Svenskapelle* sowie vielleicht *Heverdamm* und *Bophever.* Auch *Balum, Walthusen* und *Hoge* rechnete Boetius zu den alten Kirchspielen. Im Süden und Südwesten von Nordstrand sollen *Halgeneß, Niedam, Obbenbüll, Overmarflot, Utermarflot, Rungholt, der Flecken oder besser Städtchen, und Fedderskapelle gelegen haben. Ausgelassen werden hier Trindermarsch und Südfall, von denen jene ein Kirchspiel ist, diese aber keine Kirche hat. Deshalb darf man wohl nicht mit Unrecht vermuten, Niendam sei identisch gewesen mit Südfall, weil dieses noch heutigentags Nieland genant wird.*[188]

Bereits Boetius erkannte, dass die Hallig Südfall oberhalb des von Sedimenten bedeckten mittelalterlichen Kulturlandes aufgewachsen war. Zwar verband er *Niedam* mit Südfall, doch betonte er:

Sicher haben Inseln und Dörfer wohl mal zwei Namen gehabt, wie das Südfall deutlich zeigt.[189] Dann wird Boetius jedoch zu Rungholt konkreter: *Von all diesem steht nun ganz besonders fest, daß unter den letztgenannten Orten [der Bucht] zwischen Trindermarsch, Südfall und Pellworm aufgezählten Ortschaften das Städtchen Rungholt gelegen hat, dessen Name merkwürdigerweise sowohl bei den Alten berühmt gewesen ist, als auch heute noch im Volksmunde lebt. Überhaupt werden merkwürdige Dinge über seinen Sturz und Untergang erzählt...*[190] Es folgt die Sage von den sündhaften Menschen Rungholts und ihrer gerechten Strafe. Über die Spuren von Rungholt schreibt Boetius: *Schließlich hat jene große Stumflut von 1354 [gemeint ist 1362] – die freilich alle betroffen – auch diese zurückgebliebenen Leute entweder getötet oder vertrieben, und alles ist derart verschüttet und zerstreut, daß nicht einmal Spuren verblieben sind.*[191]

Max Paysen lokalisierte Rungholt dort, *wo jetzt Südfall liegt.* Am Schluss seiner Rungholtsage führt er aus: *daß Rungholt vielmehr durch eine Überschwemmung verschüttet wurde, bezeugen die vielen Spuren alter, wenn auch zumeist durch Schlamm überdeckter Gräben bei zurückhaltender Meeresflut, die ich selbst, weil diese Geschichte bei uns verbreitet ist, mit eigenen Augen habe wahrnehmen wollen, und zwar im Jahre 1635.* Paysen hat Südfall unmittelbar nach der Zweiten Mandränke von 1634 besichtigt. Dabei dürfte die Burchardiflut einerseits alte Kulturspuren vernichtet, andere aber auch durch die Ausräumung der Decksedimente wieder freigelegt haben. Viele Menschen wanderten vermutlich ins Watt, um ehemalige Habseligkeiten zu bergen.

Der Zeitgenosse von Paysen, Peter Sax, berichtet, dass man zwischen Nordstrand und Eiderstedt noch Warften *(tumuli)* sehen könne, auf denen Häuser gestanden haben, ferner Sodenbrunnen *(putei)*, Wege *(viae)*, Äcker *(agri)*, Sielzüge *(agrorum elices)*, Gruften *(fossae)* und Gräben *(colliquae)*. In diesen könne man Kessel, Grapen, Krüge, Schüsseln und *allia utendsilia* finden.[192] Daneben zählt er Steinbrücken, Damm-Stätten und Kuhställe auf, wobei er sich von *redlichen und wahrhaftigen* Augenzeugen diese mit eigenen Augen beschrieben ließ. Steinbrücken gab es im mittelalterlichen Rungholt aber nicht. Da Sax aber in Evensbüll auf Nordstrand aufwuchs, wird er oft im Watt gewesen sein und Kulturspuren beobachtet haben.

Die Karte Südfalls von Harcksen 1804 lässt bei der Süderwarft drei Brunnenringe erkennen und gibt vielleicht am Südwestufer der Hallig einen Hinweis auf Salztorfabgrabungen *(Sollt Torf)*. Jürgen Jürs aus Elmshorn und sein Sohn Peter sahen 1882 am Dwarsloch, dass bei Niedrigwasser Holzreste aus dem Watt ragten, die sich später als Überreste der Rungholter Siele herausstellten.[193] Auch zu Beginn des 20. Jahrhunderts wurden wiederum Kulturspuren beobachtet.[194] Auf solche machte der Bauer Johann Hinz den Nordstrander Heimatforscher Andreas Busch aufmerksam.[195] Dieser dokumentierte nach seinem ersten Besuch im Watt bei Hallig Südfall am Pfingstsonntag, den 16. Mai 1921, zusammen mit cand. Ing. J. M. Lorenzen über mehrere Jahre Gräben, Warften, zwei Siele und einen Deichrest.[196] Infolge der erosiven Wirkung des Meeres und des Vordringens des Dwarslochs sind allerdings heute viele der noch in den 1920er und 1930er beschriebenen Kulturspuren nicht mehr sichtbar. So wurden teilweise obere Schichten des Watts zwischen 30 und 50 cm abgetragen, andere nach der Zweiten Marcellusflut von 1362 mit Sedimenten bedeckt.[197]

Dank der 1939 durch Busch vergebenen und 1940 publizierten Warftnummern (Nr. 1–28) lassen sich eine Vielzahl beschriebener Befunde in das moderne Kartenbild einfügen. 1939 wurde von Mitarbeitern des Nissenhauses in Husum der Brunnen auf der Warft 27 mit hoch- und spätmittelalterlichen Funden ausgegraben.[198] Weitere Untersuchungen unterblieben jedoch auch aufgrund des Zweiten Weltkrieges und in der ersten Zeit danach.[199] Nach Busch beobachteten weitere Amateure hier neu zu Tage tretende Kulturspuren.[200]

Nordwestlich der heutigen Hallig Südfall erfasste Busch neun Warften (Nr. 1–9).[201] Nördlich davon befanden sich weitere, die er nach einer Luftaufnahme von 1928 als Warften A–E bezeichnete.[202] Nordöstlich erstreckten sich mit Gräben eingefasste Wirtschaftsfluren, die in nordwest-südöstlicher Richtung verliefen. Südlich davon machte Busch einen durch zwei Gräben eingefassten Weg aus. Westlich von Südfall konnte er die 1825 untergegangene Norder-, Süder- und Osterwarft identifizieren.

Die mittelalterlichen Kulturspuren, vor allem das regelmäßige Grabensystem und die reihenförmigen Hofwarften, belegen einen Landesausbau in das vermoorte Gebiet der Edomsharde. Die Urbarmachung von Mooren zur Erweiterung der Siedel- und Agrarflächen für eine seit dem Jahr 1000 stark angestiegene Bevölkerung hatte in Holland ihren Ausgangspunkt.[203] Seit dem frühen 12. Jahrhundert griffen solche Verfahren der Moorkulti-

Rungholtbucht mit Hallig Südfall um 1624 und zum Vergleich: „Geometrische Delineatio der Landschaft Nordstrand, sambt den Schlicken und Anwachsen, alß Anno 1634, Johan Berentz alles hat gemessen und befunden“, Ausschnitt der Handzeichnung von Peter Sax.

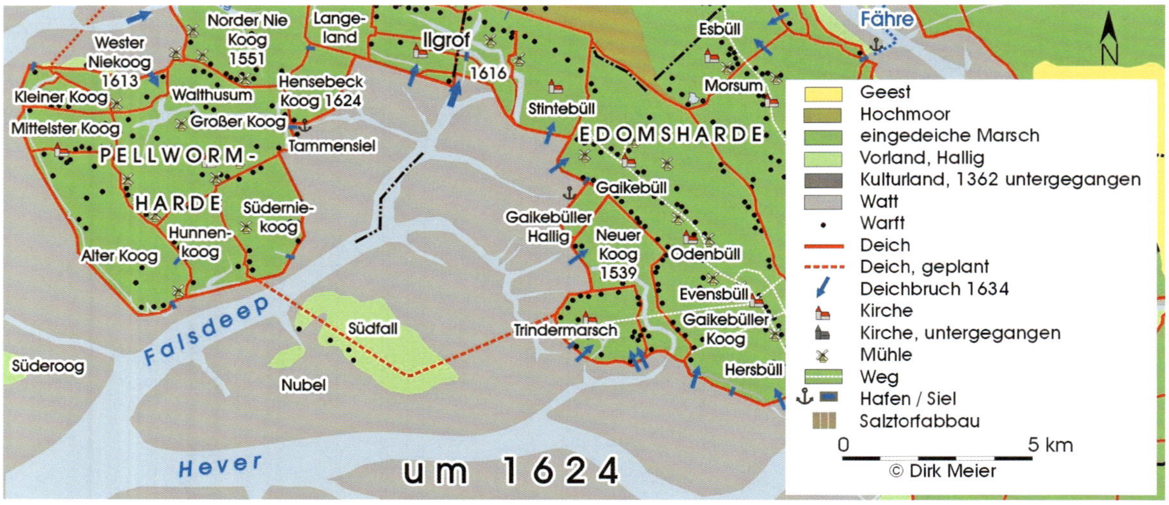

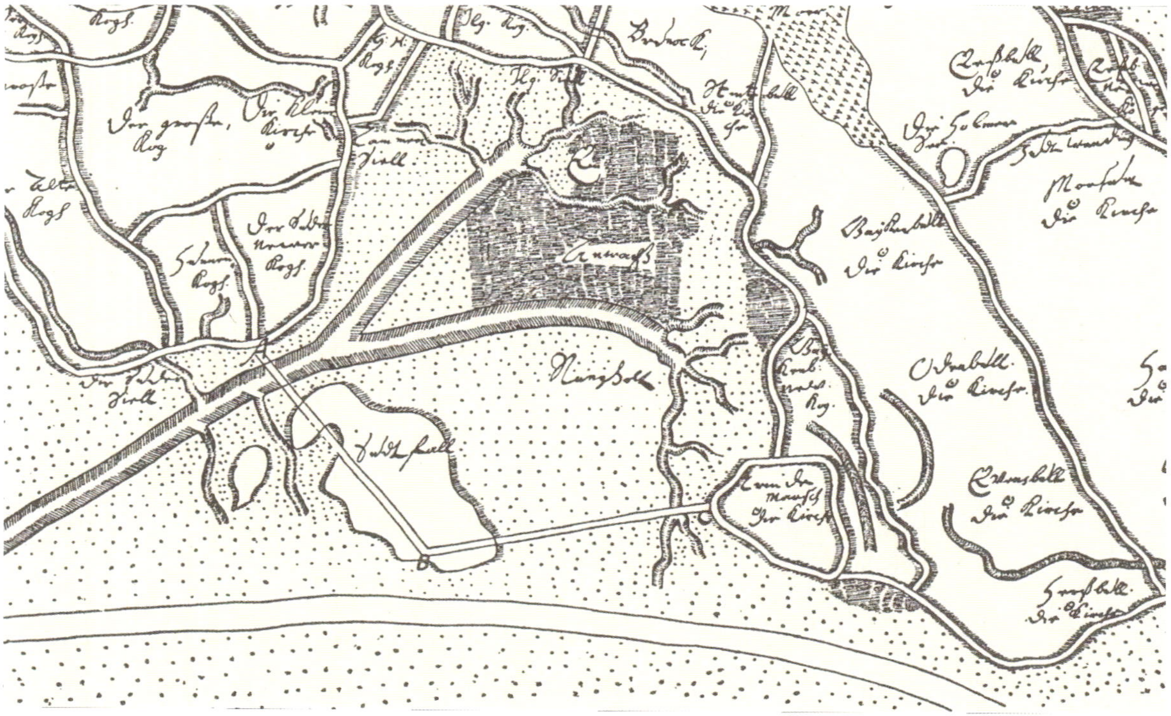

vierung schnell auf die nordwestdeutschen Fluss- und Seemaschen über.[204] Die neuen Agrarflächen dienten vor allem dem Anbau von Brotgetreide, das auf den Märkten der entstehenden Städte reichlich Absatz fand.

Wasserverbände organisierten die aufwendige Unterhaltung von Entwässerungssystemen und Deichen in den urbar gemachten Moorgebieten. Die Höfe in diesen Landesausbaugebieten selbst waren aus Schutz gegen das Binnenwasser auf flachen, meist aus Klei aufgehöhten Warften errichtet. Wie auf Nordstrand nachgewiesen, dürften auch die ersten Hofwarften der Hufensiedlungen im Rungholt Gebiet direkt auf dem Moor angelegt worden sein. Mit dem Bodenmaterial der begleitenden Gräben (Sielzüge) wurden die Äcker für den im Hochmittelalter wichtigen Getreideanbau aus Schutz vor Feuchtigkeit wölbartig aufgehöht. Die Bauern pflügten diese in Bahnen, wobei sie ihren Streichbrettpflug am Ende jeweils wenden mussten. Anders als auf den heutigen Halligen beruhte die Agrarwirtschaft Rungholts somit auf Ackerbau. Auf den Streifenfluren wuchsen Roggen als wichtigstes Brotgetreide, aber auch Weizen, Gerste, Hafer, Dinkel und Pferdebohnen. Moorreste fanden sich allenfalls noch in der Ackerkrume. Die Ernte wurde wohl in kleine einschiffige Pfostenhäuser eingebracht.[205]

Die im Gebiet von Hallig Südfall und weiter nördlich nachgewiesenen regelmäßigen Grabensysteme belegen, dass das ehemalige Moorgebiet der Edomsharde im 12./13. Jahrhundert mit planvollen, in Reihe angelegten Hofwarften aufgesiedelt wurde. Die parallelen geraden Gräben im Rungholtgebiet sind überwiegend in nord-südlicher Richtung ausgerichtet, nur einige weichen etwas nach Nordosten ab. Die Entwässerungsgräben zwischen den einstigen Streifenfluren waren mit Sedimenten zugeschlemmt, während andere Torffüllungen aufwiesen. Letztere dienten der Melioration, somit der Bodenverbesserung durch kalkreichen Klei.[206] Auch nicht mehr benötigte Entwässerungsgräben könnten mit Torf verfüllt worden sein.

Das Wasser sammelte sich in einem größeren Sielzug, der durch das nachgewiesene Rungholter Siel nach Süden zur Hever hin entwässerte. Die ersten Siele bestanden zunächst aus ausgehöhlten Baumstämmen mit angehängten Klappen, die sich bei einseitigem Wasserdruck von innen öffneten und das Binnenwasser herausließen. Aufwendiger konstruiert waren die Kammersiele mit Holzwänden und -klappen als Verschlüssen, wie bei Südfall nachgewiesen.[207] Die Entwässerung musste sich dabei dem Rhythmus der Tiden mit zweimaligem Tidehoch- und Tideniedrigwasser anpassen, da der Abfluss des Binnenwassers durch ein solches Siel nur während des Tideniedrigwassers möglich ist. Blieben die Siele während Sturmfluten länger geschlossen, drohten Stauwasserprobleme. Zerstörungen durch Sturmfluten und geringe Haltbarkeit der Siele infolge des Absetzens von Sinkstoffen erforderten oft Neubauten. Alle Arbeiten zur Erschließung eines neuen Siedlungsgebietes erfolgten in gemeinschaftlicher Arbeit. Da für die Sietwenden auf Alt-Nordstrand kaum Klei zur Verfügung stand, bestanden diese oft aus Torfsoden wie der Alt-Nordstrander Moordeich.[208] Nördlich dieser Sietwende wurde das Wasser zur Süderaue abgeführt, nach Süden hingegen zur Hever.

Hier befand sich im ehemaligen, nach Vergleichsbefunden wohl um NN +2 m hohen Seedeich (Niedamdeich bei Andreas Busch) zwei aus Holz errichtete Kammersiele (von Busch Schleusen genannt), die einen Hauptsielzug zur Hever hin entwässerten.[209] Das wohl zusammen mit dem Deichbau um 1200 errichtete ältere Siel war undicht geworden, sodass man dieses um 1280 ersetzte. Ob die Siele Holzklappen besaßen, die das ausströmende Binnenwasser von selbst öffnete, oder ob diese sich auf der Seeseite verschließen ließen, ist unklar. Die bei NN -1,30 m eingemessenen Kammerböden lagen nur etwa 45 cm tiefer als das entwässerte Kulturland, dessen Höhe zwischen NN -0,79 bis -0,89 m rekonstruiert wurde.[210] Das Mittlere Tidehochwasser nahm Busch um 1362 aufgrund des Sielbodens mit NN -0,44 m an. Allerdings muss man Sackungen des Untergundes berücksichtigen, sodass das MThw höher lag als der von Busch ermittelte Wert.

Aufgrund des geringen Niveauunterschiedes zwischen Siel und Kulturland funktionierte die Entwässerung im Mittelalter nur mangelhaft. Vergleichsweise ist für das nördliche Eiderstedt nach archäologischen und paläobotanischen Untersuchungen belegt, dass hier eine zwischen NN und NN +0,50 m hohe Seemarsch bereits sommerliche Sturmfluten überschwemmten.[211] Eine Zerstörung

Rungholt-Bucht mit vermuteten Halligen um 1500

Links: *Abriß von Rungeholte* von Johannes Mejer. Falsche Vorstellung mit Kögen und Kirchen; rechts: Marsch- bzw. Moorhufensiedlungen auf einer Karte des 18. Jahrhunderts als Beispiel. So in etwa darf man sich das Siedlungsmuster der im 14. Jahrhundert untergegangene Edomsharde vorstellen.

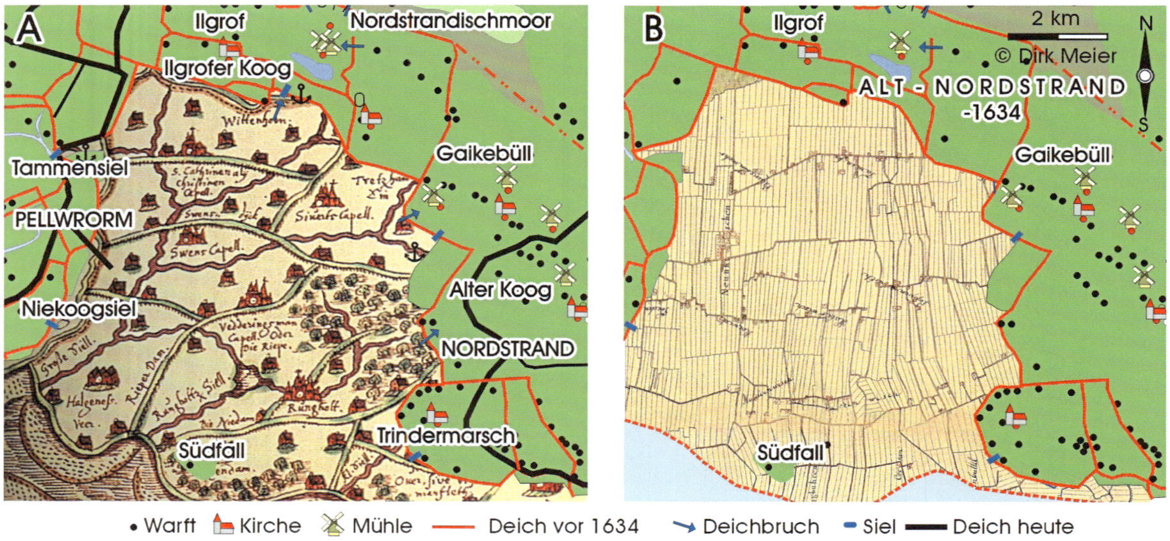

der Deiche im Rungholtgebiet musste zwangsläufig zur schnellen Überflutung und zum Untergang der Kulturlandflächen führen, da diese tiefer als das damalige MThw lagen. Vom Niedamdeich bog ein weiterer, nur in Resten erkennbarer Deich nach Süden ab. Das lässt auf die Existenz eines Kooges vor diesem schließen.

Der sog. Niedamdeich dürfte bereits vor 1362 zurückverlegt worden sein, denn er verbindet vermutlich ältere hochmittelalterliche Warften. Nach archäologischen Untersuchungen auf Pellworm und im nordwestlichen Eiderstedt lag die Höhe der Warften vor 1362 bei maximal NN +3 m, die Hofwarften im urbar gemachten Sietland der Edomsharde dürften niedriger gewesen sein, da diese nur als Schutz vor dem Binnenwasser dienten.[212]

Regelmäßige Gräben der hochmittelalterlichen Moorkultiverung am Fuhle Schlot.
Foto: Cornelia Mertens, Quelle: Meier u.a. 2013

Etwa 1,4 km nördlich der Hallig Südfall stieß im Herbst 1950 Victor Graf von Reventlow-Criminil auf weitere Kulturspuren. Den Eintragungen auf der Karte *Clades Rungholtina* folgend, glaubte Busch, dass damit Reste von *Fedderingman Capell vel Rip* entdeckt worden seien[213], im Register des Bischofs Nicolaus III. Brun *feddering man* genannt. Belegen lässt sich das nicht. Busch berichtet von bis zu zehn Sodenbrunnen, darunter ein Holzfassbrunnen, von Pfahlsetzungen und von Klosterformatsteinen.[214] Nach Westen schließen sich daran später dokumentierte Fundplätze, darunter zwei Sodenbrunnen und ein Graben, an. Die aufgelesenen Funde datieren in das 13./14. Jahrhundert.[215] Zudem sind mit Torf verfüllte parallele Gräben und Püttgruben zur Gewinnung kalkreichen Kleis für die Bodenverbesserung nachgewiesen. Etwa 1.000 m östlich kommen derzeit nahe des Fuhle Schlots in Richtung Nord-Süd, Ost-West und Nordwest-Südost verlaufende Meliorationsgräben zu Tage. Südwestlich dieses Fundbereichs wurden 2011 ähnliche mit Torf gefüllte Grabenreste freigespült.[216]

Anders als im südlichen Rungholt-Gebiet sind im Watt nördlich von Südfall auch Keramik- und Ofenkachelreste des 16./17. Jahrhunderts belegt. Diese sprechen für eine Besiedlung von Halligland. Ein Zusammenhang mit den von Petreus in seiner Karte von 1597 vermerkten, nach der Marcellusflut von 1362 oberhalb der hochmittelalterlichen Landoberfläche aufgewachsenen Halligen *Tretzhalg* und *Autzham* ist wahrscheinlich.[217] Auf dem Rungholt-Sand beobachtete Busch neben Gräben u.a. auch einen fast quadratischen Warftrest mit Brunnen und Umfassungsgraben, aus deren Verfüllung spätmittelalterliche Funde stammen.[218]

Somit sah die mittelalterliche Kulturlandschaft der Edomsharde anders aus, als es die von Johannes Mejer 1636 gezeichnete Karte *Abriß von Rungeholte* und von Peter Sax ergänzte historisierende Karte *Clades Rungholtina* zeigt. Diese besteht hier nicht aus Kögen, sondern aus allenfalls von niedrigen Sietwenden als Dämmen unterteilten Entwässerungsgebieten mit Streifenfluren. Neben der falschen Verortung angeblicher Kirchen stimmt auch die Jahresangabe des Unterganges nicht. Die Karte vermerkt am oberen Rand: *Clades Rungholtina facta ad FL. HEVERAM, Anno 1300, die 16. Januarij* (Das Rungholter Unglück, geschehen am Fluss Hever, Anno 1300, am 16. Januar). So heißt es in der Übersetzung aus dem Lateinischen: „Zu dieser Zeit sind einige Kirchspiele zerstört worden und bis zu 7800 Menschen umgekommen, der am Meer gelegene Deich hat 21 Deichbrüche gehabt. Und dann wird hinzugefügt: Diese Tafel ist auf Grund von Überlieferungen der Vorfahren *[Nomen Nescio]* nach persönlicher Besichtigung des Gebietes ordnungsgemäß wiedergegeben von N. N. und in diese Form gebracht von J(ohannes) M(ejer), Husum."[219] 1652 entstand dann mit dem *Abriß von Rungholte und seinen Kirchspielen 1240* eine Nachzeichnung der Karte.

Eine weitere Skizze des Rungholtgebietes ist die Karte *Litus Runholtinum* von Peter Sax, welche die Norderhever und den geplanten Deich über die nach 1362 aufgewachsene Hallig Südfall zeigt, mit dem die Rungholtbucht abgedämmt werden sollte. Auch sie ist eine Handzeichnung mit Tusche auf Pergament. Die Übersetzung des lateinischen Textes lautet:

Rungholtsand umfasst 11000 Demat [10.637 ha] – Tammelsiel – Neuer Pellwormer Süderkoog. Im Jahre 1300 sind während einer langen Reihe von Jahren für den Wiederaufbau der Rungholter Deiche etwa 80000 Kronen ausgegeben worden, aber vergeblich.

Gaikebüller Koog, Südfall, Rungeholt-priel. Marsch [Trindermarsch]. In den Jahren 1555 und 1577 sollte ein gewisser Teil des Watts am Rande Pellworms bedeicht werden, aber durch einen plötzlich entstandenen Sturm ist das Werk vernichtet worden.

Die gesamte Wattenbucht ist weiland zusammenhängendes Land und durch einunddenselben Außendeich mit dem übrigen Land verbunden gewesen.

Der Rungholtsand lag demnach zur Zeit der Anfertigung der Skizze um 1650 östlich von Südfall *(Sud-fallia)*, etwa in der Mitte zwischen der Hallig und der Trindermarsch *(marsia)* und war demnach seit dem späten Mittelalter etwa 3 bis 4 km nach Osten gewandert. Dem Bericht des Chronisten nach blieben in der Rungholtbucht im 16. Jahrhundert versuchte Wiederbedeichungen erfolglos. Über diese Vorhaben gibt es jedoch keine zeitgleichen Nachrichten, wie man sie erwarten darf, da der Schleswiger Herzog Johann Adolf in dieser Zeit verschiedene Neubedeichungen ausführen ließ.

Ferner zeigt seine Karte weitere, so nicht nachgewiesene Kirchspiele *(Odenbüllum/Odenbüll, Gaicbüllum/Gaickebull, Accebullum/Akenbull, Stintebüllum/Stintebüll, Brunoccum/Brunock, Ilgrovium/Ilgroff)*. Zwischen der Trindermarsch *(marsia)* und Südfall (*Südfallia*) ist der Koog *Avernordschlotum* (Overmorflet) eingetragen. Zwischen *Rungholtum* und *Odebüllum* befindet sich eine große Wehle. Neben dem Dünen- und Waldgebiet bei *Rungholtinum* hat Mejer noch eine weitere Dünenlandschaft östlich von Niedam skizziert, die sich nicht auf der *Clades Rungholtina* von Sax befindet.[220]

Lediglich zutreffend ist auf diesen Karten, dass die Hauptentwässerung der Edomsharde südlich des Alt-Nordstrander Moordeiches nach Süden zur Hever hin erfolgte. Einer der Hauptsielzüge *(Agger Ripanus)* entwässerte im Rungholt-Gebiet durch zwei Siele *(Emißarius Rungholtinus, Emißarius Magnus)* im Niedamdeich *(Niedanum)* in die Hever *(Het Val)*. In dessen Nähe vermerkt Mejer den Ort *Rungholtum*.

Auch wenn dessen exakte Lage unklar bleibt, dass der Ort existierte, belegt die Rückseite eines Hamburger Testaments von 1345: *Edemizherde parrochia Rungheholte judices consiliarij iurati Thedo bonisß cum heredibus* („Edomsharde Kirchspiel Rungholt Richter, Ratleute, Geschworene Thedo Bonisson samt Erben").[221] Der Name *Rungheholte* leitet sich von der friesischen Vorsilbe *Rung-* (falsch, gering) und dem Stammwort *Holt* (Gehölz) ab. Wohl

Typische Wölbäcker, wie sie sie auch die Kulturlandschaft der Edomsharde kennzeichneten. Heute liegen diese in ehemals vermoorten Sietlandsmarschen unter Weide. Foto: Dirk Meier

Hallig Südfall mit mittelalterlichen Kulturspuren und 1825 untergegangenen Warften der darüber aufgewachsenen Hallig Südfall. Man beachte die regelmäßigen Reihenfluren und die Hofwarftenketten (Nr. 1–9, 13, 14, 27, 28). Die Warften 11, 12 und 37 gehören zur Hallig Südfall und gingen 1825 unter.

deshalb zeichnete Mejer einen kleinen Wald *(Silva Rungholtina)* in einem hügeligen Gelände ein. Rungholt war eine im Hochmittelalter angelegte langgezogene Moorhufensiedlung ohne eigentlichen Ortskern.

Neben den Einkünften aus der Landwirtschaft, insbesondere dem Getreideanbau, bot im Mittelalter der Handel mit Salz, das über einen Hafenplatz an der Hever umgeschlagen wurde, großen Verdienst. Urkunden des 13./14. Jahrhunderts bezeugen dabei einen Handelsverkehr der Edomsharde mit Flandern, Bremen und Hamburg.[222] Den in den Schriftstücken erwähntem Hafen *(portus)* der Edomsharde wird man auch aufgrund des hohen Importgutanteils mit Rungholt verbinden können, auch wenn der Ort selbst nicht genannt wird. Koggen und Holke als gängige Schiffe der Zeit ließ man im Watt trockenfallen, so dass man die Waren mit Trägern oder auch Gespannen ab- und beladen konnte.[223] Waren von im Wattstrom bei Flut ankernden Schiffen ließen sich in kleine Boote umladen. Mehr als eine Anlegestelle dürfte sich hier nie befunden haben.

Bleibt abschließend, nach den Ursachen und Auswirkungen der Zweiten Marcellusflut von 1362 zu fragen. Die spätmittelalterlichen Katastrophenfluten fallen in eine Zeit, in der das Klima vom mittelalterlichen Klimaoptimum zwischen 900 und 1300 zur Kleinen Eiszeit hin kühler und regenreicher wurde.[224] Daneben erschwerten Fehden mit dem 1344 siegreichen dänischen König Waldemar IV. Atterdag und die Pest von 1350/51 das Leben der Menschen, die kaum noch die Ernte einbringen sowie Deiche und Siele unterhalten konnten.

Nachdem vor 1362 die Edomsharde noch mächtig genug war, um mit den holsteinischen Grafen 1358 einen Neutralitätsvertrag abzuschließen, müssen deren Ratleute zusammen mit denen der Beltringharde am 30. März 1398 den Herzog Gerhard von Schleswig bitten, ihnen gegen ihre Widersacher zu helfen, um ihre Deiche zu halten.[225]

Ferner musste nach der Katastrophe von 1362 auch der Propst der Großen Propstei *(praepositura Strand)*, Johannes Michaelis, am 4. Mai 1365 die päpstliche Kasse um Zahlungsaufschub bitten, nachdem er zuvor noch am 9. Januar 1362 die Hälfte seiner Einkünfte zugesagt hatte. Am 10. Dezember 1362 schließlich bewies er, dass er aufgrund der Überflutungen in der Großen Propstei keine Einnahmen erhalten hatte.[226] Die Opferangaben lassen sich an Hand der verlorenen Kirchspiele mit etwa 10.000 nur grob schätzen.[227] Schon zur Zeit des Bischofs Nicolaus Wulf (1429–1477) erhöhte sich die Zahl der untergegangenen Kirchen.[228] Manche der untergegangenen Orte wurden später von Chronisten, wie Matthias Boetius 1623[229] oder Anton Heimreich 1668[230], falsch wiedergegeben oder erfunden.

Die *Praepositura Strand* umfasste nach 1362 noch 22 Kirchspiele, von denen aber Balum und Imminghausen keine Kirche mehr besaßen. Die Bevölkerungszahlen glichen sich wohl erst im 16. Jahrhundert wieder an. Nach den Annalen des Strandes traf 1380 eine weitere Sturmflut die Uthlande schwer.[231] Wohl deshalb baten am 30. März 1398 die Edomsharde und Beltringharde den Herzog Gerhard wegen ihrer Bedrängnis durch *Wassernoth* und aufgrund eines internen Streites um Abhilfe.[232] Die rechtlichen Schwierigkeiten der Wieder- und Neubedeichung bekräftigen Prozessakten von 1447.[233] Zu ergänzen sind die Angaben eines Indulgenzbriefes (Gnaden- oder Ablassbrief) des Baseler Konzils zum Besten des 1440 abgebrannten Schleswiger Doms, der einen Verlust von 60 Orten und einen Rückgang der Einkünfte von mehr als der Hälfte beklagt.[234]

Dem wirtschaftlichen Aufschwung der Edomsharde diente ein mit Hamburg 1384 geschlossenes Handelsabkommen.[235] In einer weiteren Urkunde am 15. Juli 1400 erhielten die bremischen Kaufleute im Namen des Herzogs freies Geleit.[236] Interessant ist die Segelanweisung *in dat Hever dep* zu einem Hafen, wo Salz gehandelt wurde. Es muss sich um einen Nachfolgehafen Rungholts handeln, dessen Lage den Kaufleuten noch nicht bekannt war.[237]

Nach der Zerstörung des Seedeiches entlang der Hever überflutete die Zweite Marcellusflut von 1362 täglich die unter MThw liegenden Kulturlandflächen, trug diese ab und überdeckte sie mit Wattsedimenten oder erodierte diese tiefgründig durch den Vorstoß der Norderhever und deren Seitenpriele. Deshalb finden sich heute im südlichen nordfriesischen Wattenmeer junge Wattsedimente auf jungen Sturmflutsedimenten über Torf oder humosem Ton, junge Wattsedimente auf jungen Sturmflutschichten über teilweise erodiertem Torf oder humosem Ton sowie junge Wattsedimente über Torf oder humosem Ton. Ferner sind junge Wattsedimente auf älteren, vor 1362 abgelagerten Sedimenten oder an der Oberfläche freigespülte Torfe bzw. ältere Sedimente verbreitet.[238] Die Höhe der Großen Mandränke überliefern keine spätmittelalterlichen Quellen, doch überflutete sie die um NN +2 m hohen Seedeiche und erreichte die Höhe der NN +3 m hohen Warften, die danach – wie u.a. im nordwestlichen Eiderstedt nachgewiesen – um einen Meter erhöht wurden.[239]

An der Stelle Rungholts und anderer Kirchspiele in der Edomsharde erstreckten sich nun von der Norderhever und ihren Seitenprielen zerschnittene Wattflächen, auf denen später Halligen aufwuchsen. Vielleicht kann man die hier 1551 genannten Orte Lüttke- und Grote Rungholt mit der Salztorfverarbeitung in der Rungholtbucht verbinden.[240] Ob deren Bewohner selbst auch Salztorfe abbauten, ist geoarchäologisch nicht belegt.

Um abschließend die Ursachen dieser spätmittelalterlichen Landverluste zu klären, wenden wir uns noch einmal der Landschaftsentwicklung dieses Gebietes zu. So kennzeichnete am Übergang vom Pleistozän zum Holozän um etwa 10.000 v. Chr. der Raum des heutigen südlichen nordfriesischen Wattenmeers ein Relief mit Höhenunterschieden von mehr als 10 m. In meist abflusslosen Senken entstanden Seen, die seit dem Atlantikum zwischen 7270 und 3710 v. Chr., vielleicht auch schon vorher, Mudde verfüllte. Diese lagen vor allem im Bereich des heutigen Rungholtwatts, des Prielstroms Beensley sowie westlich von Pellworm. Im Verlauf des nacheiszeitlichen Meeresspiegelanstiegs erfolgte hier die Vernässung vor dem Vorstoß der Nordsee schneller als im Gebiet mit höher liegender Holozänbasis wie zwischen der Hamburger Hallig, Gröde und dem Festland.[241]

Nachdem die Nordsee etwa vor 7.500 Jahren den Pellwormer Raum erreichte, lag der Meeresspiegel auf einem Niveau von etwa NN -12 m, 500 Jahre später bei NN -11 m.[242] Die Küste verlief von der heutigen Westseite Nordstrands zur Hamburger Hallig, von dort nach Südwesten auf den Bupheverkoog zu, bog nach Norden um und folgte dann der Südseite der Süderaue. Weiter im Westen von Langeneß über Hooge, Pellworm und Südfall bildeten sich zunächst ein Sandwatt oder sandige Rinnensedimente aus. Nach dem Ende der Sandablagerung setzten vor etwa 6.000 Jahren Abtra-

Mittelalterlicher Graben (vorne), im Hintergrund Hallig Südfall. Foto: Dirk Meier

gungsvorgänge ein. Die Erosionsgrenze liegt etwa zwischen NN -11 m und -4,6 m. Diese Abtragungsprozesse sind vermutlich auf die Erosion alter Geestkerne im Westen oder Sandbarren zurückzuführen, wodurch nach Osten stärkere Wasserbewegungen erfolgten, die holozäne Sedimente aufarbeiteten und umlagerten. Davon wurde das Gebiet mit tonigen Sedimenten im Bereich von Südfall, Nordstrand und Pellworm nicht erfasst.

Über die ehemaligen Schmelzwassertäler drang das Meer weiter vor und breitete sich dann über die höheren sandigen Gebiete bis zur nordfriesischen Festlandsgeest aus. Das Gebiet am Fuhle Schlot und den südlichen Rungholtsand schützte zunächst noch die Geesthochlage unter dem zentralen Teil von Pellworm nach Westen und Norden. Hier befand sich eine Bucht mit ruhigen Sedimentationsbedingungen, welche hier tonige Sedimente ablagerten. Dieses Material entstammte wohl teilweise dem offenen Meer als auch der Aufarbeitungen von Tonen der letzten Warmzeit (Eem). Ferner wirkte sich über lange Zeit die Nehrungsbildung weiter im Westen auf diesen Raum aus, welche bei einem verlangsamten Meeresspiegelanstieg lagunäre, brackige Sedimente absetzte.

Mit der in der Einleitung schon erläuterten Ausbildung einer Barriereküste aus Nehrungen mit aufgewehten Dünen und Geestkernen vermoorte das Gebiet des heutigen südlichen nordfriesischen Wattenmeeres weitflächig während der letzten beiden Jahrtausende v. Chr. Erst nachdem infolge des steigenden Meeresspiegels die Nordsee die Nehrungsküste wieder abbaute, wuchsen im Bereich des westlichen Pellworms und Hooges Salzwiesen auf, die nach einer Ausgrabung auf Pellworm und Sammelfunden aus dem heutigen Watt in den ersten nachchristlichen Jahrhunderten und erneut seit dem frühen Mittelalter besiedelt wurden.[243] Seit dem Hochmittelalter erforderten höher auflaufende Sturmfluten den Bau von Warften aus Klei und Torf, wie sie auf Pellworm archäologisch untersucht wurden. Von der Pellwormharde aus erfolgte dann im 12./13. Jahrhundert ein Landesausbau in das vermoorte Gebiet der Edomsharde, bevor die spätmittelalterlichen Sturmfluten die urbar gemachten Kulturlandflächen in Watt umwandelten. Damit vergrößerte sich der Tidenbereich mit den durch die Gezeiten in das Wattenmeer ein- und ausströmenden Wassermengen. Dadurch vertieften sich auch die Wattströme. Diese Landschaftsentwicklung dokumentierten Bohrungen im Wattengebiet von Hallig Südfall.

Hier besteht der tiefere Untergrund vergleichbar einem Schlickwatt aus sehr feinkörnigen, tonigen Ablagerungen. Diese erreichen zwischen Südfall und Nordstrand sowie im Bereich des Rungholtsandes Mächtigkeiten von oft über 10 m. Nahe der Norderhever sind nur in einer Tiefenlage von 2,2

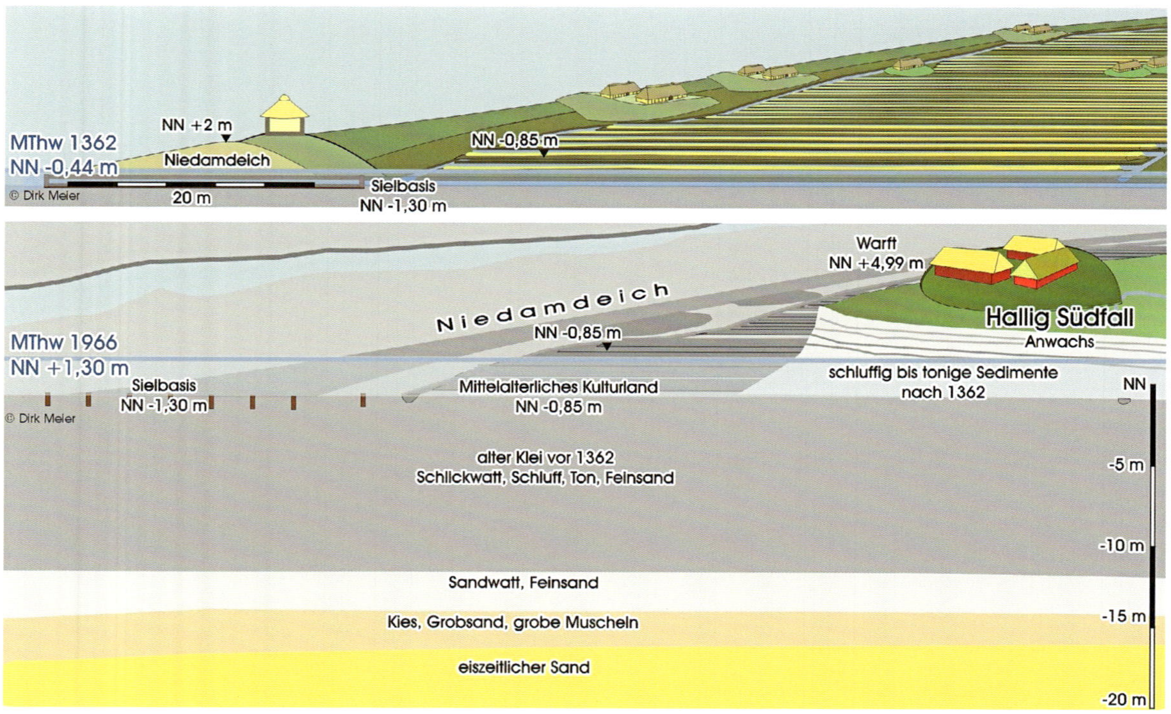

Oben: Das Rungholt-Gebiet vor 1362. Marsch- bzw. Moorhufensiedlungen mit Aufstreckfluren erstrecken sich im urbar gemachten Kulturland der Edomsharde. Nach der Basis der Siele im sog. Niedamdeich rekonstruierte Andreas Busch das MThw mit NN -0,44 m. Die urbar gemachten Böden sackten tiefer als das MThw. Unten: Nach der Überflutung des Kulturlandes 1362 lagerte sich junger Klei ab über dem die Hallig Südfall aufwuchs. Das MThw lag hier 1966 bei NN +1,30 m etwa 0,86 m höher auf als vor 1362.

bis 5,6 m unterhalb der heutigen sandigen Wattoberfläche feinkörnig-tonige Schlickwattablagerungen vorhanden. In der Bohrung unter dem Rungholtsand nahe des Fuhle Schlots beginnen diese bei NN -2 m. Ab NN -7,5 m kommen feinsandige schmale Schluffschichten oberhalb der Holozänbasis vor, die hier bei NN -16,5 m noch nicht erreicht war. Eine ähnliche Schichtenfolge ist bei zwei weiteren Bohrungen am Fuhle Schlot angetroffen worden. Hingegen finden sich bei der am nördlichen Rand der Hallig Südfall angelegten Bohrung weniger schluffige und sandige Anteile. Die tonigen Ablagerungen beginnen hier bei NN -11,1 m. Es folgen 3 m mächtige Feinsande mit Muschelschalenbruch.[244]

Den großen Porenraum der feinkörnigen tonigen Sedimente füllt Wasser aus. Wächst ein solches Watt nicht weiter auf, führt das Gewicht der darüber liegenden jüngeren Schichten zum Entweichen des Porenwassers, sodass das Korngerüst des Schlicks zusammengedrückt wird und sich setzt. So entsteht ein toniger zäher Klei. Solche langsam ablaufenden Setzungen erfolgten besonders im Gebiet von Südfall und Nordstrand, was sich an Hand des Niveaus des im 1. Jahrtausend v. Chr. überall entstandenen Niedermoortorfs belegen lässt. Zu seiner Entstehungszeit dürfte sich dieser Torf überall auf einem ähnlichen Höhenniveau entwickelt haben, während dieser heute unter dem Rungholtsand etwa 2 m tiefer als unter Pellworm liegt. Somit erfolgte zwischen Südfall und Nordstrand eine erhebliche Setzung der Schlickwattschichten. Dieser natürliche Prozess wurde durch die anthropogenen Entwässerungsmaßnahmen bei der Kultivierung des Moores im Hochmittelalter verstärkt.[245] An vielen Stellen ist die Oberfläche der vor 1362 durch Entwässerung urbar gemachten Moorlandschaft infolge der Sturmflut erodiert und von grobem Sand mit Muschelbruch und Überresten menschlicher Tätigkeiten, wie Keramik und Knochen, überseht.

Nach der Zerstörung des Seedeiches 1362 zur Hever hin drang das Wasser schnell über die Sielzüge vor, breitete sich über die niedrigen, unter MThw liegenden anmoorigen Kulturlandflächen aus, arbeitete deren Böden auf und spülte sie weg. Darüber lagerten sich weitere tonige bis schluffige Sedimente ab, welche bis zur heutigen Wattoberfläche reichen.[246]

Solche durch künstliche Entwässerung eingeleiteten Bodenabsenkungen konnten über mehr als 100 Jahre anhalten und im Jahr zwischen 0,1 und 1,67 cm variieren.[247] Die mittlere Absenkungsrate von 0,78±0,45 cm im Jahr liegt weit unterhalb künstlich entwässerter Moore, wo Sackungen von 3 bis 4 m in 130 Jahren auftreten können, wie nicht allein in Holland nachgewiesen.[248] Im Zusammenhang mit dem Meeresspiegelanstieg und einer geringen Sedimentationsrate im Küstenvorfeld kann so eine durch anthropogene Maßnahmen hervorgerufene Bodenabsenkung durchaus in kurzer Zeit erhebliche Ausmaße annehmen.

Die noch erhaltenen Torfe im nordfriesischen Wattenmeer weisen selten Mächtigkeiten von mehr als 30 cm auf. Torfsoden bei Hallig Südfall, südlich der Holmer Fähre, am Rummelloch, nördlich von Pellworm, bei Sandshörn und östlich von Hooge sind noch als Reste dieses ehemaligen Moores nachgewiesen. Auch in den Bohrungen auf dem westlichen Rungholtsand, auf Nordstrandischmoor, auf Nordstrand, auf Pellworm im Alten und Mittelsten Koog, im kleinen Norderkoog und bei Johannishörn, auf Hooge an der Pohnswarft und der Warft Halge auf Langeneß wurden Torfe festgestellt.[249]

Dabei variiert aufgrund von Setzungen deren Höhenlage erheblich. Während sich der Torf etwa unter Warften auf Pellworm zwischen NN +0,6 m und -1,2 m befindet, wurde der gleichalte in einer Bohrung auf dem Rungholtsand bei NN -1,8 m nachgewiesen. Da die Oberfläche des Niedermoores vom Grundwasserstand abhängt, lag sie bei ihrer Entstehung etwa auf dem gleichen Höhenniveau. Da Ton in der Regel setzungsfähiger als Sand ist, lassen sich diese Höhenunterschiede auf verschiedene Tonmächtigkeiten zurückführen. Dabei können, wie unter einer Warft auf Pellworm nachgewiesen, Setzungen von bis zu 50 Prozent erfolgen.[250] Die höhere Lage des Torfes auf Pellworm erklärt sich daraus, dass sich dieser über einem von Meeresablagerungen bedecken Geestrücken befindet, während sich im tieferen Untergrund des Rungholtsandes eine Geestmulde entlangzieht.[251] Somit veränderte sich das Oberflächenrelief des Niedermoors noch nach dessen Entstehung. Radiokarbondatierungen nach begann dabei die Torfbildung im Süden des nordfriesischen Wattenmeeres etwas später als weiter nördlich. Diese wiesen aus den Pellwormer Bohrungen ein Alter von 2.330±55 Jahren vor heute (397±102 v. Chr.) und 2.485±65 Jahren vor heute (613±120 v. Chr.) auf. Ein im Bereich des Priels Beensley gefundener Baumstubben besaß ein Alter von 3.090±65 Jahren vor heute (1348±74 v. Chr).[252]

Reste des hochmittelalterlichen Kulturlandes unter nach 1362 abgelagerten Sedimenten, aufgeschlossen an einem Priel bei Hallig Südfall.
Foto: Dirk Meier

Anthropogene Erklärungsmuster wie Bodenabsackungen infolge von Entwässerung und Torfabbau, die Erhöhung des MThw als Folge des Deichbaus, die unzureichenden Bemessungen der etwa um NN +2 m hohen und bis 20 m breiten Seedeiche, deren mangelnde Unterhaltung aufgrund von Pest und Fehden reichen jedoch als Ursache für die katastrophalen Auswirkungen der Marcellusflut von 1362 allein nicht aus, da diese weit größer waren als in anderen Gebieten der schleswig-holsteinischen Nordseeküste. Vielmehr sind hier die geomorphologischen Verhältnisse des Untergrundes zu berücksichtigen. So folgen die großen Prielströme tonigen, mit setzungsfähigen Sedimenten verfüllten tiefen Schmelzwassertälern der Weichsel-Kaltzeit. Hingegen liegen die erhalten gebliebenen Reste der Inseln Pellworm und Nordstrand auf sandigen, weniger zur Sackung neigenden Sedimenten oberhalb der hier höheren und mit sandigen bis schluffigen Sedimenten bedeckten eiszeitlichen Oberfläche. Deshalb erstreckte sich nach dem Untergang der mittelalterlichen Edomsharde im 14. Jahrhundert hier ein Wattengebiet, auf dem wohl im 15. Jahrhunderten Halligen aufwuchsen, die dann die Nordsee bis auf das heutige Südfall wieder abtrug.[253]

NORDSTRANDISCHMOOR

Auf der 1.633 km² große Hallig Nordstrandischmoor (Friesisch: *Lätj Möör*) lebten 2011 etwa 22 Bewohner.[254] Seit der Burchardiflut von 1634 hat sich die Fläche Nordstrandischmoors von rund 600 ha auf die heutige Größe stark verkleinert. Weiterer Landabbruch verhindert die zwischen 1926 und 1933 errichtete Steinbefestigung des Halligufers. Seit 1933/34 ist die Hallig durch einen Lorendamm mit dem Festland verbunden.

Die Hallig wuchs oberhalb des Hochmoors der Insel Alt-Nordstrand auf, das die Burchardiflut von 1634 überstanden hatte. Wie eine bereits 1934 vorgenommene Untersuchung eines Torfblocks nördlich der Hallig unter einem abgetragenen Deich zeigte, folgen hier unter dem 0,73 m mächtigen, schwach bis stark zersetzten Hochmoortorf ein

Blick auf Hallig Nordstrandischmoor bei aufziehendem Tief. Foto: Dirk Meier

0,51 m mächtiger Schilftorf und ein 0,11 m schilfhaltiger, mit Tonbändern durchsetzter Torf. Nach der botanischen Analyse entwickelte sich hier zunächst mit noch offenen Wasserflächen ein 20 cm dicker toniger Schilftorf, später dann ein Niedermoor mit Übergang zu einem Bruchwald, auch wenn es nicht zur Ausbildung eines Bruchwaldtorfes kam. In dieser Zeit erreichte diese Region das Salzwasser nicht mehr, es herrschten nun Süßwasserbedingungen vor. Über dem Niedermoor wuchs vermutlich im Subatlantikum seit etwa 450 v. Chr. ein Hochmoor auf. Genauere Datierungen des untersuchten Torfes liegen nicht vor. In den oberen 30 cm des Hochmoortorfs sind Torfmoose bzw. Bleichmooshügel in einer Moorheide nachgewiesen.[255] Moorheiden bilden eine Folgegesellschaft gestörter Regenmoor-Komplexe, die durch Austrocknung infolge von Entwässerung entstehen. Schon eine geringfügige Absenkung des mooreigenen Wasserspiegels begünstigt dabei als typische Pflanzen Bult-Schlenken-Kompflexe.

Auf das Wüste Moor Alt-Nordstrands hatten sich 1634 einige Überlebende der Burchardiflut geflüchtet. Deren karge Existenz beschreibt Heimreich 1666 in seiner *Nordfresischen Chronick* wie folgt: *Es seyn aber gleichwol ein Theil der übergebliebenen Leute annoch in ihren nachstehenden Häusern bewohnen geblieben, und haben dieselben bestermassen durch Aufführung der Werffe, darauff sie wohnen, für dem Wasser beschützet. Ein Theil aber derselben haben sich auff dem Hohen Moor (darauf vormals niemand gewohnet, unnd welches auch vormals gantz unträchtig an Graß und Korn gewesen) niedergelassen, und sich beyderseits von den herrlichen Fischsegen, welchen der grundgütiger Gott nach ergangener Fluth zur Unterhalt der armen Leute mildiglich bescheret, und den saltzen Gräsungen zu kümmerlichen Zeiten erhalten. … Daneben haben die Einwohner auf dem Mohr ihre Nahrung mit Torff graben gesuchet,…*[256]

Mit Fischfang, Torfabbau und etwas Viehhaltung versuchten die bedauernswerten Menschen zu überleben. Während die ersten behelfsmäßigen Behausungen noch direkt auf dem Hochmoor entstanden, mussten bald infolge höherer Sturmfluten Warften aus Moorerde aufgeworfen werden, da es an geeignetem Baumaterial mangelte. Diese

Von Wattsedimenten bedecktes Hochmoor, im Hintergrund Hallig Nordstrandischmoor. Foto: Dirk Meier

Lorendamm nach Nordstrandischmoor. Foto: Dirk Meier

Hallig Nordstrandischmoor mit Kulturspuren

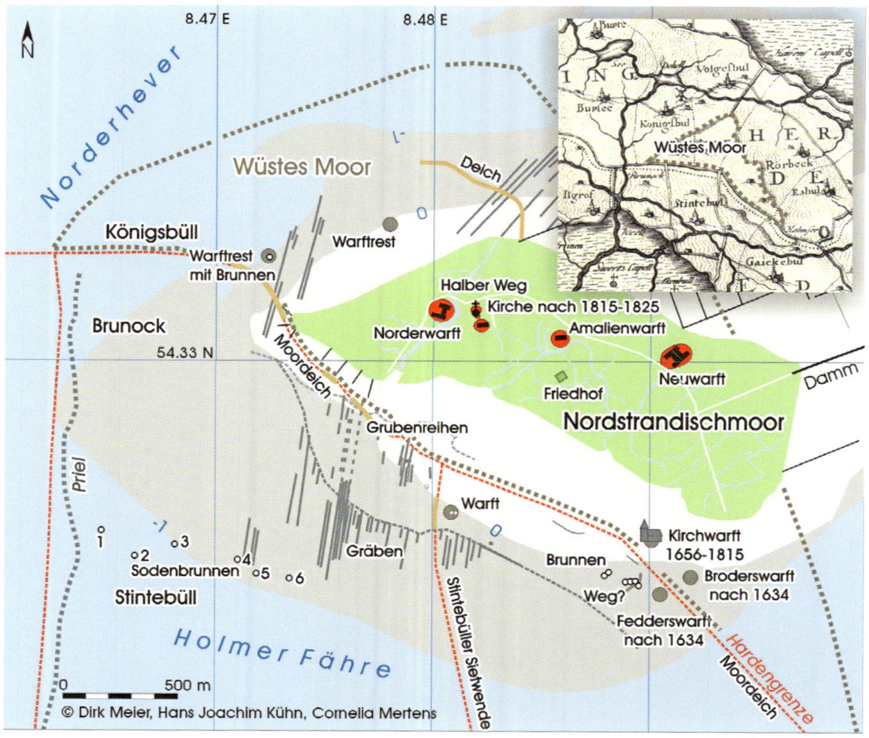

wurden mit Erdsoden abgedeckt. Da auch der Bau von Fethingen nicht möglich war, speicherte man das Süßwasser ausschließlich in Zisternen.[257] Die Bauern versuchten, durch Kleiaufträge den Boden zu verbessern. Infolge der höher auflaufenden Sturmfluten bedeckten das Hochmoor bald Meeresablagerungen, auf denen Salzwiesen aufwuchsen.[258] Bei der Unterzeichnung des Oktroi-Vertrages zwischen dem Gottorfer Herzog Friedrich III. und niederländischen Unternehmern über die Wiederbedeichung Nordstrands 1652 wird in den noch vor 1663 angefügten Randbemerkungen die Größe des Hohen Moores mit 1.233 Demat (608 ha) angegeben. Auf dem Moor standen in dieser Zeit eine Pfarrkirche und 27 Häuser.[259]

Die Bewohner Nordstrandischmoors hielten sich nach 1634 zum Odenbüller Kirchspiel auf Nordstrand. Weil diese im Herbst und Winter den dortigen Sonntagsgottesdienst kaum besuchen konnten, bestand seit 1642 mit herzoglicher Genehmigung ein eigener Gottesdienst auf Nordstrandischmoor *(Lüttmoor)*. Zum ersten Pastor wurde Sebastian Heimreich bestellt. Ihm folgten 1649 Pastor Johannes von der Lieth und ab 1652 ein jüngerer Bruder des ersten, der Chronist Anton Heimreich, in dessen Amtszeit 1656 die Errichtung der ersten Kirche fällt. Er war 1626 noch auf Alt-Nordstrand in der Trindermarsch geboren worden und trat 1652 sein Amt auf Lüttmoor an. Seinen Sold erhielt er aus dem Erlös des Verkaufs der geborgenen Glocken, Grabsteine, Geräte und Ziegelsteine der 1634 zerstörten Kirchen sowie den restlichen Einkünften der Kirchengüter der untergegangenen Gemeinden. Aus den ehemaligen Alt-Nordstrander Kirchen stammte auch die Ausstattung der neuen Kirche auf Nordstrandischmoor. Für das Abendmahl wurde hier der Kelch der 1634 untergegangenen Kirche verwendet, den der Großbauer Laurens Levens 1495 der Morsumer Kirche gespendet hatte. Aus der gleichen Kirche stammte die kupferne Taufe.[260] Das Pastoratshaus war schon 1650 errichtet worden.

1717 gab es noch 20 Wohnungen auf Nordstrandischmoor, wovon am 24. Dezember und dem darauffolgenden Tag durch die Überschwemmung 18 Häuser samt Kirche und Pastorat schwer beschädigt und drei davon sogar ganz weggespült wurden. Dabei starben 16 Menschen, 30 Kühe und 500 Schafe.[261] Die Wirkungen der Weihnachtsflut verschlimmerte die nachfolgende Februarflut von 1718 noch, die in Husum eine Höhe von 14 Hamburger Fuß (4 m) über dem gewöhnlichen Hochwasser erreichte.[262]

Nur drei Jahre später, am 31. Dezember 1720, verwüstete die instand gesetzten Häuser erneut eine Sturmflut. Beim Verlust dreier Häuser kamen zwei Menschen zu Tode. Heinrich Heimreich, der 1685 die Nachfolge seines Vaters als Pastor auf Nordstrandischmoor angetreten hatte, überstand die Flut auf dem Dachboden seines Hauses. Dort erlebte er, wie die Wellen die Wände einschlugen und das Vieh, zwei Kühe und 13 Schafe, ertrank. Eine weitere Sturmflut 1756 zerstörte die Kirche völlig. Sie wurde zwar wiederaufgebaut, aber die Sturmflut von 1815 riss die Kirchwarft zur Hälfte weg, sodass das Gebäude abgebrochen werden musste. Danach erbauten die Halligbewohner nochmals eine eigene Kirche. Diese befand sich unter einem Dach mit der Schule zwischen den beiden Halber Weg-Warften. Die Warft, auf der sie errichtet war, wurde aber dann durch die Sturmflut vom 3. und 4. Februar 1825 fast völlig weggespült. Neben dieser musste auch das Pastorat abgebrochen werden. Die schwer beschädigte Kirche und das Pastorat wurden in den folgenden Jahren einigermaßen instandgesetzt.[263]

Die Zeit zwischen 1717 und 1825 verursachte auf Lüttmoor einen erheblichen Verlust an Einwohnern und eine Verkleinerung der Hallig. Hatten vor der Weihnachtsflut 1717 noch 126 Menschen auf Nordstrandischmoor gelebt, waren es nach 1825 nur noch 31.[264] Von sieben Häusern blieben nach der Februarsturmflut von 1825 nur drei übrig.[265] Nach der Streichung der Predigerstelle 1826 wurden die Bewohner nach Nordstrand eingepfarrt. Den 1817 auf einem niedrigen Plateau eingerichteten Friedhof nutzte man bis 1926 weiter. Hierhin sind noch 1834 mehrere Tote aus der 1815 aufgelassenen Kirchwarft umgebettet worden, nachdem diese in die Abbruchkante der Hallig gerückt war. Die Schule blieb auf der Hallig. Für deren Neubau wurde die heutige Schulwarft erworben, die nach der Tochter eines der Lehrer Amalienwarft genannt wird.[266] 1863 besaß die Hallig vier bewohnte Warften, auf denen 38 Menschen in acht Häusern wohnten.[267]

Nahe des Südostufers der Hallig sind Reste der 1825 untergegangenen Kirchwarft, der Broderswarft und der Fedderswarft vorhanden. Auch befinden sich hier Sodenbrunnen und aus Ziegelsteinen im Klosterformat aufgemauerte Sode.[268] Nordwestlich der Hallig liegen Überreste von zwei untergegangenen Hofwarften sowie Entwässerungsgräben.[269] Ferner ist nördlich der Hallig 1931 die

Entwicklung Nordstrandischmoors

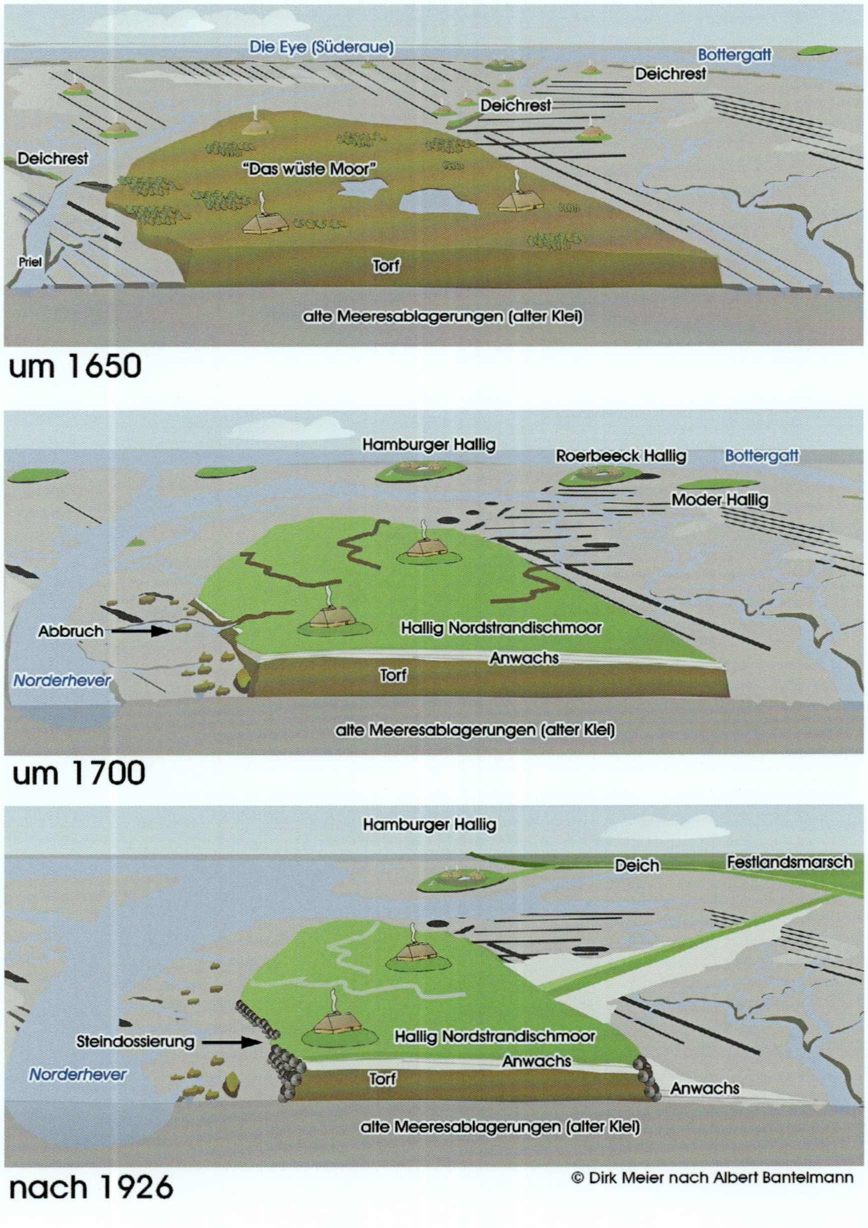

Gut vergleichbar mit dem Wüsten Moor auf der ehemaligen Insel Alt-Nordstrand ist das Weiße Moor in der Dithmarscher Nordermarsch in der Nähe von Neuenkirchen. Foto: Dirk Meier

Trasse eines zuerst in Richtung Norden verlaufenden und dann in Richtung Nordwesten abknickenden Deiches eingemessen worden. Hier fischte man 1961 aus dem Butterloch ein gut erhaltenes Hirschgeweih.[270] Auch davor wurden auf dem Watt und im Moorboden der Hallig zahlreiche Geweihe, Tierknochen und Tierzähne gefunden. Südwestlich der Hallig sind noch Teile des etwa 10 m breiten Moordeiches zu sehen, der als Sietwende verschiedene Entwässerungsgebiete Alt-Nordstrands trennte und in nordwest-südöstlicher Richtung fast über die gesamte Insel verlief.[271] Da der vermoorte Untergrund nur wenig geeignetes Baumaterial hergab, hatte man diesen größtenteils mit Torfsoden aufgeworfen und die Seiten teilweise wohl mit einem Holzstack mit Bretterwand versehen. Ebenfalls sichtbar sind noch Teile des etwa 15 m breiten sog. Stintebüller Deiches.[272]

Moordeich der untergegangenen Insel Alt-Nordstrand bei Nordstrandischmoor. Foto: Dirk Meier

HAMBURGER HALLIG

Der Name der nordöstlich von Nordstrand liegenden Hamburger Hallig (Friesisch: *Hamborjer Håli*) geht auf die Hamburger Kaufleute Rudolf und Arnold Amsinck zurück, die das Bullingland, ein aufgelandetes Vorland vor der Alt-Nordstrander Inselküste, erwarben, es bedeichten und hier 1625 eine große Warft mit Häusern errichteten, welche die Flut von 1634 überstand. Sie bemühten sich auch, die untergegangenen Ländereien der Kirchspiele Volgsbüll, Königsbüll, Bupsee, Bupslut und Bupthee wieder zu sichern. Daher schlossen die Amsincks mit den Eingesessenen dieser Köge am 9. April 1635 einen Vertrag, indem sie 3.200 Demat (ca. 6.491 ha) ihres Landes abtraten und sich an den Deichbauarbeiten beteiligen wollten. Das Vorhaben unterblieb jedoch. Zwar wollte ihnen Herzog Friedrich III. das Landgeld ermäßigen, wenn sie 1636 den Hagebüller Koog, den Großen Koog mit Buphever, Ilgrof und Brunock bis zur Stintebüller Sietwende bedeichen würden, aber das ging über ihre Finanzkraft. Sie schlugen daher die Teilnahme holländischer Partizipanten vor, was der Herzog unterstützte. Die weitere Neueindeichung Nordstrands konzentrierte sich jedoch auf den Süden der Insel, während der ehemalige Amsinck Koog eine Insel bzw. Hallig blieb. Nachdem Tod Rudolf Amsincks 1636 wollte sein Bruder Arnold die verlorenen Gebiete wiedergewinnen und kaufte sogar Land hinzu. Diese Vorhaben verhinderten jedoch die geringe Bodenqualität und die zu geringe Zahl an Arbeitskräften in dieser harten Zeit. Nachdem er fast sein gesamtes Vermögen

Hamburger Hallig mit Warft und Salzwiese. Foto: Dirk Meier

Rudolf Amsinck. Ölbild von David Klindt, Museum für Hamburgische Geschichte

verloren hatte, wurden die Arbeiten um 1650 eingestellt. Amsinck blieb auf Nordstrand, wo er einige Jahre später starb.[273]

Im Westen ihrer Anbindung an die ehemalige Insel beraubt, im Osten durch den Prielstrom Bottergatt bedroht, verkleinerte sich die Hamburger Hallig in der Folgezeit, 1825 war sie unbewohnt. Erst die Bildung junger Marschen vor dem Festlandsdeich erlaubte 1874/1875 deren Verbindung mit einem Damm zum Festland.[274] Heute weist die Hallig eine Größe von 0,493 km² auf.[275]

HALLIG HABEL

Habel (friesisch: *Haabel*), heute Eigentum des Landes Schleswig-Holstein, ist mit einer Länge von etwa 664 m, einer Breite bis etwas über 100 m und einer Flächengröße von 0,063 km² die kleinste Hallig im nordfriesischen Wattenmeer und gehört verwaltungsmäßig zur Gemeinde Gröde.[276] Hätte man nicht einen kleinen Rest Habels im 20. Jahrhundert durch Uferschutzbauten gesichert, wäre die Hallig längst wieder zu Watt geworden. Da Habel in der Schutzzone I des Nationalparks Schleswig-Holsteinisches Wattenmeer liegt, ist das Betreten für Unbefugte untersagt. Die einzige Warft (Norderwarft) ist die bis 1923 ganzjährig bewohnte und heute nur noch von einem Vogelwärter des Vereins Jordsand genutzte Norderwarft. Habel dient vielen Seevögeln als Brut- und Rastgebiet, darunter auch der Ringelgans und der Küstenseeschwalbe.

Bei ihrer ersten genauen Vermessung 1802/04 bestand neben der Norder- noch die Süderwarft.[277] Letztere überstand zwar die schwere Sturmflut von 1825, es ging jedoch eine Haushälfte verloren.[278] Zuvor besaß Habel 1804 noch eine Größe von 181 Demat (89,23 ha), während sie 1861 auf 9 Demat (4,44 ha) geschrumpft war. Die letzten Gebäude der Süderwarft wurden erst 1868 abgebrochen, Ende des 19. Jahrhunderts verschwand sie ganz im Meer. Nachdem 1871 noch 12 Einwohner und 1905 noch 3 Einwohner registriert wurden, ist die Hallig seit 1924 mit Ausnahme des Vogelwärters unbewohnt.[279] Hingegen hatten 1770 noch sieben Familien ihr Auskommen gefunden, und um 1600 erwähnt Petreus noch *drei oder vier Häuser* auf Habel. Dazwischen fallen die schweren Sturmflutereignisse zwischen 1717 und 1720, in deren Folge sich die 1711 noch 23 Demat (11,34 ha) große Hallig stark verkleinerte.[280]

Wie die anderen nördlichen Halligen auch ist Habel oberhalb eines vermoorten, im Hochmittelalter kultivierten Landes aufgewachsen. Überreste dieser Urbarmachung ebenso wie Belege des Salztorfabbaus mit Siedlungsresten sowie Soden- und Holzbrunnen sind nahe der heutigen Hallig auf einer Höhenlage von NN -1 m nachgewiesen. Dabei handelt es sich vor allem um Spuren von Salztorfabbau und Feldeinteilungen mit parallel verlaufenden Gräben, die eine landwirtschaftliche Nutzung belegen. Sowohl im Torfabbaugebiet als auch auf den ehemaligen Wirtschaftsflächen sind Reste von Sommerdeichen ebenso erhalten wie in Reihe liegende rechteckiger Gruben, aus denen man das Material für die Deichschüttungen entnommen hatte.[281]

Der nur in Resten erhaltene Torf ist hier ebenso wie im Bereich von Hallig Gröde und dem Ockhol-

Blick auf Hallig Habel. Foto: Dirk Meier

mer Koog mächtiger als weiter südlich. Dabei zeigt sich, dass es hier infolge der Verlandung eines nährstoffreichen Gewässers zur Hochmoorbildung kam, wobei in Bohrungen der Forschungsstelle Westküste vor dem Zweiten Weltkrieg eine Folge von Gyttja als schlammige Mudde über Schilftorf, Waldtorf eines Erlenbruchwaldes bis hin zum Torf eines Hochmoores nachweisbar ist, wenn diese Schichtenfolge auch an keiner Stelle vollständig erhalten ist.[282] Die Bildung des Niedermoortorfes begann in der Bronzezeit, als dieses Gebiet nicht mehr unter Meereseinfluss stand. Nur einzelne brackige Seen waren übriggeblieben.[283]

Dieses Nebeneinander von Salztorfabbauflächen und landwirtschaftlich nutzbaren Flächen, auf denen in kleinen Högen sogar Ackerbau möglich war, ist ebenso im Gebiet der heutigen Halligen Hooge und Langeneß belegt. Allerdings wurde in der Umgebung der heutigen Hallig Habel der Torfabbau nicht ganz so intensiv betrieben wie im Gebiet der anderen nördlichen Halligen. Das lässt sich mit der für Bodeneingriffe ungünstigen Konsistenz des oberflächennahen Untergrundes und der tiefen Lage der Torfschicht erklären.[284] Während die bei Hooge und bei Langeneß eingemessenen Klei-Torf-Kontakte (Unterkante Torf) bei maximal NN -0,35 m bzw. NN -0,90 m liegen, sind diese bei Habel erst in einer Tiefe von NN -2,50 m angetroffen worden. Die Stärke der Torfschicht schwankt zwischen 0,50 m und 0,90 m. Überlagert wird die Moorvegetation durch eine etwa 1 m mächtige Dargschicht, die sich in einer sumpfigen Landschaft bildete. Pflugspuren nach ist eine dünne, über dem Darg abgelagerte Sedimentschicht einer anmoorigen Marsch im Mittelalter bewirtschaftet worden.[285] Diese liegt bei NN -1 m, also bis zu 3 m unter der heutigen Halligoberfläche. Wegen ihrer tiefen Lage wurde die Torfschicht nicht vor der Bewirtschaftung der Marsch abgegraben. Wo man aber den Torf zur Salzgewinnung an der Oberfläche abbaute, blieben tiefe Ausschachtungen zurück.

Aufgrund dieser Bodeneingriffe und der tiefen Lage des vom Menschen urbar gemachten Kulturlandes dürfte die Landschaft im Gebiet der heutigen Hallig Habel durch die Große Mandränke von 1362 besonders schwer getroffen und wahrscheinlich vollständig entvölkert worden sein. Der Nachweis von Tuffsteinen und Gräbern nahe der heutigen Hallig lässt auf eine Kirche in der Nähe eines Priels schließen, über den eine Verkehrsanbindung

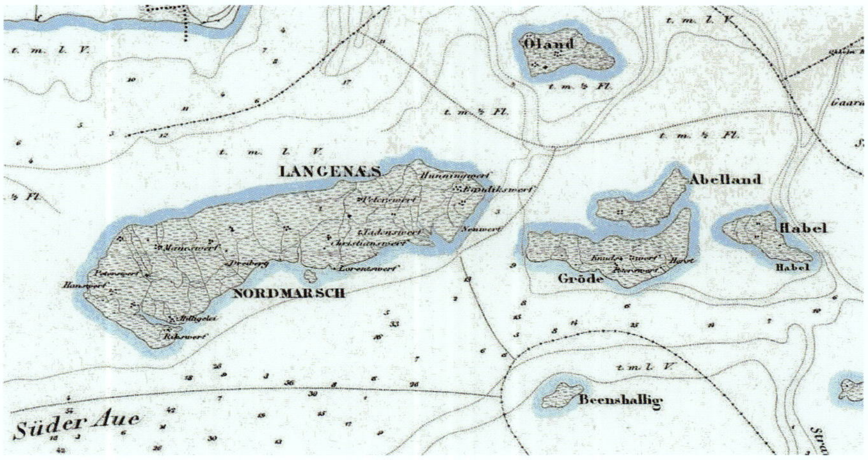

Habel und benachbarte Halligen auf der dänischen Generalkarte von 1858.

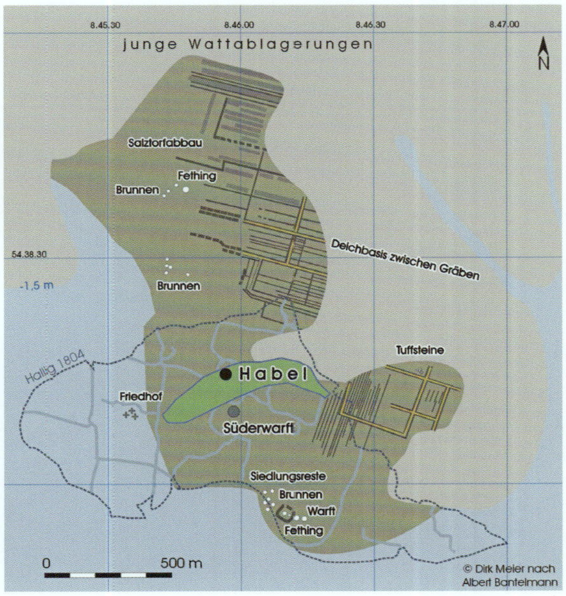

Links:
Oben: Zerstörung der Süderwarft auf Hallig Habel 1908, unten: Reste einer aus Kleisoden aufgebauten Zisterne als letztes Zeugnis der Süderwarft 1937. Quelle: Bantelmann 1966, 75

Rechts:
Hallig Habel mit Kulturspuren

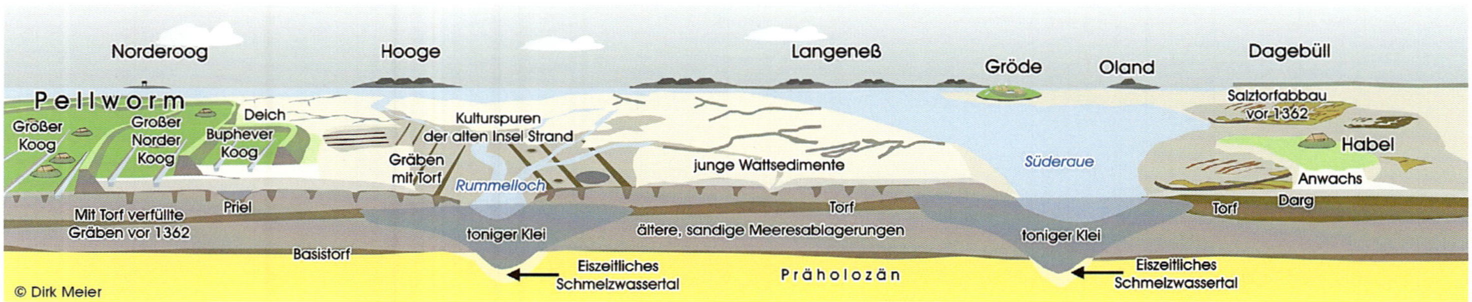

Geologisch-landschaftsgeschichtlicher Schnitt zwischen Pellworm und Hallig Habel, verändert nach A. Bantelmann

bestand. Der Untergang der Kirche, deren Name sich auf die heutige Hallig übertrug, dürfte 1362 erfolgt sein, auch wenn dies erst Anton Heimreich in seiner „Nordfriesischen Chronik" erwähnt.[286] Diese Angaben bestätigt insofern der *Catalogus Vetustus*, als dieser ein Kirchspiel *Habeld* in der Beltringharde aufführt. Pflugfurchen und Gräben lassen auf ein bedeichtes Kulturland schließen.

Die 1362 vordringende Nordsee bedeckte die mittelalterliche Landoberfläche mit Sedimenten, auf denen die heutige, etwa NN +2 m hohe Hallig aufwuchs, deren Oberfläche 2,5 bis 2,8 m oberhalb des im 12. Jahrhundert kultivierten Landes liegt.[287] Aufgrund der Auflast der jüngeren Schichten sackten die im Untergrund vorhandenen Torf- und Dargschichten ab. Nahe der hochmittelalterlichen Kirchenreste von Habel in Gruben gefundene Keramikscherben des 15. Jahrhunderts deuten an, dass hier auf der nun entstandenen Hallig gesiedelt wurde.[288] Aus mehreren Quellen geht hervor, dass die überlebenden Bewohner nach 1362 in das Kirchspiel Bupte auf Alt-Nordstrand eingepfarrt wurden. Nachdem auch dieses 1634 den Fluten zum Opfer fiel, wurden die Bewohner Habels der Gröder Kirche angeschlossen. Dessen Besuch erleichterte ihnen die Tatsache, dass deren Standort sich ursprünglich nahe des heute zu Langeneß gehörenden Butwehl befand, dann jedoch infolge von Uferabbrüchen mehrfach in südlicher Richtung verlegt werden musste, sodass es näher an Habel heranrückte.[289]

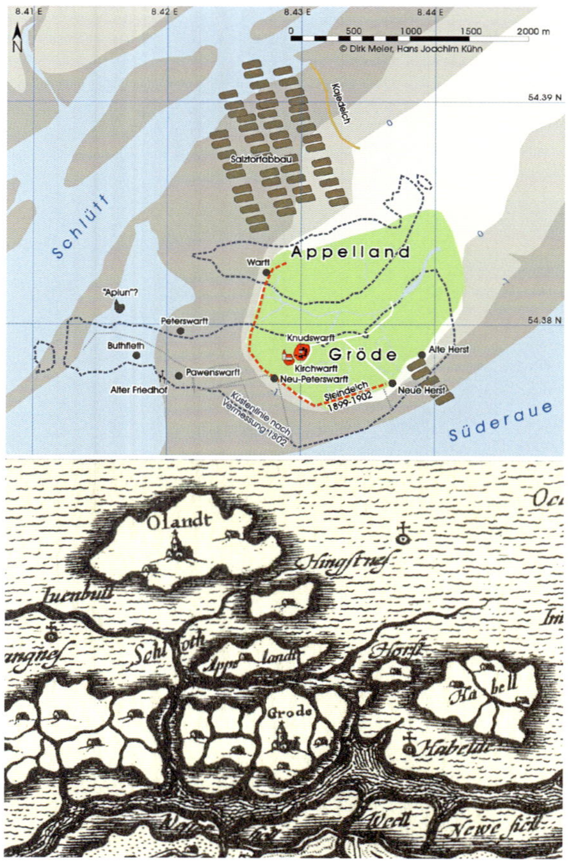

Hallig Gröde mit Kulturspuren (oben), Halligen Habel, Gröde, Appeland und Oland auf der Karte Alt-Nordstrand von Johannes Mejer 1649.

HALLIG GRÖDE

Wie auch die anderen Halligen wird die 1,965 km² große Hallig Gröde *(friesisch: di Grööe)* mit ihren 11 Einwohnern auf zwei Warften heute durch eine Steinkante vor Landabbrüchen geschützt, wobei bei höheren Wasserständen die Hallig meist 20 bis 30 Mal pro Jahr überflutet wird.[290] Im Sommer rasten bis 15.000 Ringelgänse auf der für den Vogelzug wichtigen Hallig.

Die heutige Hallig Gröde ist aus der Zusammenlegung von Gröde und Appelland entstanden.

1759 lebten auf Gröde noch 226 Menschen. Seit der Vermessung in den Jahren 1802/04 hat die langgestreckte, in Ost-West-Richtung liegende Hallig allein im Westen durch Uferabbruch Land auf einer Strecke von 2.000 m verloren. Bis heute erhalten geblieben sind auf Gröde nur die Kirchwarft und die unmittelbar nordöstlich liegende Knudswarft (Knudtswarft), im 18. und 19. Jahrhundert zum Unterschied zur Vorgängerwarft Neuknudswarft genannt. Diese warfen 1759 vier

Hallig Gröde mit befestigten Steinkanten und Buhnen. Im Hintergrund ist Hallig Oland zu erkennen. Foto: Ralf Bösch

Familien der alten Knudswarft auf, als sich diese schon im Abbruch befand. Von den übrigen vier Besitzern mussten zwei die Hallig verlassen, da das verbliebende Nutzland zu klein geworden war, während zwei bei anderen Familien auf der Hallig Obdach fanden.[291] Auf der Knudswarft stehen um einen Fething noch vier Wohnhäuser, auf der größeren und mit NN +4,3 m auch höheren Kirchwarft befindet sich neben der Kirche ein Friedhof, eine Lehrerwohnung und eine Schule.

Die am Ende des 19. Jahrhunderts zerstörte Neu-Peterswarft dient heute nur noch als Lagerstätte für Baumaterialien. Deren Reste bezog man in die Uferschutzbauten im Westen Grödes ein. Die Vorgängerwarft lokalisierte Harcksen bei der Vermessung 1802/04 noch am nördlichen Halligufer. Die beiden ehemals noch weiter westlich liegenden Gröder Warften, die Pawenswarft und die Warft Buthfleth, waren noch 1802 erhalten. Letztere verließen einige Jahre später ihre Bewohner. Nur 50 Jahre später lagen beide Warftstandorte bereits im Watt. Westlich und südlich der Neu-Peterswarf befanden sich vor ihrer Abtragung durch die Nordsee mehrere kleine Kornköge, wie sich der Karte von Harcksen von 1805 entnehmen lässt.[292] Auf Gröde empfing bereits der Pastor 1609 *Ein akker theill bey des Priesters Koge belegen 3 ß [Schilling].* Dieser Kleinkoog verschwand ebenso wie die beiden 1802 von Harcksen aufgemessenen, zwischen Pawenswarft und Neu Peterswarft liegenden Köge Westerund Osterkoog.

Die Verkleinerung der Hallig dokumentiert am nachhaltigsten die mehrfache Verlagerung der Gröder Kirche.[293] Auf der heutigen Kirchwarft liegen Kirche, Pastorenwohnung und Schule unter einem Dach. Die Kirche wurde 1779 auf der 1775/76 neu errichteten Warft aus dem Material der in demselben Jahr auf der knapp 200 m westlich der Pawenswarft abgebrochenen Kirche erbaut. Das auf der alten Kirchwarft zuvor aufgegebene Kirchengebäude soll der 1721 erbaute Nachfolger einer 1636 am selben Ort erbauten Kirche gewesen sein. In der Karte von F. Harcksen von 1805 sind die in der südlichen Abbruchkante der Hallig liegenden Friedhofsreste noch eingetragen.[294] Nach Aufzeichnungen des Halligbewohners Nommen Hansen[295], der 1818 mit 84 Jahren starb, wurde der Vorgänger des zugehörenden Kirchengebäudes 1625 durch eine Eisflut zerstört. Er soll auf der Schlutwarft gestanden haben, deren Reste noch zu Hansens Lebzeiten bei starker Ebbe im Watt westlich von Oland beobachtet wurden. Die Lage der noch älteren Kirchen ist unbekannt. Nur der ungefähre Standort einer undatierten Kirchwarft ist durch Hansen überliefert. Er kannte noch eine im westlichen Teil der Hallig liegende Anhöhe, die *Tön*. Als diese in die Abbruchkante des nördlichen Halligufers geriet, kamen in Särgen liegende Skelette zum Vorschein. Diese waren aus eichenen Planken und Latten zusammengefügt und mit Holznägeln vernagelt. Das Holz war so gut erhalten, dass es den Bewohnern der nahe ge-

Knudswarft auf Hallig Gröde. Foto: Wilhelm Dreesen 1895

legenen Warft Buthfleth als Bau- und Feuerholz diente. Einer alten friesischen Chronik hat Hansen entnommen, dass der Name der Kirche *Aplun* gewesen sei.

Außer den nahe der Pawenswarft liegenden Resten des 1779 aufgegebenen Friedhofs hat Harcksen auf der Hallig noch fünf bewohnte und zwei unbewohnte Warften eingetragen. Ganz im Osten liegen die Warften „Der Alte Herst" und „Der Neue Herst". Beide erinnern an eine kleine Hallig, die sowohl von Johannes Petreus 1597 als auch Johannes Mejer und Johannes Wittemak östlich von Oland eingetragen und mit „Horst" bezeichnet sind. Im 18. Jahrhundert war diese bereits mit Oland zusammengewachsen. Eine Sturmflut zerstörte 1769 die Bebauung der Warft Neue Herst. Nach der Kartierung von Harcksen lag die unbewohnte Warft 1802/04 noch in einiger Entfernung vom Halligufer, bis sie zwischen 1804 und 1896 Sturmfluten vernichteten. Die Nachbarwarft Alte Herst überstand zwar die Flut von 1769, wurde aber durch die von 1825 schwer getroffen. Vor den Augen der Nachbarn ertrank ein Ehepaar mit seinen acht Kindern. Obwohl die Warft danach auf Anordnung der dänischen Regierung um 3,5 Fuß (1 m) aufgehöht worden ist, verließen sie ihre letzten Bewohner 1860, da der Warftfuß sich bereits nahe an der Abbruchkante der Hallig befand. Noch um 1930 waren Reste der Warft im Watt östlich der Hallig vorhanden. Zu erkennen waren Sodenbrunnen und eine Holztonne, die ursprünglich am tiefsten Punkt des Fethings eingelassen war.

Von Pastor N. J. Thomsen hören wir 1777 folgendes: *Vormahls sind die Einwohner von Butwehl zu der Gröder Kirche gegangen, und haben darzugehöret, und sind der Gröder Gemeine eingepfarrt gewesen; denn die Gröder Kirche stand vormahls sehr nahe bei Buthweehl, welcher alte Kirchwarf itzo schon längst in eine große Tiefe verwandelt war.*[296]

Nach dem Haupt- und Geldregister der Landschaft Nordstrand von 1711 wies Gröde in dieser Zeit nur noch eine Größe von 247 Demat (121,77 ha) auf.[297] Während sie sich danach zwar durch Landanwachs 1804 auf 523 Demat (257,83 ha) vergrößert hatte, schrumpfte Gröde jedoch 1861 auf 53 Demat (26,12 ha). Appelland besaß 1804 ein Ausmaß von 199 Demat (98,11 ha) und 1861 von 14 Demat (6,90 ha).[298] Ursache für die beträchtlichen Landverluste war die Februarflut von 1825. Diese verursachte auf Gröde den Tod von 10 Menschen. Drei Familien mit 14 Personen zogen weg, 19 blieben auf der Hallig. Zwei Häuser verschwanden und 14 waren unbewohnt. Zudem entstanden hohe Hausschäden von etwa 7.000 Reichsbankthalern.[299] Einnahmeverluste der toten Tiere wurden auf 2.700, der Futterverlust der versalzten Weiden auf 1.500, der Verlust an Feuerung auf 800, Schäden an den Warften auf 6.000 sowie

Die Halligen Habel, Gröde-Appelland und Oland auf der Preußischen Landesaufnahmekarte von 1881, Archiv Meier. Die Halligkanten sichern Buhnen, ein Damm fördert das Zusammenwachsen von Apelland und Gröde, ein weiterer verbindet Oland und Langeneß mit dem Festland.

an Kirchen und Gebäuden auf 1.200 Reichsbankthaler beziffert. Auf Gröde waren 7 Kühe und 300 Schafe ertrunken.[300]

Wie die Alte Herst wurde 1860 auch die einzige Warft der nördlich von Gröde liegenden Hallig Appelland geräumt. Nachdem diese an die Uferkante der Hallig rückte, ließ sich erkennen, dass die Warft aus Salztorfasche aufgeschüttet und mit einer dicken Kleischicht abgedeckt war. Als die Nordseefluten die Kleidecke abtrugen, zerfloss der Warftkern in kürzester Zeit, sodass 1881 von der Aufschüttung kaum noch etwas erhalten war. Spuren des Salztorfabbaus und Reste von Salztorfaschehalden sind noch heute im Watt nordwestlich der Hallig sichtbar. Ein kleiner Rest des nordöstlichen Fußes der Warft Appelland wurde bei der von 1899 bis 1902 ausgeführten Sicherung des Halligufers durch ein Steindeckwerk und Verbindung der beiden Halligen durch einen über das Watt geführten Abschlussdamm überbaut.

Auch Gröde ist wie die anderen nördlichen Halligen durch Sedimentablagerungen über mittelalterlichem Kulturland aufgewachsen und trägt den Namen des in der Großen Mandränke von 1362 zerstörten Kirchspiels *Grudum (Grodem, Groden, Gruden, Grude)* weiter, das erstmals das Zinsbuch *(Liber Censualis)* des schon genannten Schleswiger Bischofs Brun erwähnt. Auch das von 1509 führt ein *Groden* auf, bei dem es sich nun ebenso wie bei *Olandth* um die Hallig handelt.[301] Mittelalterliche Siedlungsspuren sind vor allem nördlich von Gröde nachgewiesen. Dämme aus Torf umgeben hier Abbauflächen von 100 bis 120 m Länge und 10 bis 13 m Breite. Die Oberfläche des anstehenden Torfes befindet sich hier bei NN -1,05 m. Geht man von der Mächtigkeit der Kleidecke von 1,50 m aus, wie aus verkippten Schollen belegt, befand sich die Oberfläche vor dem Abbau etwa bei NN +0,50 m, somit ca. 1,50 m tiefer als das heutige Halligland im Westen Appellands. Die niedrigen Abbaugebiete schützten im Mittelalter aus Klei aufgeworfene Kajedeiche, deren Material aus reihenförmigen Gruben (Püttlöchern) stammt. Ob man außer dem Abbau von Salztorfen die bedeichten Gebiete auch anders genutzt hat, ist unklar. Hier sind ferner Reste eines Anwachses oberhalb des Torfes erhalten geblieben, wonach die Halligbildung Grödes ebenso wie die von Langeneß seit der ersten Überflutung des Moores begann. Hingegen entstand im Westen Appellands ein Wattengebiet oberhalb des Moores. Erst allmählich begann hier der Aufwachs von Halligland. So besteht hier der Untergrund der Hallig aus etwa 1,40 m Anwachs und darunter bis zum Torf liegenden, etwa 2 m mächtigen Sedimenten, die unterhalb des MThw zur Ablagerung kamen.[302]

Zwischen den Halligen Gröde-Appelland und Oland lag noch bis in das 19. Jahrhundert die kleine Hallig Hingsteneß, die über dem Kulturland des in der Großen Mandränke von 1362 untergegangenen Kirchspiels *Hingsteneße* aufgewachsen war.[303] Die Hallig hatte 1436 noch fünf Steuerpflichtige und besaß eine Kirche, bevor diese 1560 das Meer zerstörte. 1711 wird die Hallig das letzte Mal erwähnt, die der vordringende Prielstrom Schlütt zerstörte. Ebenso wurden *Lundingland* und *Südhörn* östlich von Habel durch die Nordsee abgetragen. Die dänische Karte dieses Gebietes von 1858 führt beide Halligen nicht mehr auf.

HALLIG OLAND

Die 2,9 km lange und zwischen etwa 50 und annähernd 1.000 m breite, 0,955 km² große Hallig Oland (Friesisch: *Ualöön*) hat nur eine Warft mit 21 Bewohnern und 17 Häusern, darunter eine kleine Kirche, eine Schule, ein Gemeindehaus und eine Gastwirtschaft.[304] Der Leuchtturm besitzt als einziger in Deutschland ein Reetdach. In der Mitte der Hallig befindet sich ein Fething. Vor allem vor dem nördlichen und westlichen Halligufer wuchsen nach dem Bau der Lorenbahn vom Festland Salzmarschen auf, die ein Brutgebiet von Möwen und Limikolen sind.

Wie die anderen nördlichen Halligen ist auch Oland oberhalb der von Sturmfluten des 14. Jahrhunderts zerstörten und mit Sedimenten überdeckten mittelalterlichen Kulturlandschaft aufgewachsen. Diese Region wird im Erdbuch des dänischen Königs Waldemar II. von 1231 *Aland* genannt. Kulturspuren aus dieser Zeit sind bisher nicht bekannt worden. Im Register der 1362 untergegangenen Kirchen des Schleswiger Bischofs Brun wird Oland nicht erwähnt. Den Verlust einer Kirche überliefert Anton Heimreich in der zweiten Ausgabe seiner *Nord-Fresischen Chronick* von 1668 mit den Worten: *Und weiln Ohland, Nordmarsch, Langenes und andere Oerter hernach angewachsen und aufgeworfen, als ist auf Ohland wieder eine neue Kirche gebauet, dazu was von Habel, Langeneß und Hingsteneß übergeblieben, ist geleget.*[305]

Heimreich erwähnt auch noch einen alten Festebrief von 1430, in dem der Schleswiger Bischof

Westlicher Teil Hallig Olands mit untergegangenen Warften

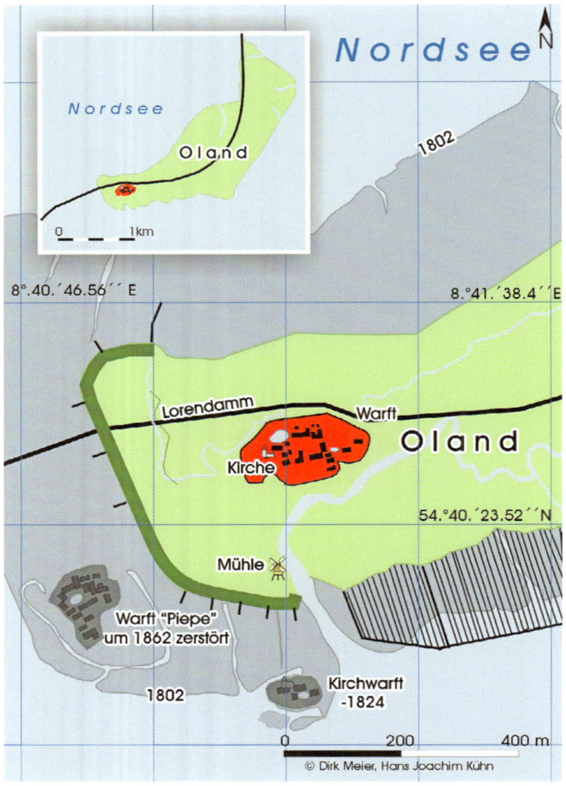

einem Vedder Gunnensen gestattet, den von seinen Verwandten der Kirche vermachten Oländer Harkenkoog *(Harcken Koch vulgariter nominatum)* gegen eine jährliche Abgabe zu nutzen. Nachdem sich dessen Nachkommen 1556 zerstritten hatten, entschied der Herzog Hans noch in demselben Jahr, dass *dewile cleger mit einer latinischen fundation vor vns in gerichte bewisen, dat sine vorfarn xij demat landes der Kerken vff oland erfflich gegeuen, worynne se sick vnd eren nakomen, den gebruck vor geburliche veste vnnd affgifft erflich vorbeholden worup Ketell Brudersen von weyland Hertzog Friderichen … eine veste brieff [Festebrief*[306]*] tidt sines leuendes, vnnd folgig Kleger Hans Ketelsen von Marquardt Sesteden … eynen vestebrieff erlangt* hätte, und er weiterhin das Land nutzen sollte.[307]

Noch 1608 erscheinen die Nachkommen von Hans Ketelsen und Gunne Brudersens, als Inhaber kirchlicher Ländereien auf Oland. Reste dieses Kooges sollen sich noch im 19. Jahrhundert im Osten der Hallig befunden haben.[308] Nach Broder Boysens Kirchenregister von 1609 nutzte der Pastor mit dem *Crützkoch* noch ein Stück Land von 12 Demat (5,91 ha) Größe, das in der Nähe des alten Kirchhofs lag. Von diesem 1496 noch 13 Demat (6,41 ha) großen Land waren 1703 nur noch 2 Demat (0,99 ha) übrig.[309] Durch fortschreitenden Abbruch des unbefestigten Halligufers und infolge schwerer Sturmfluten verkleinerte sich Oland rasch. Während der Burchardiflut von 1634 kamen vier Menschen ums Leben, während die schweren Sturmfluten der Jahre 1717, 1718 und 1720 alle Bewohner überlebten.

F. Harcksen vermaß die Hallig 1802 und zeichnete danach die Karte 1805.[310] Nach dieser lassen sich die Standorte der untergegangenen Kirchwarft und der Dorfwarft Piepe angeben, deren Reste heute südwestlich der einzigen erhaltenen Halligwarft im Watt liegen. Bei der Sturmflut von 1821 wurde die Kirche derartig in Mitleidenschaft gezogen, dass sie 1824 aufgegeben und an der

Warft auf Hallig Oland. Foto: Dirk Meier

Hallig Oland. Foto: Ralf Bösch

Westseite der heutigen Warft von Oland wiedererrichtet wurde. Nach der schweren Sturmflut vom 3./4. Februar 1825 waren von 36 Häusern auf der Hallig nur noch drei bewohnbar, 5 verschwanden, 30 waren unbewohnt und 3 stark beschädigt. Zwei Halligbewohner waren ertrunken. Drei Familien mit 11 Personen zogen weg, 31 blieben da. Der Schaden belief sich auf 21.000 Reichsbankthaler für die Häuser, 40.000 waren es für die Mobilien, 1.300 beim Vieh, je 500 beim Futter und der Feuerung sowie 4.000 bei den Warften; 12 Kühe und 82 Schafe ertranken.[311]

Die Größenabnahme der Hallig zwischen 1804 und 1861 vermitteln folgende Zahlen: 1804 besaß Oland noch eine Größe von 259 Demat (127,69 ha), während es 1861 nur noch 27 Demat (13,31 ha) waren.[312] Die alte Kirchwarft war zum größten Teil bereits weggespült, während die letzten Häuser auf der ebenfalls im Abbruch befindlichen Warft Piepe in den 1840er Jahren abgerissen werden mussten.[313] Die Warft befand sich 1862 in der Abbruchkante der Hallig und war nicht mehr zu retten.

Mit dem Bau eines Steindeckwerkes am Westufer erfolgte 1896 der erste Schritt zur Erhaltung Olands, bevor man von 1896 bis 1899 einen Erd- und Buschdamm zwischen der Hallig und dem Festland errichtete. Zwischen 1897 und 1899 wurden Oland und Langeneß ebenfalls durch einen Erd- und Buschdamm verbunden. Der Damm vom Festland nach Oland musste nach schweren Beschädigungen von 1925 bis 1927 noch einmal

Leuchtturm auf Hallig Oland. Foto: Dirk Meier

verlegt werden. Zum Steindamm ausgebaut, kann man über diesen mit einer Lore vom Festland nach Oland und seit 1928 weiter nach Langeneß gelangen.

HALLIG LANGENESS

Langeneß (Friesisch: *Nees*) erstreckt sich zwischen den Prielströmen Süder- und Norderaue. 2011 wohnten hier 115 Einwohner auf 17 Warften.[314] Die heutige langgestreckte Hallig mit 9,241 km^2 entstand erst im 19. Jahrhundert nach Überbrückung der trennenden Priele durch Zusammenlegung der drei Halligen Nordmarsch, Butwehl und Langeneß.[315]

Zu den Warften auf Langeneß im Norden gehören die Bandixwarft, die Neuwarft, die Peterhaizwarft, die Hunneswarft, die Peterswarft mit dem Nationalparkhaus, die Honkenswarft und die Kirchwarft, auf Butwehl im Süden die Tadenswarft, die Christianswarft und die Tamenswarft sowie auf Nordmarsch im Westen Neuhörn, Treuberg, Süderhörn, Hilligenley, die Rixwarft, die Mayenswarft, die Kirchhofswarft, die nach der Sturmflut 1962 verlassene Neu Peterswarft und die alte Peterswarft mit dem 1902 erbauten Leuchtturm Nordmarsch.[316] Seitdem diesen 1916 im Ersten Weltkrieg eine Seemine beschädigte, ließ sich trotz einer Ummantelung 1953 die Schiefstellung nicht ganz beseitigen. Die Feuerhöhe des 11,5 m hohen Turms liegt 13 m über MThw mit einer Tragweite von 14,7 Seemeilen. Sie dient als Leit- und Quermarkenfeuer für das Fahrwasser der Süderaue.

Erstmals im 18. Jahrhundert lässt sich für Nordmarsch-Langeneß nach dem Haupt- und Geldregister der Landschaft Nordstrand die Größe gesichert entnehmen. Danach wies diese Hallig 1711 eine Fläche von 410 Demat (202,13 ha) und 1713 eine solche von 357 Demat (176 ha) auf. Im gleichen Register kommt Butwehl 1711 auf 157 Demat (77,40 ha). In der Weihnachtsflut von 1717 ertranken auf Langeneß zwei Menschen, 48 Kühe und 100 Schafe. Ferner wurden einige Häuser weggerissen.[317]

Verheerend wirkte sich auch auf Langeneß die Februarsturmflut 1825 aus. Nach der Liste der Königlichen Landvogtei auf Pellworm starben hier 12 Menschen, 22 Familien mit 59 Personen zogen weg, während 32 Familien auf der Hallig blieben. Es verschwanden 15 Häuser, weitere 55 waren unbewohnt und 6 beschädigt. Auf Nordmarsch waren 13 Tote zu verzeichnen, 47 Familien mit 94 Personen verließen die Hallig, 12 Familien blieben da. Das Meer vernichtete 29 Häuser und beschädigte ein weiteres. 58 Häuser waren infolge der Sturmflut nicht mehr bewohnt.[318]

Infolge fortschreitenden Kantenabbruchs verloren die in Küstennähe angelegten Warften nicht nur ihre Wirtschaftsflächen, sondern die Nordsee griff auch die Warftaufschüttungen selbst an. So mussten allein in der ersten Hälfte des 19. Jahrhunderts auf der Hallig Nordmarsch drei, auf Butwehl ebenfalls drei und auf Nordmarsch eine Warft aufgegeben werden.[319] Wie sich solche

Hallig Langeneß und im Hintergrund Hallig Oland. Blickrichtung von Westen. Rechts die Warft Hilligenley und der Fähranleger an der Süderaue. Foto: Ralf Roletschek

Landabbrüche vollzogen und welche Konsequenzen das für die Menschen bedeutete, beschreibt Lorenz Lorenzen 1762 für Nordmarsch:

*Was sonssten die Beschaffenheit der Insel Nordmarsch betrifft, so ist sie dem kläglichen Schicksale unterworfen, und dieses besteht darinne, daß sie jährlich rundumher von Salzen, Wasser abgespület wird, ordinair gehen vier bis fünf Schritte in einem Jahre um die ganze Insel hinweg...*Weiter heißt es: *Doch dieses Abspühlen des Landes vermindert nicht nur unsere Wiesen; sondern führet noch eine große Beschwerlichkeit mit sich. Wenn das Ufer einem Warff nahe kommt, so müssen die Einwohner mit großen Unkosten weiter ins Land hineinrücken, eine Höhe oder Warff auf dem platten Lande aufführen, und mit Schubkarren zusammenhäufen, hernach ihre alten Häuser abbrechen, und auf die bemeldte Höhe wieder aufbauen. Solches haben bei Mannes Gedenken schon fünf Warffen mit ihren Häusern thun müssen, wo sie anders der Überschwemmung entgehen wollten. Wenn aber Leute auf einem solchen Warffe befindlich sind, welche hier keine oder nur wenige Ländereien haben, so verlassen sie ihr Vaterland und ziehen anderwärts hin zu wohnen...*[320]

Ein erster Schritt zur Erhaltung der drei Halligen erfolgte 1847 und 1869 mit der Überdämmung der zwischen den Halligen Langeneß, Butwehl und Nordmarsch verlaufenden Priele. Zwar lag das Halligufer weiter im Abbruch, es ging aber danach nur noch die Langeneßer Melfswarft verloren. Erst nach der zwischen 1901 und 1904 durchgeführten Befestigung der ungeschützten Halligkanten kam es zu keinen Landverlusten mehr. Gesichert wurden 956 ha Halligland mit 19 bewohnten und zwei unbewohnten Warften.

Noch 1962 wurde mit der Neu-Peterswarft eine der Warften aufgegeben, nachdem eine schwere Sturmflut das einzige Haus schwer beschädigt hatte. Diese wurde als jüngste aller Halligwarften erst zwischen 1890 und 1894 bis zu einer Höhe von NN +4,46 m von den Halligbewohnern selbst aufgeschüttet. Die Arbeit hatten 6 bis 12 Männer in der sturmflutfreien Zeit neben ihrer landwirtschaftlichen Tätigkeit als Gemeinschaftsleistung verrichtet. Das Haus entstand 1895, 1896 folgten noch einige Restarbeiten. Die Beschreibung der einzelnen Bauabschnitte 1913 durch den niederländischen Archäologen Albert Egges van Giffen[321] veranschaulicht die besondere Bauweise einer Halligwarft und erleichtert die Interpretation der im Watt liegenden Warftüberreste. Über ihre Vorgängerwarft berichtet Lorenzen 1749 (gedruckt 1762): *Neu Peters Warff im südwestlichen Theile der Insel: Dieser Warff ist erst vor 20 Jahren neu aufgeführet, und hat landwärts rücken müssen ... Am westlichen Ufer ist noch ein groß Stück von dem Alten Peters Warff zu sehen. Wiewohl die Fluth auch schon ziemliche Löcher hineingehauen hat. Auf dem neuen Warff sind acht Wohnhäuser und 40 Menschen.*[322]Eine erste ungenaue Handzeichnung dieser drei Halligen liefert 1597 Petreus.[323] Auf der detailreichere Karten *Frisia Minor* des Johannes Wittemak von 1640 sind südlich und westlich von *Langenes* mit *De Hillige Ley* und *Troiborch* zwei weitere Halligen eingetragen.[324] Beide Bezeichnungen bilden Namen noch bestehender Warften. Dabei ist allerdings die heutige Warft Treuberg die Nachfolgesiedlung einer vor 1749 aufgegebenen Warft gleichen Namens. Die bis NN +4,10 m hohe Warft Hilligenley, wo 1749 Lorenzen 16 Wohnhäuser mit 65 Bewohnern zählte, gehört zu den größten von Langeneß. Die meisten Warften sind heute zwischen etwa NN +3,80 und +4,50 m hoch.

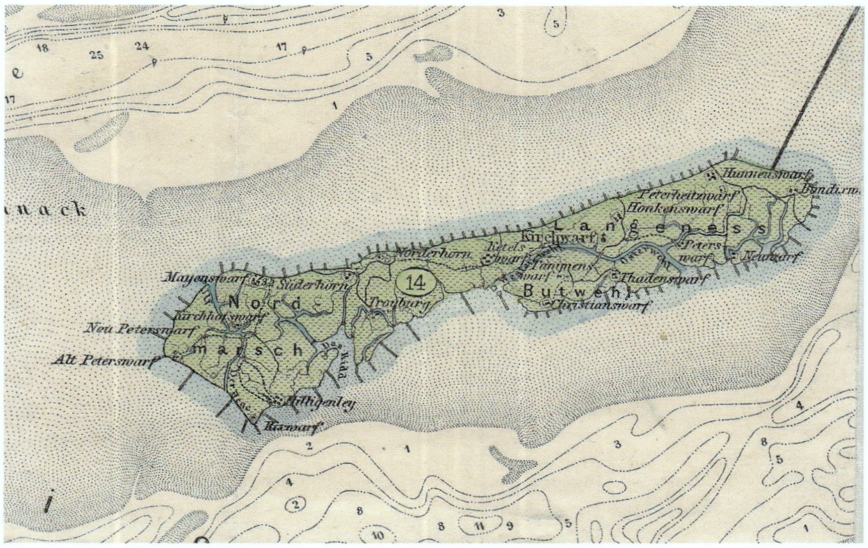

Hallig Langeneß auf der Preußischen Landesaufnahmekarte von 1881. Archiv Meier

Zumindest die Halligen Nordmarsch und Langeneß sind nach den mittelalterlichen Kirchspielen *Nordmersch (Nordermersck)* und *Langnes* benannt, die durch die Große Mandränke von 1362 zerstört worden sind. *Nordmersch* findet Erwähnung im *Liber censualis episcopi* des Schleswiger Bischofs Brun, bei dem Zinsbuch von 1509 handelt es sich bei *Nortmersk* um das heutige Nordmarsch, da das alte Kirchspiel nicht mehr bestand.[325] Ebenso verhält es sich mit dem Kirchspiel Langeneß *(parochia Langnes)*.[326] Ob dieses Gebiet mit dem im Erdbuch Waldemars II. genannten *Gaestaenacker* zu verbinden ist, muss dahingestellt bleiben. Es könnte sich trotz des an Geest erinnernden Namens um eine

Blick auf den Fähranleger von Hallig Langeneß. Im Hintergrund die Warft Hilligenley.
Foto: Dirk Meier

Kirchwarft auf Hallig Langeneß.
Foto: Dirk Meier

alte Marschinsel handeln, vielleicht bezieht sich der Name auch auf Reste der alten Nehrungsküste, aber das wird sich nicht mehr klären lassen.

Das nach der Flutkatastrophe aufgewachsene Halligland war nach diesen Quellen und Karten sicherlich im frühen 16. Jahrhundert besiedelt. Auf Langeneß wurde 1599 eine Kirche westlich der heutigen errichtet. Aufgrund fortschreitenden Landabbruchs erfolgte 1732 eine Verlegung von Kirche und Friedhof an die heutige Stelle. Die hier errichtete Kirche brach man 1838 ab und ersetzte sie 1894 durch den jetzigen Bau. Die nordwestlich mit Langeneß zusammengewachsene Hallig Buthwehl gehörte ursprünglich zum Kirchspiel Gröde. Erst nach 1681 durften die Butwehler Einwohner aufgrund der Vergrößerung der Gezeitenrinne des Schlütts die Kirche von Langeneß besuchen. Von 1634 bis zum 19. Jahrhundert vergrößerte sich der Abstand beider Halligen zueinander aufgrund von Landverlusten.

Bei der Warftverstärkung von Treuberg im westlichen Teil der Hallig Nordmarsch-Langeneß führte das Archäologische Landesamt von Schleswig-Holstein 2017 eine Baubeobachtung durch, welche die frühneuzeitliche Datierung der bis NN +4,2 m hohen Warft bestätigte. Archäologisch untersucht ist auch der an der westlichen Halligkante liegende Rest der Warft Hallge.[327] Die aus Klei errichtete Warft, auf der 1749 noch 53 Bewohner in zehn Wohnungen lebten, wurde nach 1825 geräumt, als diese in die Abbruchkante der Hallig gerückt war.[328] Nach den archäologischen Funden entstand sie wie die von Treuberg erst im 17. Jahrhundert. Zur Zeit des Warftbaus lag die Halligoberfläche bei NN +1,60 m. Da hier die Landoberfläche im Mittelalter nicht durch Menschenhand verändert wurde, überlagern die Halligsedimente einen ungestörten Teil der mittelalterlichen Kulturlandschaft, deren Oberfläche sich bei etwa Normal Null befand. Diese überdeckt 0,40 m bis 0,50 m mächtige Meeresablagerungen, die wiederum einen 0,30 m bis knapp 0,50 m dicken Torf überlagern. Dieser bronzezeitliche Torf wurde in Bohrungen bei NN -0,1 m oberhalb von Sedimenten angetroffen, welche bis zur auf einem Niveau von NN -9,5 m liegenden Holozänbasis reichen.[329] Die ungestörte Schichtabfolge belegt, wieviel Klei die Salzsieder abräumen mussten, um an den Salztorf zu gelangen und um welches Ausmaß die Oberflächen dadurch abgesenkt wurde.

Neu-Peterswarf II am Westufer der Hallig Langeneß unter Abbruch um 1890. Quelle: Bantelmann 1966, 83

Der tiefere Untergrund der Hallig Langeneß besteht ebenso wie bei Oland und Gröde aus Sturmflutschichten, brackig-lagunären Ablagerungen, Sandwatt und Mischwatt oberhalb der sandigen Holozänbasis. Diese liegt hier ebenso wie im nordöstlichen Festlandsbereich mit NN -5 m weit höher als unter dem südöstlichen Pellworm und dem westlichen Rungholtsand, wo die im Holozän abgelagerten Schichten Mächtigkeiten von mehr als 15 m erreichen.[330] In den am weitesten westlich erfolgten Bohrungen im nordfriesischen Watten-

Der schiefe Leuchtturm von Langeneß auf der alten Peterswarft. Foto: Dirk Meier

meer bilden die untersten Schichten fein- bis grobsandige Sedimente.

Reste von Salztorfabbaufeldern, von Kajedeichen und Warften sowie Fundstellen mit Keramik im Watt bei Langeneß geben Hinweise auf die Ausdehnung der von Menschen im Mittelalter besiedelten Landschaft. Die Landnahme beginnt hier nach bisherigen Nachweisen von Keramikfunden frühestens im späten 12. Jahrhundert mit der großflächigen Abräumung des über dem Torf liegenden Kleis und der Abgrabung des Torfes.[331] Spuren der Salztorf- und der Salzgewinnung sind seit 1926 durch Ludwig Andresen dokumentiert worden.[332] Einige dieser Abbaufelder liegen im Norden der Hallig, die meisten ziehen sich aber in einer Breite von etwa 400 bis 600 m und auf einer Länge von 9 km am südlichen Halligufer entlang. Heute sind sie zum größten Teil erodiert, dafür treten am Südufer in unmittelbarer Hallignähe neue Salztorfabbauspuren zu Tage. Felder unterschiedlicher Größe umgeben hier Kajedeiche aus Torf mit Kleisodenabdeckungen, an die sich binnendeichs rechteckige, regelmäßig angelegte Bodenentnahmegruben anschließen. Die niedrige Höhe der Schutzdämme zeigt, dass der Salztorfabbau wahrscheinlich nur im Sommer erfolgte. Zwischen den Schollreihen liegen viele Baumstubben, die im unteren Schilftorf wurzeln und die man beim Abgraben des Salztorfes aufgrund der Schwierigkeit ihrer Beseitigung stehenließ. Sodenbrunnen auf drei inselartig stehengebliebenen Torfresten wiesen Funde des 14. bis 15. Jahrhunderts auf.

Inmitten dieser Felder befinden sich die Reste von Wohnstätten und Arbeitsplätzen der Salzsieder. Um eine der Salzsiederwarften konnte Bantelmann deutlich geschichtete Bänke von Torfasche nachweisen. Zur Entnahme von Brauchwasser diente ein ringloser Brunnen.[333]

Dass große Teile der Hallig Langeneß über Salztorfabbaufeldern liegen, zeigen auch Abbauspuren, die sich bei Tamenswarft, Hilligenley und Maienswarft unter dem Halligland erstrecken. Weitere hat Andresen bei Grabungen zwischen Süderhörn und Mayenswarft und in dem zwischen beiden Warften verlaufenden Priel beobachtet. In dem Halligpriel „Ridd“ lagen die in die ausgebeutete Torfschicht gekippten Kleischollen zeitweise sogar frei. Während im Watt die Kleischollen infolge von Strömungsangriffen meist eine dreieckige Form aufweisen, wurden bei einem Aushub zwischen der Warft Süderhörn und der Mayenswarft

Hallig Langeneß mit Kulturspuren (oben), Langeneß, Nordmarsch und Butwehl auf der Karte Alt-Nordstrand von Johannes Mejer 1649.

Priel und Warften auf Langeneß. Foto: Dirk Meier

Blick von Langeneß zur Insel Pellworm mit dem Kirchturm der Alten Kirche. Foto: Dirk Meier

noch die rechteckigen Schollen in ihrer ursprünglichen Form zwischen Torfresten angetroffen. Darüber lagen 1,30 m mächtige Sedimente mit der 0,20 m starken Bodenbildung der Hallig. Da unter der Hallig auch dreieckige Schollen belegt sind, ist davon auszugehen, dass die Salztorfabbaufläche längere Zeit dem Meeresangriff ausgesetzt war, bevor Sedimente abgelagert wurden, über denen dann die Hallig aufwuchs.[334] Südlich der Warft Treuberg weist der gepresste Torf noch eine Mächtigkeit von 0,90 m auf, ursprünglich dürfte dessen Dicke wohl um 1 m betragen haben. Der Abbau beschränkte sich auch bei Langeneß auf den Hochmoortorf, während man die unterste Lage aus Schilftorf, der mit Klei durchsetzt ist, stehenließ.

Wie auch sonst wurden auch die südlich der Ketelswarft im Watt liegenden Reste der Rickertswarft nach Funden und nach den auf der Warftbö-

schung und am Warftfuß abgelagerten Salztorfaschehalden eigens für die Salzherstellung aufgeschüttet. Dies erfolgte vor Beginn des Torfabbaus, wie der unter dem Warftrest erhaltene Torfsockel belegt. Die Große Mandränke von 1362 und den Niedergang der Salzgewinnung überstand die Warft, die nach einer Zäsur von über 200 Jahren wieder in Besitz genommen und zur Halligwarft ausgebaut wurde. Sie blieb bis 1823 bewohnt. Die Wiederbesiedlung war deshalb möglich, da die Hallig Butwehl – wie alle anderen Halligen auch – infolge vermehrter Sedimentablagerung so hoch aufgewachsen war, dass sie von Halligbauern bewirtschaftet werden konnte.

Bei den Grabungen auf der Warft Hallge und südwestlich der Warft Süderhörn, zwischen Süderhörn und Norderhörn und von Norderhörn bis Hunnenswarft wurden unter der Hallig keine Abbauspuren angetroffen.[335] Hier ist offensichtlich der über dem Torf liegende Klei oder aber die nach Abräumung des Torfes verbesserte Landoberfläche landwirtschaftlich genutzt worden. Somit lagen im Mittelalter Flächen der Salztorfabbaufelder und landwirtschaftliche Nutzflächen nebeneinander. Dies belegen auch archäologische Untersuchungen im Raum der heutigen Hallig Hooge. Ob die landwirtschaftlich genutzten Flächen von Deichen geschützt wurden, ist nicht nachweisbar. Zwar geben Flurnamen Hinweise auf kleine Köge, doch lässt sich ihre Entstehung nicht, wie auf Hooge nachgewiesen, bis in die Zeit vor der Halligbildung zurückverfolgen.[336]

Der schnelle Aufwuchs des Halliglandes nach der Großen Mandränke von 1362 ist eine Folge der vielen von der Nordsee mitgeführten Sedimente. Diejenigen Kulturlandflächen, die durch die Flutkatastrohe ihres Deichschutzes beraubt worden waren, sodass sie nicht wieder eingedeicht werden konnten, trug das Meer an den Kanten und in der

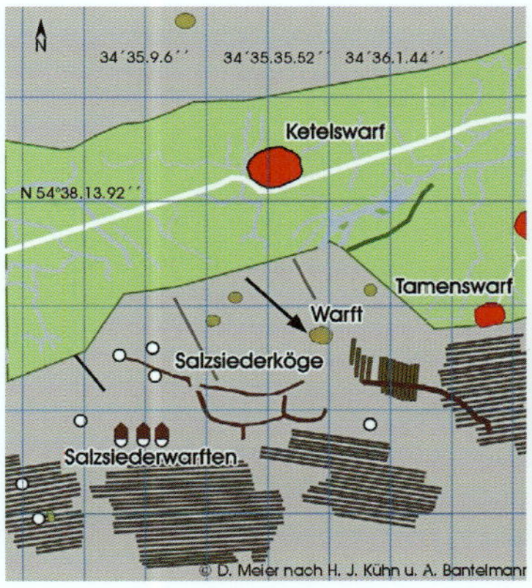

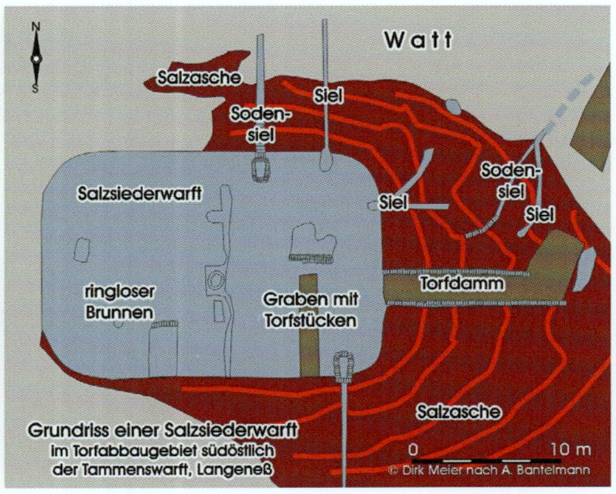

Kulturspuren des Salztorfabbaus.

Fläche ab. Dieser Prozess bedingte einen erheblichen Eintrag von Sedimenten in das Meerwasser, das diese teils mit dem Ebbstrom seewärts transportierte, teils aber auch über stabilem Untergrund wieder absetzte. Erst als alle Landreste aufgezehrt und zu Watt geworden waren, schichtete das Meer den Boden erneut um, sodass es zu einer Umkehrung der Verhältnisse kam. Nun wurden die Halligen selbst angegriffen und verloren durch Kantenabbruch wieder an Fläche, während der erhaltene Rest durch die bei Landunter abgesetzten Sedimente weiter an Höhe gewann.

HALLIG HOOGE

Im Westen des nordfriesischen Wattenmeeres liegt zwischen den Wattströmen Süderaue im Norden und Rummelloch im Südosten die 5,460 km² große Hallig Hooge (Friesisch: *Huuge*) mit 2011 erfassten 109 Einwohnern.[337] In der Mitte der Hallig ist die Marschoberfläche von NN +1,45 bis +1,55 m nur knapp einen Dezimeter über das MThw aufgewachsen, im Norden, Westen und Süden steigt diese zum Ufer hin teilweise bis zu über NN +2,10 m an. Dass die Hallig seltener überflutet wird als die

Blick über mit Torf verfüllte Gräben Alt-Nordstrands von vor 1634 auf die Hallig Hooge. Foto: Dirk Meier

Im späten Mittelalter untergegangener Friedhof von Hooge. Foto: Brandt 1967

Nachbarhalligen, ist einem zwischen 1911 und 1914 errichteten Sommerdeich zu verdanken. Zusätzlichen Schutz geben die weiter westlich gelegenen Außensände Japsand und Norderoogsand.[338]

Auf der Hallig befinden sich heute die Backenswarft, die Hanswarft, die Kirchwarft, Mitteltritt, die Ockelützwarft, die Ockenswarft, die Volkertswarft, die Westerwarft, die Ipkenswarft, die Lorenzwarft und die Pohnswarft.[339] Auf der im 16. Jahrhundert noch weit größeren Hallig vermerkt die schon öfter genannte Karte des Johannes Petreus von 1597 insgesamt 20 Häuser, tatsächlich dürften aber Warften gemeint sein, da sich diese Zahl nach Schriftquellen und archäologischen Funden annähernd belegen lässt. Archäologisch untersucht ist nur die seit 1825 unbewohnte Pohnswarft. Diese wurde wie andere im 17. und im 18. Jahrhundert aufgegeben und weiter landeinwärts neu aufgeworfen. Das gleiche ist auch für die Westerwarft und Volkertswarft zu vermuten, deren Namen von den Vorgängerwarften stammen. Von sieben der insgesamt 15 namentlich bekannten, heute im Watt liegenden Halligwarften ist ihr Standort bekannt.[340]

Die heutige Hallig überlagert einen kleinen Teil der durch die Zweite Marcellusflut von 1362 zerstörten zur Pellworm-Harde gehörenden, im Register des Schleswiger Bischofs Brun vermerkten Kirchspiels *Hoghe*, dessen Name auf die spätere Hallig übertragen wurde.[341] Ein Warftrest mit in einer Reihe liegenden Gräbern und Skeletten war 1965 am Rande eines Prieles, etwa 1 km vom Halligufer entfernt, im Watt zwischen Hooge und Norderoog freigespült worden.[342] Die Fundstelle lag bei etwa NN, somit 2 m tiefer als die Grasnarbe der Hallig. Von einem angrenzenden Warftrest, wohl Standort des zugehörenden Pastorats, stammen archäologische Funde des 12. bis 14. Jahrhunderts.[343] Somit dürfte der Standort der Kirche des mittelalterlichen Kirchspiels *Hoghe* lokalisiert sein. Übrigens heißt der heute Hoogeloch genannte Priel, an dem die Reste der Doppelwarft liegen, passenderweise im Volksmund „Schorkjenswarftley" (friesisch: *schork*=Kirche).

Die westliche Ausdehnung des untergegangenen Kirchspielgebietes ist unbekannt. Nach Marschoberflächen, die an der Luv-Seite der Außensände auftreten, hat sich die besiedelbare Marsch über deren heutige Westkante hinaus weiter nach Westen erstreckt. Aus diesem Gebiet verdriftete mittelalterliche Keramikscherben lassen sich keinen Befunden mehr zuordnen. Nur im Gebiet des Japsandes sind bisher Spuren von undatierten Bodeneingriffen beobachtet worden.[344] Den Seemarschen waren auch im Mittelalter schützende Sandbänke im Westen vorgelagert.

Weit mehr Nachweise zerstörter Siedlungen aus dem Mittelalter sind in der näheren Umgebung der heutigen Hallig nachweisbar. Nach Funden des 8. und 9. Jahrhunderts, die im Watt zwischen Hooge und dem Japsand, westlich und nördlich der Hallig und bei Baggerarbeiten auf der Hallig selbst aus etwa 1,50 m Tiefe zu Tage kamen, ließen sich hier bereits im frühen Mittelalter Siedler nieder.[345] Somit gehörten nicht nur die nordfriesischen Geestinseln, sondern auch Teile der ehemaligen küstennahen Seemarsch, in der heute die Insel Pellworm und die Hallig Hooge liegen, zu den Zielgebieten der frühen friesischen Einwanderung.[346] Im Schutz wohl noch vorhandener Nehrungen war zunächst die Anlage ebenerdiger Flachsiedlungen in der Seemarsch möglich. Erst gegen Ende des 11. Jahrhunderts erforderte nach deren Abbau der steigende Meereseinfluss den Bau von Warften und Deichen, wie dies auf Pellworm archäologisch belegt ist.[347] Hochmittelalterliche Sodenbrunnen des 12. Jahrhunderts sind im Watt westlich von Hooge nachgewiesen. Ferner stammen von hier die Holme zweier Bodentragen als Bodentransportmittel.

Jünger sind die Überreste zweier bereits auf Halligland angelegter Warften, die infolge fortschreitenden Kantenabbruchs verlassen wurden. Eine von diesen ist die in einer Entfernung von 1,25 km in südlicher Richtung von der Halligkante die kurz nach 1600 aufgegebene Süderwarft.[348]

Die bemerkenswerteste Fundstelle des Mittelalters befindet sich unter der Hallig selbst. Es ist der vollständig erhaltene Deich eines kleinen Kooges nahe der Ockenswarft, der heute bereits teilweise im Watt liegt. Durch eine Schnittgrabung konnte A. Bantelmann belegen, dass der 6 m breite und 1,20 m hohe Deich auf einer alten, nur NN +0,40 bis 0,50 m hohen Marsch aufgeschüttet wurde, deren Höhenniveau derjenigen Landoberfläche entspricht, die seit dem 12. Jahrhundert durch Deiche geschützt wurde.[349] Da heute die Halligoberfläche etwa 0,40 m über der Deichkrone liegt, ist der Koog also von der darüber durch vermehrte Sedimentablagerung aufgewachsene Hallig begraben worden. Die Zweite Marcellusflut von 1362 bedeckte in diesem Gebiet das durch Deiche geschützte Wirtschafts- und Siedelland ebenso wie Torfabbaustellen.

Bereits bei der im Jahre 1804 durch den Landmesser J. Carstens durchgeführten Vermessung der Hallig ist dieser Koog, dessen Konturen sich noch an der Halligoberfläche abzeichneten, ebenso er-

Hallig Hooge mit Kulturspuren

Hallig Hooge auf der Karte Alt-Nordstrand von Johannes Mejer 1649.

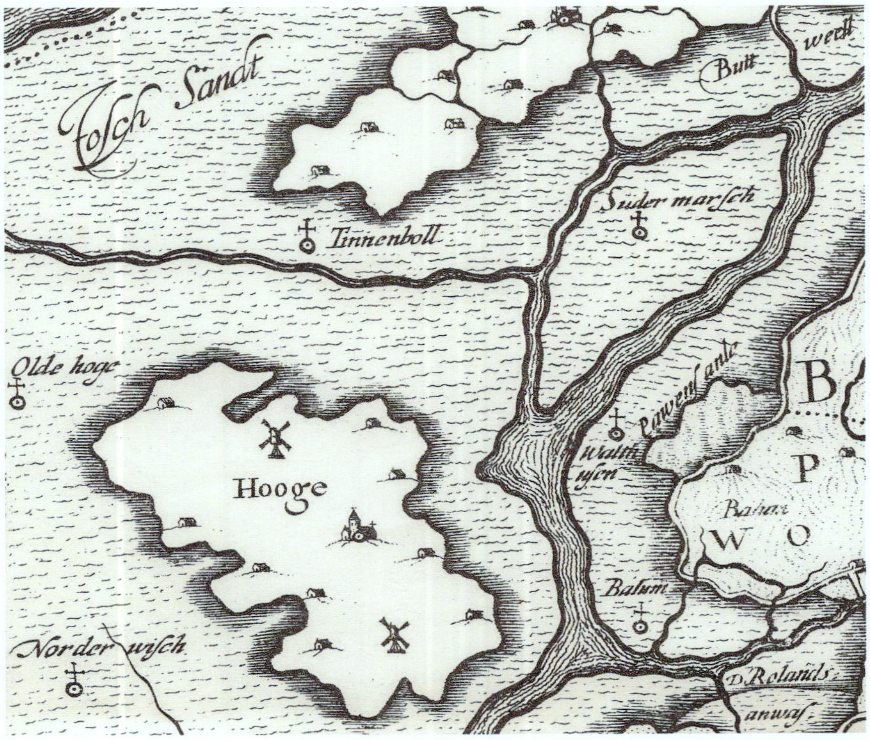

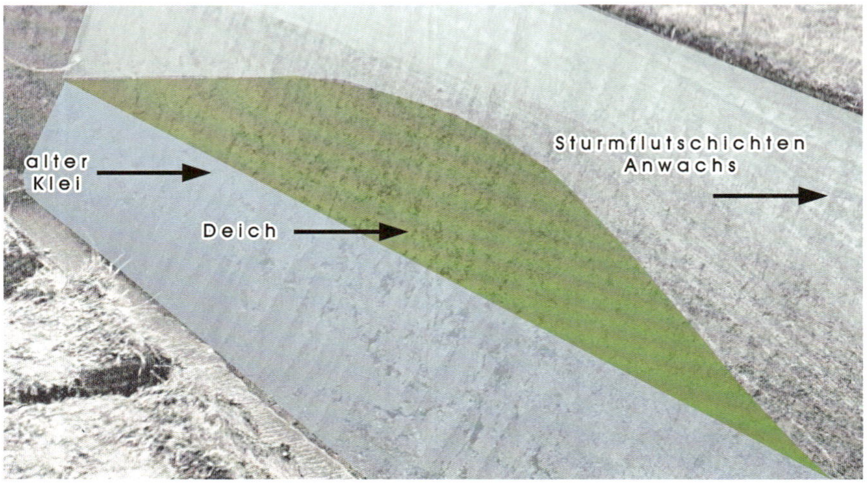

Schnitt durch den von Sturmflutschichten völlig begrabenen 6 m breiten und 1,20 m hohen Sommerdeich des ehemaligen Ockenswarft Kooges auf Hallig Hooge. Die Deichbasis liegt etwa zwischen NN +0,40 bis +0,50 m. Da die heutige Oberfläche Hooges hier etwa bei NN +1,80 m liegt, erfolgte seit der Eindeichung des Kooges etwa ein Anwachs von 1,20 m. Quelle: Bantelmann 1966, 80

kannt worden wie die etwas größeren Köge bei der Hanswarft und der Backenswarft.[350] Die Deiche der Kleinköge könnten somit schon vor der Entstehung der Hallig aufgeschüttet worden sein, archäologisch bewiesen ist das aber nicht. Dass sie unmittelbar an die beiden großen Warften angrenzen, könnte auf das hohe Alter der beiden Warften hinweisen. An der Stelle der im Watt liegenden Siedlungen findet man entweder mittelalterliche oder aber neuzeitliche Funde.[351] Nur nahe der östlich von Hooge im Watt liegenden Reste der Andreas Magnussen Warft sind sowohl mittelalterliche als auch frühneuzeitliche Funde aufgelesen worden. Vielleicht wurde diese Warft nach den spätmittelalterlichen Sturmflutkatastrophen von Halligleuten wiederhergestellt und besiedelt.

Die Hallig Hooge ist somit über der im späten Mittelalter untergegangen Kulturlandschaft des Kirchspiels *Hoghe* aufgewachsen. Dabei überlagert deren westliche Hälfte eine Landschaft, deren Oberfläche durch systematische Abgrabung von Salztorf zerstört worden ist, sodass sie danach für Generationen nicht mehr nutzbar war. Unter der Pohnswarft im Westen Hooges wurde der Torf bei NN -0,1 m angetroffen. Darunter folgen bis zur Holozänbasis bei NN -12 m Sedimente.[352] Noch heute sind die typischen Salztorfabbauspuren im Watt um Hooge zu beiden Seiten der großen Schleuse und südwestlich der Hallig bis zum Hooger Loch zu finden.[353] Unter der Osthälfte der Hallig fehlen hingegen Spuren des Salztorfabbaus. Hier wurde die Torfbedeckung bei Bodenverbesserungsmaßnahmen abgeräumt, wie regelmäßig angelegte Gräben im Watt belegen. Diese so aufwendig hergerichteten Wirtschaftsflächen für den Getreideanbau machten aber ohne Deichschutz keinen Sinn.

Da mittelalterliche Seedeiche im Raum Hooge bislang nicht nachgewiesen sind, bestanden vor den Katastrophenfluten des 14. Jahrhunderts hier wohl nur Kleinköge, die das Ackerland der Dorfwarften schützten. Vermutlich hatten bereits im

Sommerdeich eines Kleinkooges bei der Backenswarft auf Hallig Hooge. Foto: Dirk Meier

Hochmittelalter die Seemarsch Priele so zerrissen, dass nur eine kleinräumige Bedeichung möglich war. Kruse vermutet dagegen, dass die kleinen Köge erst nach der Aufgabe eines Seedeiches errichtet wurden.[354]

Nach der Zweiten Marcellusflut von 1362 und nach Verlust der eigenen Kirche wurden die Überlebenden des Kirchspiels *Hoghe* zur Großen Kirche der Nachbarinsel Pellworm eingepfarrt. Heimreich schreibt dazu 1666 in seiner Nordfriesischen Chronik: *Hoge…ist [nach der Marcellusflut von 1362] neben der Kirche untergegangen, und seyn die Kirchspielleute, so übriggeblieben, und sich folgendes da gesetzet, hernach der Pellwormer Kirche incorporiret.*[355]

Letztes Zeugnis davon war eine als „Hillgengelder" oder „Ostergelder" bezeichnete Abgabe, mit der ein Grundstück auf Hooge belastet war. Diese wurde erst 1956 nach einer einmaligen Zahlung des 12,5-fachen Jahresbetrages abgelöst, obwohl Hooge bereits seit 1639 wieder eine eigene Kirche besaß. Deren Bau war notwendig geworden, nachdem sich das Rummelloch, ein zwischen Hooge und Pellworm verlaufender Prielstrom, stark verbreitert und vertieft hatte. Zudem hatte die Hallig auch im Süden und Südosten so viel Land verloren, dass die Verbindung zur Nachbarinsel zu Fuß bei Niedrigwasser ebenfalls erschwert war.

Die Liste der Hooger Prediger beginnt 1581.[356] Erst 1622 erteilte Herzog Friedrich III. von Schleswig-Holstein-Gottorf die Erlaubnis zum Bau einer eigenen Kirche. Aus demselben Jahr ist eine Liste der Hooger Hausbesitzer mit der Überschrift *De Namen der Huswerde up de Hoge* erhalten. Namentlich aufgeführt werden 43 Personen, wobei das Dokument auf 16 bewohnte Warften schließen lässt.[357] In Heimreichs Erneuerter Nordfriesischer Chronik von 1668 lesen wir: *…und ist ihnen [den Hoogern] vergönnet worden, eine eigene Kirche zu bauen, wozu A. 1628 der Ort von H. M. Jacobo Fabricio ist ausgewiesen, ist aber endlich den 16ten May A. 1637 zur Erbauung dessen … der Anfang gemacht.*[358]

Da den Halligbewohnern das Geld für den Kirchenbau fehlte, erwarben sie eine wüst gefallene Warft, die schon als Friedhof diente. Die Möglichkeit der Errichtung eines eigenen Kirchgebäudes

Blick auf die Kirchwarft von Hallig Hooge, im Hintergrund die Backenswarft. Foto: Dirk Meier

Kirche von Hooge. Foto: Dirk Meier

Altar der Kirche von Hooge. Foto: Dirk Meier

ergab sich unverhofft nach der Zerstörung von Alt-Nordstrand 1634. In ihrer Not verkauften die Überlebenden das Baumaterial und die Ausstattungen vieler Kirchen.[359] Aus dem in das Wattenmeer einbezogenen Kirchspiel Osterwold gelangten Backsteine, Dachpfannen und sonstiges Baumaterial nach Hooge, ebenso die Taufe, der Altar, die Kanzel, ein Teil des Gestühls und eine Glocke. Weiteres Kircheninventar kam aus dem untergegangenen Westerwold, aus Ilgrof (Ilgruff) und aus Röhrbeck (Rohrbeck). Als Prediger kam vom zerstörten Kirchspiel Königsbüll der Pastor Conradus Weißenborn Thuringus nach Hooge. Dieser soll hier 1637 erstmals in der wohl noch unfertigen neuen Kirche gepredigt haben.[360] Bei den Bauarbeiten des neuen Pastorats 1907 stieß man auf Reste zweier abgebrochener Hofstellen. Demnach diente eine ehemalige Hofwarft nun als Kirchwarft.

Kanzel der Kirche von Hooge mit Szenen aus dem Leben Jesu. Foto: Dirk Meier

Trotz 43 eigener Flutopfer blieb die Hallig auch nach der Buchardiflut von 1634 volkreich. So lassen sich nach den Kirchenbüchern für die Zeit danach 59 Neubürger nachweisen. Diese waren meist Überlebende aus untergegangenen Kirchspielen der Insel Alt-Nordstrand. Nach den Notzeiten folgte ein ökonomischer Aufschwung durch die Teilnahme an den Grönlandfahrten holländischer Unternehmer. Noch heute sehenswert ist der schon genannte „Königspesel" in einem Haus auf der Hanswarft, das Tade Hans Bandix 1776 (eher 1767) erbauen ließ.

Nach dem Haupt- und Geldregister der Landschaft Nordstrand von 1711 wies Hooge eine Größe von 697 Demat (342,62 ha) auf, 1713 waren es mit 647 (318,97 ha) etwas weniger. In der Weihnachtsflut 1717 ertranken zwar keine Menschen, aber 30 Kühe; 12 Häuser waren weggerissen und weitere 60 beschädigt worden.[361] 1794 gibt Pastor Kruse die Einwohnerzahl der Hallig mit 480 Personen an, die in 130 Wohnungen auf 14 Warften lebten.[362] 96 Personen fuhren zur See, davon 18 als Schiffsführer meist holländischer Schiffe. Ihre Zahl war schon rückläufig, da sich die einträgliche Seefahrerepoche für die Halligen bereits ihrem Ende zuneigte.

Als staatlicher Landmesser wurde erstmals zu Beginn des 19. Jahrhunderts Johann Carstens aus Jerrishoe auf Hooge tätig.[363] Die von Carstens Karte angefertigte Kopie mit Ergänzung der Fehlstellen ist leider weniger detailreich als das Original.[364] Die Kopie vermerkt am südlichen Halligufer die um 1800 verlassene Sievertswarft. Auf beiden Karten finden sich die Fedder Bandixwarft und die Klein- und Groß Süderwarft. Diese drei zerstörte die schwere Sturmflut am 3./4. Februar 1825, deren 24 Bewohner ertranken. Auch Ipke Nommensen von der Hanswarft, der sich trotz des aufziehenden Unwetters und des von Südost nach Südwest auf die Suche nach seinem Neffen Tade auf den Weg zu den Süderwarften gemacht hatte, verlor sein Leben in den Fluten. Die Warften wurden nicht wieder besiedelt und waren 1878 bis auf einen kleinen Rest der Fedder-Bandixwarft verschwunden.

Als Folge der Sturmflut von 1825 zogen 19 Familien mit 13 Personen weg, 67 Familien blieben da. Es verschwanden insgesamt 23 Häuser, 75 blieben unbewohnt und 12 waren beschädigt. Die Hausschäden beliefen sich auf 72.000 Reichsbankthaler, die der Mobilien auf 78.000, das verlorene Vieh schlug mit 3.500, die Futterverluste mit 4.000 und die Feuerung mit 3.000 Reichsbankthalern zu Buche. Zudem waren 50 Kühe und 140 Schafe ertrunken.[365] Als nach der verheerenden Flut der dänische König Friedrich VI. die Nordfriesischen Inseln bereiste, kam er am 2. Juli 1825 nach Hooge. Da ungünstige Winde seine Weiterfahrt verhinderten, übernachtete er im Wandbett des später Königspesel genannten Raumes.

Die Größenabnahme von Hallig Hooge zwischen 1804 und 1861 dokumentieren die Flächengrößen von 1.592 Demat (748,86 ha) im Verhältnis zu nur noch 396 Demat (195,22 ha). Obwohl die Hallig auch nach 1825 ständig an Fläche verlor, trafen sich erst 1900 Behördenvertreter und Halligbewohner, um über Küstenschutzmaßnahmen zu beraten. Das Baubedürfnis begründete der Regierungsbaumeister Krey mit der Notwendigkeit, dass das Halligland, auch wenn dieses nicht rentabel sei, die Gewalt der See dämpfen würde. Zudem wurde deren Nutzen für die projektierten Landgewinnungsmaßnahmen betont, denn ohne die Halligen als Wellenbrecher wären die Investitionen in den Küstenschutz des Festlandes um ein Vielfaches höher.[366] Für den Bau des Steindeiches und der Buhnen auf Hooge hatten sich die Bewohner verpflichtet, den erforderlichen Grund und Boden kostenlos zur Verfügung zu stellen und Regelungen über die Lieferung von Erde und Soden zu treffen.[367]

Nachdem die Detailplanungen 1911 fertig waren, sollte es noch länger dauern, bis man im Juni 1911 mit dem Bau des Sommerdeiches und der Befestigung des Halligufers begann.[368] Der Deich war 1913 fertig bestickt. Das Binnenwasser führte ein Steinsiel mit Durchlassöffnung im Norddeich ab (Westersiel).[369] Den Kirchenpriel regelte ein schließbares offenes Deichsiel ab (Große Schleuse).[370] Des Weiteren entstand das Ostersiel.[371] Für die Bauausführung dieser bis 1914 abgeschossenen Maßnahmen waren zeitweise 300 Arbeiter auf der Hallig untergebracht. Der fast 11,1 km lange Deich war im Westen, Norden und Südwesten als Steindeich ausgeführt und besaß eine Kronenhöhe von +2,20 m über dem MThw. Das Zerkleinern der Findlinge besorgten spezialisierte Steinhauer, die meist aus den norditalienischen Gebirgsgemeinden Forni di Sopra und Moggio kamen. Der längere 6,8 km weite Abschnitt ist ein aus Erde aufgeschütteter Sommerdeich mit einer Kronenhöhe von +1,70 m über dem MThw und 1:5 angelegten Böschungsneigungen. Der Deich bewährte sich schon bei der Sturmflut vom 16./17. Oktober 1916, die so hoch auflief wie die von 1825, bei der das Wasser bis +2,80 m über dem MThw stieg. Im Oktober 1926 beschädigte eine schwere Sturmflut den Deich im Norden,

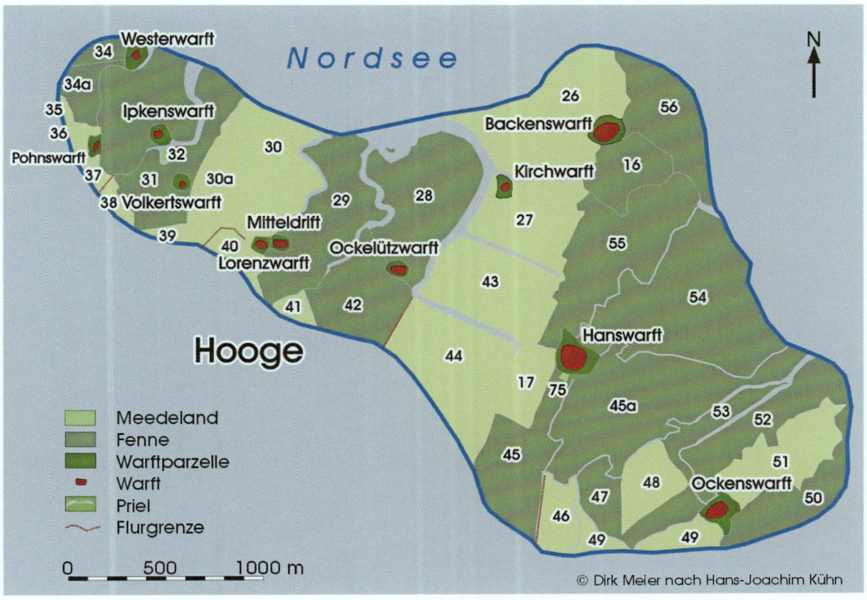

Meedeland, Fennen und Warftparzellen auf Hallig Hooge bis zur Auflösung der Allmende-Verfassung 1938.

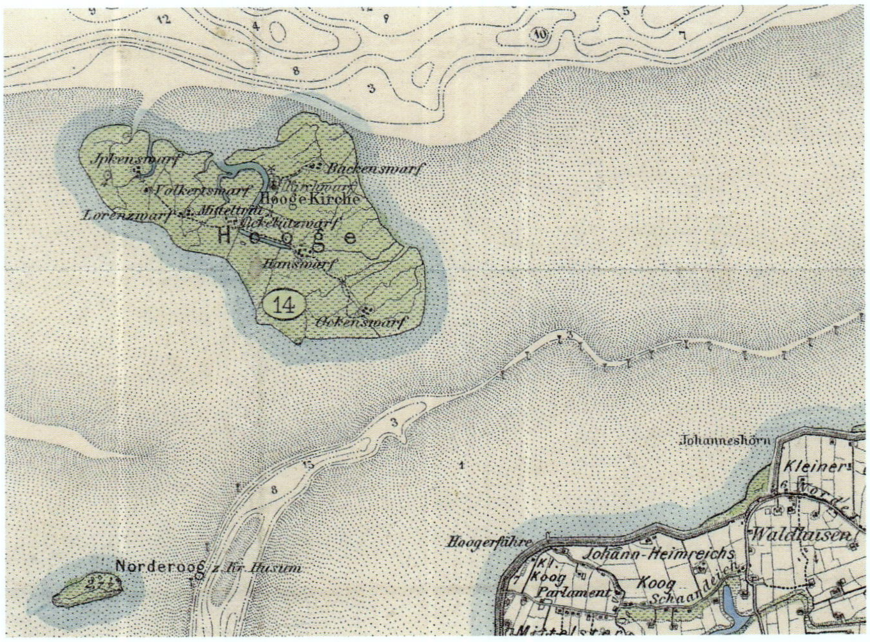

Halligen Hooge und Norderoog auf der Preußischen Landesaufnahmekarte von 1881, Archiv Meier. Die Halligkanten von Hooge sind noch ungesichert.

Steindeckwerk und Steindeich von Hallig Hooge bei Niedrigwasser. Foto: Dirk Meier

der teilweise bis auf Hallighöhe abgetragen wurde.[372] 1927 wurde im Süden der Hallig die Steinkante neu gesetzt. Östlich der Schleuse erhielt der Steindeich ein neues Deckwerk aus rhombischen Basaltsteinen.[373] Den Kirchenpriel riegelte man 1937 mit einem Siel ab, da sich bei Ebbe und Flut weiterhin die großen Priele in das Halliginnere auswirkten und Kantenabbrüche verursachten.[374] Das Ostersiel erhielt 1940 zwei weitere Öffnungen. Die neue seeseitige Böschung des Sommerdeiches wurde hier nun auf 1:7 abgeflacht und dieser auf 15,40 m erweitert, wobei die Kronenhöhe von NN +1,70 m beibehalten wurde.[375]

Seitdem ist die Grundfläche der Hallig konstant geblieben. Diese Schutzmaßnahme ermöglichte zugleich die Auflösung der althergebrachten Allmendeverfassung. Die „Umlegung“ genannte Übertragung der gemeinschaftlich genutzten Wirtschaftsflächen in Privatbesitz wurde allerdings erst 1939 vorläufig verfügt, bevor man sie zwei Jahre später rechtskräftig abschloss.[376]

HALLIG NORDEROOG

Die südlich von Hooge und westlich von Pellworm liegende Hallig Norderoog (Friesisch: *Noorderuug*) steht seit 1939 unter Naturschutz und gehört seit 1985 zur Schutzzone 1 des Nationalparks Schleswig-Holsteinisches Wattenmeer. Die 0,079 km² große Hallig bedeckt eine Salzwiesenvegetation.[377] Auf weiten Teilen wachsen Strandaster und Halligflieder, in den höchsten Bereichen der Hallig im Osten auch Strandroggen, während Queller und

Blick auf Hallig Norderoog von Hooge aus. Foto: Dirk Meier

Schlickgras die Verlandungszone am Rand der Hallig dominieren.

Zusammen mit dem vorgelagerten Norderoogsand bildet die Hallig einen wichtigen Brut- und Rastplatz für Vögel. Von hoher Bedeutung ist die letzte Kolonie der Brandseeschwalbe in Schleswig-Holstein. Daneben brüten die kleineren Küsten- und Flussseeschwalben, Austernfischer sowie Rotschenkel, Lach-, Silber- und Heringsmöwen, Eiderenten, Brandgänse und seit einigen Jahren auch Graugänse auf Norderoog. Insgesamt finden sich hier jährlich mehr als 10.000 See- und Küstenvögel auf der Hallig ein.[378]

Bereits 1909 erwarb als Vogelfreistätte der Verein Jordsand für 12.000 Mark Norderoog vom Landwirt J. Feddersen. Ein Jahr vor Schutzbeginn der Hallig waren nur noch 500 Brutpaare vorhanden, deren Zahl danach auf mehrere Tausend anstieg, auch nach dem Zweiten Weltkrieg wurden dort noch über 3.000 Nester gezählt. Erst auf die Hallig gelangte Wanderratten führten 1946 mit ihrer massenhaften Vermehrung zu einem empfindlichen Rückgang der Kolonien, deren Brutpaare sich 1946 auf etwa 1.430 und 1947 auf 576 verringerten. Danach erholte sich der Bestand, so zählte man 1948 um die 2.578 und 1949 um die 2.800 Brutpaare.[379]

Von Mai 1909 bis zu seinem Tod 1950 lebte der bekannte Vogelwart Jens Sörensen Wand auf der Hallig, der bei seinem Arbeitsantritt aufgrund seiner Persönlichkeit geeignet schien, unbefugte Besucher abzuhalten. Nachdem er in dieser Funktion auch kurzzeitig 1910 und 1911 auf Jordsand und 1912 auf dem Lister Ellenbogen eingesetzt war, kehrte er 1913 wieder nach Norderoog zurück. Von 1932 bis 1950 lebte er jede Saison auf Norderoog, ansonsten im nordschleswigschen Brede bei seiner Familie. Seine Frau ertrank 1914 im Wattenmeer. Der als „Vogelkönig von Norderoog" oder auch „Hallig-Robinson" bezeichneten Wand mit seiner zerrissenen Kleidung, seinem Eichenknüppel und seinem eigensinnigen Charakter hatte an die Wand seiner Hütte mit weißer Kreide geschrieben: „Von meinen letzten falschen Freunden geschieden, leb' ich hier in stillem Frieden. Jens Wand." Als er am 26. Mai 1950 nachts eine Filmgesellschaft sicher über das Watt nach Hooge geführt hatte, trat er mit einem Wanderer den Rückweg an. Im Nebel entstand ein Streit über den richtigen Weg. Der Wanderer gelangte mit dem Kompass auf die Hallig, Jens Wand, der auf seiner Ortskenntnis beharrt hatte, verfehlte diese. Er konnte

Vogelwärter Jens Sörensen Wand vor seiner sturmflutsicheren Schutzhütte. Quelle: Wohlenberg 1969

sich nicht vor der Flut retten, erlitt einen Gehirnschlag und ertrank mit 75 Jahren. Am nächsten Tag wurde seine Leiche 150 m nördlich von Norderoog angeschwemmt. Sein Grab befindet sich auf Hallig Hooge.[380]

Die schon öfter zitierte Käthe Kühn beschreibt ihn so: „Wenn ich mit einer Gruppe auf dem Weg nach Norderoog war, empfing uns immer der Vogelwärter Jens Sörensen Wand am Halligufer, begleitet von Peter, einem halb zahmen Austernfischer, der ein ununterbrochenes Gezeter anstimmte, da er Gäste auf der Hallig nicht duldete. Man musste sogar aufpassen, dass er mit seinem spitzen Schnabel nicht die nackten Beine attackierte. Unbemerkt konnte niemand die Vogelhallig betreten. Viel tausendfaches Geschrei „seiner" Vögel meldete dem Vogelwärter jede Person, die sich der Hallig näherte."[381]

Nach Jens Sörensen Wand ist heute die Vogelschutzstation am Nordostufer der Hallig benannt. Diese befindet sich auf einem 1909 errichten Pfahlbau. Zudem entstand 1964 eine zweite Hütte. Seit deren Zerstörung in der Sturmflut von 1976 ersetzte diese ein 2004 aufgestellter Container. Hinzu kam 2005 eine neue Vogelwärterhütte mit Besucherinformationsraum in Blockbauweise. An Stelle der alten Hütte wurde 1996 die Neue Jens-Wand-Hütte eingeweiht.

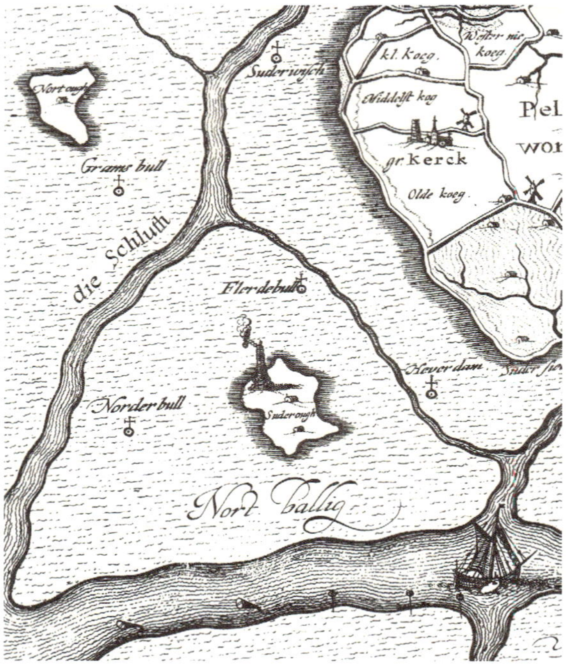

Die Halligen Hooge, Norder- und Süderoog mit den westlich davor liegenden Sänden, Teile der Insel Pellworm, Watten, Prielströmen und Kulturspuren.

Norder- und Süderoog im 17. Jahrhundert. Ausschnitt der „Landtcarte von Nordgoesharde, Ambt Husum…" von Johannes Mejer 1649. Für die von ihm eingezeichneten untergegangenen Kirchen gibt es keine Belege

Trotz des vorgelagerten Norderoogsands nagen Sturmfluten und Eisgang Jahr für Jahr an der Hallig Norderoog. Da dieser wie auch andere nordfriesische Sände langsam nach Osten wandert, wird er in absehbarer Zeit direkt an die Hallig grenzen. Deren erste Uferschutzmaßnahmen begannen erst in den 1950er Jahren. Um die ständigen Kantenabbrüche aufzuhalten, sicherte seit 1977 eine Steinkante die Westspitze, die 2000 eine Steinbuhne ablöste. Von 1909 bis 1970 hatte sich Norderoog von etwa 21 ha auf nur 7,8 ha verkleinert.[382] Auf Norderoog mähten die Bewohner von Hooge früher jährlich das Gras, was erst nach der Brutzeit möglich war.[383]

Norderoog wird erstmals 1597 als *Norder Ough* erwähnt; 1630 befand sich auf der Hallig ein Festegut, das von einem Strandvogt bewohnt und 1634 in der Burchardiflut zerstört wurde. Später siedelte sich eine Familie wieder an, deren Haus die Februarflut 1825 zerstörte. Dessen Eigentümer, Andreas Andresen, rettete sich mit seiner Frau und der Magd auf dem Heuhaufen des Hausbodens. Da die Warft nahe an der Abbruchkante lag und der Fething zerstört war, gab man die Hallig auf.[384] Die Schäden an der Warft betrugen 600 und an Vieh 100 Reichsbankthaler.[385] Wenn auch keine Kulturspuren im Umkreis der Hallig bekannt geworden sind, ist auch diese oberhalb der hier im späten Mittelalter zerstörten Seemarsch aufgewachsen.[386] Die hier durch Vorsände und vielleicht mit Dünen geschützte mittelalterliche Küste lag vermutlich etwas westlich des Norderoog- und Süderoogsandes. Ob hier die in der Inselliste im Erdbuch Waldemars II. genannten Eilande *Havelae minor* und *Hwaelae major* untergingen, ist nicht zu klären. Beide Namen könnte man mit Klein- und Großstrand interpretieren, somit wäre ein Zusammenhang mit den Gebieten um die späteren Halligen Hooge-Norderoog und dem alten Strand denkbar.[387] Ob nahe des heutigen Norderoog in der mittelalterlichen Seemarsch 1362 das Kirchspiel *Norderwisck* unterging, ist ebenso unklar.[388]

HALLIG SÜDEROOG

Südlich der Hallig Norderoog und südwestlich der Insel Pellworm liegt die heute etwa ca. 1.100 m lange und 785 m breite Hallig Süderoog (Friesisch:

Saruug, Saaruuch) mit 0,577 km². Auf dieser befindet sich eine Warft mit einer Höhe von etwa 3,4 m oberhalb des MThw, somit auf einem Höhenniveau von NN +4,71 m.[389] Die Sicherung der nach Kantenabbrüchen immer kleiner werdenden Hallig begann erst nach dem Ersten Weltkrieg im Rahmen der Uferschutzarbeiten seit 1935. Da vor allem die Südwestseite unter starkem Abbruch litt, begann man hier mit der Anlage von Steindecken. Ferner sollte nach dem „Generalplan Nordfriesland. Dammbauten und Watteneindeichungen" (Lohse-Plan) ein Damm nach Pellworm entstehen, der im Rahmen der propagandistisch ausgenutzten Landgewinnungsarbeiten des Nationalsozialismus aber nicht zur Ausführung kam. Zudem erhielt der Fething der Warft auf Süderoog einen 1934 vom Reichsarbeitsdienst errichteten Ringdeich als Schutz gegen Versalzung bei einer Überflutung. Nachdem sich der Halligbesitzer N. Paulsen 1949 an die Regierung des neuen Bundeslandes Schleswig-Holstein gewandt hatte, worin er auch auf die Probleme der nach Nordwesten vordringen Hever hinwies, kamen 1956, 1968 und 1977 wieder Uferbefestigungsmaßnahmen in Gang.[390] Erst 1994 wurde Südfall an die Trinkwasserversorgung von Pellworm aus angeschlossen.

Seit 1977 unter Naturschutz stehend, gehört Süderoog zum 1985 gegründeten Nationalpark Schleswig-Holsteinisches Wattenmeer. In den seit 1991 extensiv beweideten Flächen im Nordosten der Hallig haben sich große Strandbeifußfluren ausgebildet, in die Strandsoden eingewandert sind. Daneben findet sich hier ein Boddenbinsen-, Andel- und Rotschwingelrasen. Kleinflächig sind auch beweidungsempfindliche Strandsalzmeldenfluren vorhanden. Am Nordrand der Hallig und an den Uferwällen des östlichen Hauptgrabens entstand ein Strandqueckenrasen. An der südlichen Kante ist auf den höheren Bereichen ein Straußgrasrasen vorhanden. Den ehemals an den Steinkanten vorhandenen Rotschwingelrasen haben ein Boddenbinsen- und Straußgrasrasen abgelöst. Ebenfalls seltene Salzpflanzenarten wie Strand-Tausendgüldenkraut und Stielfrüchtige Keilmelde finden sich auf Süderoog. Queller- und Schlickgrasfluren haben sich in den Lahnungsfeldern im Norden der Hallig ausgebildet. Prägend für den zentralen ungenutzten Teil der Hallig ist die großflächige Ausbreitung der Strandsalzmeldenflur in den bisherigen Strandbeifußfluren.[391] Von jeher hat Süderoog eine große Bedeutung für den Vogelschutz. Hier brüteten schon 1983 bis 1985 an die 850 Paare Silbermöwen, 280 Paare Austernfischer, 160 Paare Fluss- und Küstenseeschwalben, 40 Lachmöwen sowie unzählige Einzelpaare von Sturmmöwen, Sandregenpfeifern und Rotschenkeln.[392]

In den letzten Jahren pflanzte man als Windschutz zahlreiche Bäume, darunter Apfelbäume

Nationalsozialistische

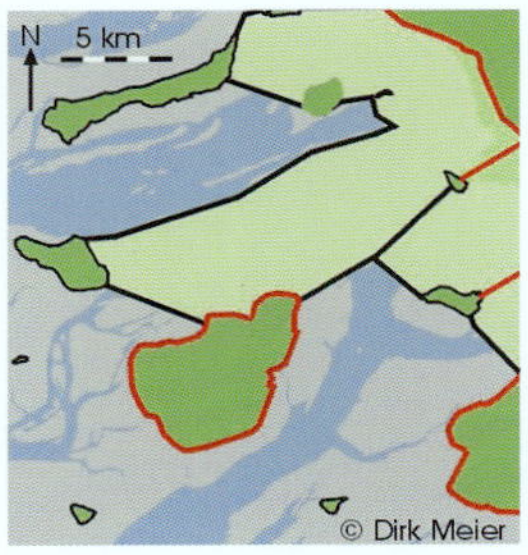

Eindeichungsplanung im nordfriesischen Wattenmeer

Süderoogsand mit der Hallig Süderoog und der Insel Pellworm sowie der Hever mit Eiderstedt im Hintergrund. Foto: Ralf Roletschek

und sogar sonst auf den Halligen nicht vorkommende Eichen. Im früheren Garten auf der Warft wuchsen wenige saftige Äpfel und Birnen, die Zwetschgen blieben sauer.[393]

Bekannt geworden ist Süderoog auch als „Insel der Jungen" durch Hermann Neuton Paulsen, der hier von 1927 bis zu seinem Tod 1951 eine internationale Jugendbegegnungsstätte betrieb. Danach führte seine Frau diese Einrichtung weiter, die 1960 in eine Stiftung umgewandelt wurde. Diese verfolgte den Zweck, „auf der Grundlage des Werkes von Hermann Neuton Paulsen im Interesse der Völkerverständigung, der Jugend aus verschiedenen Ländern Gelegenheit zu geben, sich in von Verantwortung getragener Freiheit auf der Hallig Süderoog freundschaftlich zu begegnen, kennenzulernen und in Formen zusammenzuleben, die der Entwicklung der Psychologie und der Pädagogik jederzeit angepasst sein sollen" (§2 der Stiftungsurkunde, Stockholm, den 22. Februar 1960). Der wandelnde Zeitgeist, nicht mehr zeitgemäße sanitäre Verhältnisse und die Schäden auf der Hallig infolge der Sturmflut von 1962 führten zum Niedergang des Ferienwerks. Die Hallig wurde 1971 an das Land Schleswig-Holstein veräußert, die Stiftung existierte noch bis 1974.[394]

Infolge von Sturmfluten verkleinerte sich Süderoog ebenso wie die anderen Halligen. In Heimreichs „Nordfriesischer Chronik" heißt es zur Burchardiflut von 1634: *so seyn auf der Süderoog 10 und 2 Häuser weggetrieben.* Die nicht eindeutige Zahl 10 könnte sich ebenfalls auf Bauten beziehen, denn an anderer Stelle vermerkt der Chronist, dass man die Zahl der Ertrunkenen nicht genau angeben könne, da *dazumal viele fremde Drescher und Arbeitsleut im Lande gewesen, von deren Anzahl man eben so keine Gewißheit hat haben können.*

Ferner schreibt er: *Worüber besüden Pellworm lieget das Eiland Südfall so 173 Nothgras groß ist, und bewesten Pellworm der Süder- und Norderogh, welche beide von I. F. D. von den Besitzern werden gefestet, und jährlich ein Genanntes an die Pellwormer alte Kirche abtragen. Nach dem Schatzregister ist aber diese*

Salzwiesen auf der Hallig Süderoog mit der Warft. Foto: Dirk Meier

Landmaße völlig so groß nicht, und weil diese Länder rings mit dem Wasser umflossen, und mehr und mehr von dem abgespület wird, als an denselben anwächset, als kann die Maße von denselben eigentlich nicht Bestand haben.

Heimreich registrierte bereits die Größenabnahme der Hallig. Auch in einer Eingabe an den Herzog Friedrich III. von Schleswig-Holstein-Gottorf beklagte der damalige Besitzer der Hallig *Hans Boisen auf dem Süder Oge* den Verlust seiner Habe nach der Sturmflut von 1631 mit den Worten *weil der Liebe Godt mir all das meine, Behausung, Kisten und Kasten in der grausamen Flut genommen samt E. F. G. Vestebrief.*[395] Vermutlich waren die uthlandfriesischen Häuser nach der Burchardiflut von 1634 stark reparaturbedürftig.

Vor 1634 befand sich neben den Häusern ein Leuchtfeuer auf Süderoog, das auch Johannes Mejer 1649 auf seiner Karte *Landtcarte Von Nordergeosharde Ambt Husum* vermerkt. Dieses sicherte die Einfahrt in die Hever. Um das Leuchtfeuer hatte sich der hier ansässige Strandvogt zu kümmern.

Von 1711 mit etwa 203 ha war diese Hallig 1861 auf 89,40 ha geschrumpft.[396] Zu den Schäden der Weihnachtsflut von 1717 liegen anders als zu der vom 22. Februar 1825 keine Berichte vor. Bei dieser entstanden nach der Liste der Königlichen Landvogtei auf Pellworm vom 22. Februar 1825 Hausschäden von 600 Reichsbankthalern, während die Viehverluste mit 100 Reichsbankthaler zu Buche schlugen.[397] Erschwerend wirkten sich zudem auf Süderoog ebenso wie Nordoog aus, dass Westwinde viel Sand der vorgelagerten Sände auf die Salzwiesen wehen, was die Bodengüte beeinträchtigt. Da man so nicht genug Heu machen konnte, nutzte man Pensionsvieh als Einnahme, wie der Pellwormer Landschreiber zu 1805 mit den Worten ausführt:

Die Hallig gräst, ein Jahr ins andere gerechnet, 60 Stück Hornvieh und Pferde, 100 Schafe jedoch selten den ganzen Sommer hindurch, weil, so oft eine Überschwemmung statt gehabt hat oder eine anhaltende Dürre herrscht, das fremde Vieh auf eine Zeitlang zurückgenommen werden muß, wenn es nicht verhungern soll. Auch wird nur vom Mai bis 14 Tage vor Michaelis daselbst gegräst, fast immer so schlecht, daß nur Not und Verlegenheit die Leute bewegen kann, ihr Vieh daselbst wieder hinaufzutun.[398]

In dem Zusammenhang werden auch kleine von Sommerdeichen geschützte Felder zur Saat- und Heugewinnung erwähnt. Gegen die Neubewertung seiner Abgaben protestierte der Ehemann von Magdalena, geb. Hansen, als Festerin u.a. mit dem Argument, dass es gefährlich sei, da draußen zu wohnen. Dabei verwies er auf die Sturmfluten 1660 und 1700, die wie andere die *Früchte des Landes* wegnehmen würden. Längere Briefwechsel mit der Obrigkeit schlossen sich an.[399]

Vermutlich nach den Sturmfluten zu Beginn des 18. Jahrhunderts entstand ein 1926 und 1929 für das Jugendlager umgebauter und 1932 erweiterter Vierkanthof, der heute leider aufgrund mangelnder Bauunterhaltung und eines Teilabbruchs 1971 nur noch rudimentär erhalten ist. Die vierseitige Bauweise konnte den beschränkten Raum auf den Warften optimal nutzen. Eine zugehörige Bockmühle bestand noch bis in die 1920er Jahre, wenn sie auch nach einer Sturmflut von 1923 stark angeschlagen war.[400]

Der erste bekannte Nutzer der Hallig ist Boye Oksen (Boy Ockens), den 1609 ein Festebrief des Herzogs Johann-Adolf von Schleswig-Holstein-Gottorf aufführt. Darin sollten die Rechte auch für seine Erben gelten.[401] Sicherlich erfolgte aber eine Verfestung schon früher. So setzte sich eine solche lebenslange Verpachtung in Schleswig als ein Entgelt für die Bodennutzung seit der Mitte des 16. Jahrhunderts durch, wozu Anfang des 17. Jahrhunderts die Erblichkeit kam. Die Inhaber der Feste Süderoog ebenso wie die späteren Pächter und

Bis zu ihrer Zerstörung durch die Katastrophenfluten des 14. Jahrhunderts prägten kleinere Eindeichungen, verstreut liegende Warften und unregelmäßige Blockfluren die hochmittelalterliche Kulturlandschaft der westlichen Pellwormharde. Modell Arbeitsgruppe Küstenarchäologie, Foto: Dirk Meier

Besitzer waren zugleich Strandvögte, sodass ihnen das Recht zustand, alles Verwertbare aus dem Watt und von Süderoogsand zu bergen, wovon die Obrigkeit bis zur Gründung des Deutschen Reiches 1871 ihren Anteil verlangte.[402] Aufgrund des gefährlichen Fahrwassers strandeten auf dem Süderoogsand besonders viele Schiffe. Daher wurde hier 1611 nach dem teilweisen Einsturz des Turmes der Pellwormer Kirche, der als Seezeichen diente, eine Holzkape als Bake errichtet.[403]

Die älteste schriftliche Erwähnung Süderoogs stammt von 1552 im *De Hamborgske Dome*, wonach Vedder Boysen einen Festebrief für *Suder Oich* erhielt, welches zur Pellwormer Kirche gehörte.[404] Auch auf der schon genannten Seekarte von Waghenaer um 1585 ist, wenn auch in der Lage nicht richtig, *Zuder ooch*, vermerkt. Bei Petreus erscheint sie unter dem Namen des Besitzers als *Suderoug edder Boy Ockens* Hallig.[405]

Wie Norderoog ist auch Süderoog oberhalb der mit Sedimenten bedecktem mittelalterlichen Seemarsch östlich des Süderdoog Sandes aufgewachsen. Die Höhe der bis ca. NN +0,75 m hoch abgelagerten Wattsedimente bei Süderoog zeigt, dass die hier von Prielen zerrissene Seemarsch im Mittelalter höher lag als weiter im Osten. Diese war hier ähnlich wie im nördlichen Eiderstedt über einem von Sedimenten bedeckten Moorgebiet spätestens um 1000 n. Chr. aufgewachsen. In dieser Zeit hatte die vordringende Hever die alte um etwa 1400 v. Chr. bestehende Nehrungsküste schon abgebaut, sodass dieses Gebiet unter Meereseinfluss geraten war. Den landschafsgeschichtlichen Ablauf bestätigten 1937 eine Bohrung der Forschungsstelle Westküste und eine weitere 1976.

Das Gebiet gehörte im Hochmittelalter zu der im Erdbuch Waldemars II. von 1221 erwähnten Pellwormharde *(Pylwaermhaereth)*. Deren durch die Sturmfluten des Spätmittelalters zerstörte Kulturlandschaft ähnelte der des nordwestlichen Eiderstedts und Pellworms. Wie um Westerhever, Poppenbüll und Osterhever in Eiderstedt durch geoarchäologische Untersuchungen nachgewiesen, waren die Siedler im 12. Jahrhundert genötigt, bis NN +3 m hohe Warften aus Klei zu errichten, die im 14. Jahrhundert um einen Meter erhöht wurden.[406] Kennzeichnend ist deren unregelmäßige Lage in einer unregelmäßigen Blockflur, die noch an die ehemaligen Priele erinnert. Niedrige Sommerdeiche schützten das Acker-, Weide- und Heuwiesenland. Aufgrund der durch Priele zergliederten Seemarsch war nur eine abschnittsweise Bedeichung mit kleinen Kögen möglich. Weitere Vergleichsmöglichkeiten bietet Pellworm mit seinen unregelmäßig verteilten, seit dem Hochmittelalter errichteten Warften.[407]

Somit unterscheiden sich diese Seemarschen deutlich von den in dieser Zeit urbar gemachten Moorgebieten mit ihren planvollen Hofwarftenreihen und Streifenfluren, wie sie etwa die Edomsharde kennzeichneten. Während das heutige Pellworm und das nordwestliche Eiderstedt die Katastrophenfluten des 14. Jahrhunderts überstanden, gingen die Seemarschen im Westen des nordfriesischen Wattenmeeres ebenso unter und wurden mit Sedimenten bedeckt wie die urbar gemachten Moorgebiete. Anders als vor der Westküste Pellworms sind im Gebiet von Hallig Süderoog keine Kulturspuren aus der Zeit vor 1362 bekannt geworden, da sie von den Sedimenten bedeckt sind und hier keine Seitenpriele der Hever diese freiräumen. Die auf den Karten von Johannes Mejer nahe von Süderoog eingezeichneten Kirchen Norderbüll und Flerdenbüll entbehren jeder mittelalterlichen Quellengrundlage.[408] Ob hier 1362 ein Kirchspiel namens *Süderwisck* unterging, ist ebenso unklar.[409] Sicher ist lediglich, dass oberhalb der von Sedimenten bedeckten mittelalterlichen Seemarsch die Hallig Süderoog schon vor ihrer Ersterwähnung Ende des 16. Jahrhunderts aufgewachsen ist.

STURMFLUTEN UND IHRE AUSWIRKUNGEN AUF DIE HALLIGEN

WEIHNACHTSFLUT 1717

Schon Anton Heimreich betont in seiner „Erneuerten Nordfriesischen Chronik“ 1668, dass die Halligen infolge ihres Kantenabbruchs mehr an Substanz verlieren als sie durch Anwachs an Fläche gewinnen, sodass sie auf Dauer keinen Bestand mehr haben werden.[410] Dies mussten die Halligbewohner ohne weitere Küstenschutzmaßnahmen hinnehmen. Nur die Hooger schlugen 1667 einen Damm über den Priel „Die Springe“, der von Süden her durch die Hallig bis zur Hanswarft verlief.[411] Damit sicherten sie nicht nur das Halligufer, sondern förderten auch den Anwachs.

Nachdem die Halligen sich in den ersten Jahrzehnten nach 1634 kaum verkleinert hatten[412], schädigten diese die schweren Sturmfluten zu Beginn des 18. Jahrhunderts sehr.[413] Unter ihnen gehört die Weihnachtsflut von 1717 zu den größten Naturkatastrophen der frühen Neuzeit an der südlichen Nordseeküste. Für Schleswig-Holstein kann man von mindestens 558 Toten, 10.996 ertrunkenen Rindern und 1.692 ertrunkenen Schafen ausgehen. Etwa 390 Häuser waren weggerissen und weitere 1.185 beschädigt worden.[414]

Am 23. Dezember 1717 hatte ein starker Wind aus Südwesten geweht, der am Morgen des folgenden Tages an Heftigkeit zunahm. Am 24. Dezember mittags um 2 Uhr drehte der Wind dann auf Westen und nachmittags um 4 Uhr auf Nordwesten. Nachdem der Nordwestwind über mehrere Stunden zugenommen hatte, flaute dieser gegen Mitternacht etwas ab. Die meisten Küstenbewohner gingen nach der Christnachtfeier schlafen, zumal der Mond im letzten Viertel stand und keine Springflut zu erwarten war. Jedoch nahm kurz nach 1 Uhr der Wind aus Nordwesten wieder zu und entwickelte sich zu einem Orkan, der an manchen Orten mit einem Gewitter verbunden, bis zum frühen Morgen dauerte. Die schnell ansteigenden Wassermassen zwischen Holland und dem südlichen Dänemark wurden gegen die Deiche gepresst, die dem Druck nicht mehr standhielten. Den wenigen Flutmarken in Schleswig-Holstein nach lief das Wasser in Tönning 3¼ Fuß (ca. 0,93 m) höher als die normale Flut auf.[415] Die nachfolgende Eisflut vom 25. Februar 1718 vergrößerte die Schäden an der schleswig-holsteinischen Nordseeküste noch. Diese erreichte zwar bei weitem nicht die Höhe der Weihnachtsflut, das mitgeführte Eis beschädigte aber die notdürftig ausgebesserten Deiche. Der hohe Anstieg der Sturmflut von 1717 erklärt sich auch daraus, dass der vorangegangene Südweststurm nach Nordwesten umschwenkte und sich zu einem Orkan entwickelte.

Dazu schrieb im *Jahrbuch denkwürdiger Naturereignisse in den Herzogth. Schleswig und Holstein im Laufe des 18ten Jahrhunderts* Christian Kuß basierend auf älteren Quellen wie Camerers Historisch-Politische Nachrichten von 1762 folgendes:

Am Tage vor dem Weihnachtsfeste (d. 23. Dec.) fiel von 9 Uhr Vorm. bis 2 Uhr Nachm. ein großer Platzregen; auch wehete ein heftiger Südost, der sich später nach Süden und Südwesten wandte. Gegen Abend hörten Wind und Regen auf. Um 8 Uhr fing der Wind aber heftiger an zu kühlen, und stürmte nachgehends sehr stark aus dem Nordwesten; doch fürchtete man keine

Abbildung der fast übernatürlich-hohen Wasserflut am H(eiligen) Christ-Tag 1717 und am 25. Hornung [Februar] 1718… Verlag Johann Andrea Endters sel. Sohn und Erben, Nürnberg 1719

Aufziehendes Tief über Hallig Nordstrandischmoor.
Foto: Dirk Meier

sehr hohe Wasserfluth. Denn nicht nur stand der Mond im letzten Viertel, sondern um 10 Uhr war auch durch die Ebbe vieles Wasser schon abgelaufen. Allein das Wasser, das in der Nacht fast bis 2 Uhr ebben sollte, kehrte mit unerhörter Geschwindigkeit zurück, hatte schon vor 3 Uhr die Halligen überschwemmt und ging binnen kurzer Zeit „wie eine offenbare See" ellenhoch durch die dortigen Häuser. Auf Nordstrandischmoor stand es im Pastorat 4 Ellen hoch; die Wellen rissen einen Theil des Hauses herunter, Kühe und Schafe ertranken und alles Hausgeräth trieb weg. Die Kirche wurde ganz ruinirt und Kanzel, Altar, Stühle und Fenster durch die Wellen weggenommen. Die 20 übrigen Gebäude der Insel, zwey ausgenommen, wurden gleichfalls verwüstet, und die meisten Einwohner verloren das Ihrige. 30 Kühe und 500 Schafe ertranken in dieser kleinen Gemeinde, und drei Häuser wurden mit den Menschen und allem, was sie enthielten, fortgeschwemmt, wobey 15 Personen ums Leben kamen. –

Auf Hooge wurden 12 Häuser ganz niedergeschlagen und mit allen darin befindlichen Sachen weggespült, 60 Häuser durch Ausschlagung der Wände ganz ruiniert; auch ertranken 30 Kühe; doch kam ein Mensch hier ums Leben. –

Auf Nordmarsch blieb die Kirche unbeschädigt; die übrigen alle (an der Zahl 48) wurden durchgespült und blieben auf den Stendern stehen. Unzählbare Mobilien trieben weg; ohngefähr 30 Kühe und 140 Schafe ertranken; 16 Personen (6 Erwachsene und 10 Kinder) kamen jämmerlich ums Leben. – Die Kirche und das Predigerhaus auf Langeneß erlitten keine bedeutende Beschädigung; der Kirchhof war aber sehr ruinirt und 4 Särge wurden aus den Gräbern gespült. Von den Häusern wurden verschiedene niedergeschlagen; die meisten beschädigt; viele Mobilien gingen verloren; die Mühle trieb weg und 48 Kühe und 100 Schafe ertranken. Doch kamen nur 2 Menschen ums Leben. – Auf Oland stand das Wasser vollkommen eine Elle höher, als in der Fluth 1634; doch blieb die Kirche unbeschädigt; das Predigerhaus ward aber dermaßen übel zugerichtet, daß es mit dem Küsterhause auf den Stendern stehen blieb, daher fast Alles, was sich unten im Hause befand, verloren ging. Die Häuser der meisten Einwohner wurden durchlöchert, eingespült und verwüstet; auch die Mühle ward niedergeworfen und trieb weg. Doch kam hier kein Mensch ums Leben, und nur 2 Kühe ertranken. – Auf allen Halligen liefen die Fehdinge voll salzen Wassers.[416]

Auch die Schadenserhebung nach diesen Katastrophen gestaltete sich mit den damaligen Möglichkeiten schwierig. Zur Eisflut von 1718 bemerkte der Chronist:

Doch war diese Fluth an sich selbst nicht so hoch, wie die im Jahre 1717; denn das Wasser stand auf Nordstrandischmoor ¾ und auf den Halligen eine ganze Elle niedriger, als damals. Auch führte das Fluthwasser diesmal große und kleine Eisschollen in Menge mit sich aufs Land, das stellenweise ganz damit bedeckt wurde; an manchen Orten lag es „über zwey Menschen hoch". …

Die Halligen litten diesmal vergleichsweise wenig, nur wurden die Werfte vielmehr, denn zuvor, eingespület und beschädigt. Auch waren die Fehdinge abermals mit salzem Wasser angefüllt. Auf Nordstrandischmoor trieb ein Haus mit den darin befindlichen Mobilien weg.[417]

Von den 20 Häusern der Hallig Nordstrandischmoor (Lüttmoor) zerstörte die Weihnachtsflut 20, wobei 15 Menschen starben. Heinrich Heimreich, der 1685 die Nachfolge seines Vaters Anton als Pastor auf Nordstrandischmoor angetreten hatte, überstand die Flut auf dem Dachboden seines Hauses. Von ihm stammt ein packender Bericht dieses Dramas:

Weil ich nun aufm Moor geboren, erzogen, meinem sel. Vater vor 40 Jahren succedieret, viele Fluthen erlebet habe und in dieser Flut der größten Gefahr bin mit exponieret gewesen, will ich Bericht davon ertheilen. Da geschah das Unerwartete, daß das Wasser, welches in der Nacht bis 2 Uhr ebben sollte, mit niemals gesehener Geschwindigkeit wiederkehrte und schon vor 3 Uhr die Hallig überschwemmte, während es noch bis 8 Uhr fluten sollte.

Wie wir nun in der Nacht uns ankleideten und uns damit beschäftigten, die Mobilien nach dem Boden zu bringen und inzwischen die Meereswellen im Hause, welches inwendig mehr als 1 Fuß [1 Hamburger Fuß = 0,286 m] niedriger als draußen war, einzuschlagen begannen, wurden wir genötigt, alles stehen und liegen zu lassen, und unser Leben womöglich zu salvieren, weswegen wir durch das im Hause schon eingespülte Wasser müssen waten, mit nassen Strümpfen, mit dem, welches wir in höchster Eilfertigkeit mitnehmen konnten, nach dem Boden ausretirierten und das meiste den grausamen Wellen überlassen, welche dann bald darauf die äußeren und inneren Wände im Pastorat einschlugen und niederwarfen und sich in kurzer Frist bis unter den Boden erhöhten, also daß die brausenden Wasserwogen bei 4 Ellen [2,32 m] hoch als eine offenbare See durch das Haus gingen. Da dann unser Vieh, als 2 Kühe und 13 Schafe aber nicht ohne großes Gebrüll und Blöken vor unsern Augen ersoffen, Bett und Betgewand, Kleider, Leinenzeug, Kisten und Laden, Tische und Schränke nebst anderem Hausgerät und meiner Bibliothek aus 3 bis 400 Büchern bestehend, wegschwemmten, auch an Gold und Silber bei 200 Thalern Wert verlor, das Kupfer, Messing- und Zinngerät mit großem Geräusch niederfiel, und das Haus sich dabei sehr bewegte, daß wir daher den Tod vor Augen sahen und ja recht nur ein Schritt zwischen uns und dem Tode sich befand.

Gleicher Unfall betraf auch meine Kirchspielkinder (welche Gemeinde nur aus 20 Häusern bestand), indem ihre Häuser, außer 1 oder 2, gleich dem Pastoratshause und der Kirche sehr übel verwüstet, ganz durchlöchert und auf Stendern öde stehen blieben, dadurch die meisten ebenfalls ihr Hausgeräte mancherlei Art, wie auch Vieh verloren, also daß in dieser kleinen Gemeinde 500 Schafe und 30 Kühe ertrunken sind; 3 Häuser sind mit Menschen, Vieh und allem darin sich befindlichen niederschlagen, weggeschwemmt, und also 16 Personen erbärmlich umgekommen sind: 5 Personen kamen mit einer eichen Kiste, hielten sich an einem Balken des Schafstalles, so etwas höher war aufgebauet, standen auf der Kiste, hielten sich an einem Balken des Stalles und sind also durch Gottes Gnaden erhalten: 4 Personen, da sie sich im Hause nicht betrauten, stiegen auf das Dach ihres Schafstalles, saßen da im Regen, Wind und Wetter und salvierten ihr Leben.[418]

Auch die Kirche und das Pastorat wurden schwer beschädigt, aber in den folgenden Jahren einigermaßen instandgesetzt. Die Sturmfluten zwischen 1717 und 1825 brachte Lüttmoor einen erheblichen Verlust an Einwohnern. Hatten vor der Weihnachtsflut noch 126 Menschen auf der Hallig gelebt, waren es nach der sog. Halligflut 1825 nur noch 31.

Die Wirkungen der Weihnachtsflut von 1717 wurden dabei noch durch die Februarflut von 1718 verschlimmert, die in Husum eine Höhe von 14 Fuß (4 m) über dem gewöhnlichen Hochwasser erreichte. Die mit großer Mühe vom Salzwasser gereinigten Fethinge versalzten erneut. Über die schwere Sturmflut von 1720 schreibt Heimreich:

Auf Nordstrandischmoor wurden im Pastorate alle Außenwände eingeschlagen; die Kirche ward aber wieder ganz verwüstet, indem die Bretter, damit sie aufs neue bekleidet worden war, wie auch Kanzel, Altar, Beichtstuhl samt allen Stühlen weggespült wurden, und es fehlte wenig, daß die Kirche nicht ganz weggegangen wäre. Alle Häuser wurden durch Ausschlagung der Wände abermals sehr beschädiget, 3 Häuser niedergerissen und von den Wellen weggeführt, in deren einem 2 alte Eheleute wohnten, welche nebst ihrem Viehe ertranken. In einem anderen Hause ertranken 60 Schafe. Auf Hoge gingen wiederum 4 Häuser fort; die meisten wurden sehr ruiniret und die Wärfe weggespült. Auf Nordmarsch rollte das Wasser schon in der hohlen Ebbe mit grimmigen Ungestüm übers Ufer; 2 Stunden hernach strich die Fluth schon über die Warfen hinweg und spülte an die Häuser, worauf Alle sich auf die Böden zu retten suchten. Da es aber noch 4 Stunden länger fluthen sollte; so schienen alle Umstände der Insel den unfehlbaren Untergang zu drohen. Es lief aber das Wasser in den letzten Stunden nicht viel höher auf. Der Prediger nebst seiner Frau x. retteten sich auf den Kirchenboden, nachdem sie ihre Kühe und Schafe im Pastorate losgemacht hatten, und fanden nachher bey ihrer Rückkehr, daß die Schafe sich zusammen in ein Bett retiret hatten, die Kühe aber mit den Vorderfüßen zu ihnen hinauf gestiegen waren; im Hause selbst waren die Wände alle durchlöchert. Sonst wurden auf Nordmarsch 7 Häuser weggespült, ein Warf ganz ruinirt, und eine Frau mit 2 kleinen Kindern ertrank. Auch kamen 8 Kühe und 13 Schafe ums Leben. Auf Oland that die Fluth den größten Schaden an den Wärfen, an deren Seiten die meisten Häuser auf den Stendern zu ruhen kamen.[419]

Die Flut vom Neujahrstag 1720 versetzte die Halligleute somit wiederum in einen *erbärmlichen Zustand*, indem das Wasser ebenso hoch wie 1717 auflief.

Die Angaben der Eingesessen und die der Regierung über die jeweiligen Schäden und die Größe der Halligen schwanken dabei.[420] C. P. Hansen

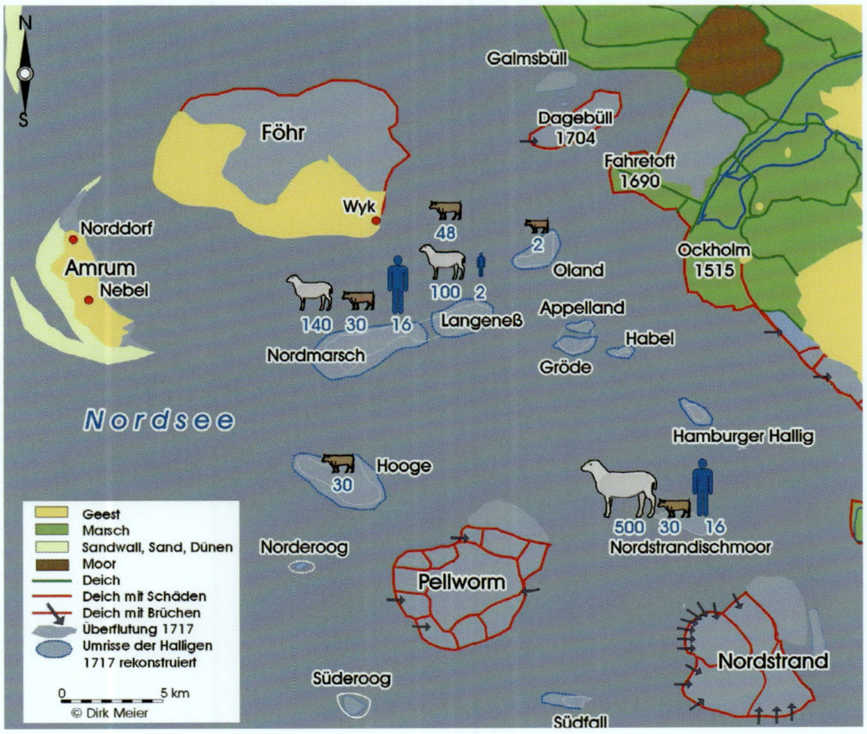

Auswirkungen der Weihnachtsflut 1717 auf die nordfriesischen Halligen. Ertrunkene Menschen, Kühe und Schafe.

Nach der Sturmflut. Ausschnitt eines Aquarells von Carl Ludwig Jessen (1833–1917), Museumsberg Flensburg. Bergung des Kelches der 1825 zerstörten Kirche von Nordstrandischmoor. Quelle: U. Schulte-Wülwer, Föhr, Amrum und die Halligen in der Kunst (Heide ²2004)

nimmt in seiner Chronik von 1877 die Zahl sämtlicher Halligbewohner um 1762 mit fast 2.000 an, da es 1800 mehr als 350 Häuser auf den Halligen und sechs Kirchen (Hooge, Nordmarsch, Langeneß, Oland, Gröde, Nordstrandischmoor) gab.[421] Die Einwohnerzahl sank jedoch ständig. Der fortschreitende Landverlust erschwerte eine gerechte Besteuerung der Halligen, was zu mehreren Eingaben der Halligleute an die Obrigkeiten mit der Bitte nach einer Anpassung führte.[422]

FEBRUARFLUT 1825

Die Sturmflut vom 3./4. Februar 1825 war eine der verheerendsten Naturkatastrophen des 19. Jahrhunderts an der Nordsee, die von den Niederlanden bis nach Ribe in Dänemark nachhaltige Verwüstungen anrichtete. Klimahistorisch fällt die Sturmflut von 1825 in das Ende der Kleinen Eiszeit und an dem Beginn wieder steigender Temperaturen in Mitteleuropa, zumindest aber in eine Phase von rapiden Klimaausschlägen und Wetteränderungen von einem tendenziell kalten zu einem tendenziell wärmeren Klima.[423]

Der Sturmflut ging ein sehr stürmischer, regenreicher Herbst voraus, der die Deichkörper durchweichte und die Wege unpassierbar machte. Nach den Beobachtungen des Deichkondukteurs J. E. F. Christensen erreichte das Barometer am 28. Januar 1825 *eine ihm noch nicht vorgekommene Höhe*.[424] Danach fiel der Barometerstand zu einer *fast ebenso wenig bekannten Tiefe*, woraus er auf eine bevorstehende Sturmflut schloss und noch vor ihrem Eintritt nach Breitenburg bei Itzehoe reiste. Aus seinem Bericht ebenso wie aus den Beobachtungen des Deichinspektors Salchow geht hervor, dass am 2. Februar ein *starker Südwestwind* wehte, der in der Nacht vom 3. Februar, begleitet von Schneegestöber, an Heftigkeit zunahm und bereits einen Anstieg des Tidehochwassers von 7 Fuß (2 m) über *ordinärer Flut* bewirkte. Für *eine ordinäre Flut* wurde als Höhe der Beginn des Andelwuchses oder des Quellers zugrunde gelegt. Da genaue Pegelaufzeichnungen fehlen, lassen sich nur ungefähre Höhenwerte der Sturmflut angeben.[425]

In der Nacht vom 3. auf den 4. Februar drehte der Wind von Südwest auf Nordwest und erreichte seine größte Stärke. Die Heftigkeit des Sturms hat zwar die vom 15. November 1824 nicht überschritten, jedoch ist nach Christensen *das unglückliche Zusammentreffen einer hohen Springfluth mit dem Sturme die Ursache der unerhört hohen Fluth* gewesen.[426] Wie die amtlichen Berichte, Flutmarken und -messer bestätigen, erreichte die Sturmflut vom 3./4. Februar 1825 einen bis dahin an der schleswig-holsteinischen Westküste unbekannten Stand.[427] So betrugen die Sturmfluthöhen in Husum über der gewöhnlichen Flut 14 Hamburger Fuß (4 m) im Februar 1825 gegenüber 11 Fuß (3,15 m) im Dezember 1821 und 12½ Fuß (3,58 m) im März 1791. In Tönning wird eine Sturmfluthöhe mit etwa 13 Fuß (3,72 m) über *ordinärer Flut* angegeben. Nach dem Deichinspektor Chr. F. S. Salchow war die von 1825 *die verheerendste Sturmfluth, welche an Höhe, Umfang und Vertilgungsvermögen jede Wasserfluth der Vorzeit, soweit die vaterländischen Annalen dieses aufbewahrt haben, bei weitem hinter sich ließ*.[428] Er macht allerdings keine Angaben über die Sturmfluthöhe. Baurat Matthießen rekonstruierte 1873 die Sturmfluthöhe in Husum mit etwa 3,77 m über dem gewöhnlichen Hochwasser.[429]

Besonders dramatisch verlief die Februarflut 1825 auf der Hallig Südfall. Hier ertranken neben 260 Schafen alle 12 Bewohner, nur der Halligbauer Peter Christiansen mit seiner Familie entging diesem Schicksal, da sein Haus 1824 durch eine Sturmflut zerstört wurde und alle mit einem Boot aufs Festland geflüchtet waren. Nach der Sturmkatastrophe von 1825 kehrte Peter Christiansen zurück. Auch die Süder- und die Norderwarft auf Hallig Habel wurden ein Opfer der Sturmfluten am Beginn des 19. Jahrhunderts.

Die nordwestlich von Habel liegende Hallig Gröde, wo eine der drei Warften völlig zerstört wurde, musste ebenfalls eine starke Verkleinerung hinnehmen, wuchs aber nach der Verlandung des trennenden Priels mit der benachbarten Hallig Appelland zusammen. Vor der Flut zählte man noch 90 Einwohner auf der Hallig, 1875 noch 45. 1825 ertranken hier 10 Menschen, 7 Kühe und 300 Schafe.

Auf der Hallig Oland gingen von 36 Wohnungen (Häuser) 33 verloren, dabei kamen zwei Menschen ums Leben. Ferner ertranken 12 Kühe und 82 Schafe. Die 1824 errichtete Kirche überdauerte die Sturmflut von 1825, hingegen musste man die Warft Pipe nach 1850 räumen. Der starke Abbruch der Hallig Oland, der an der Westseite von 1804 bis 1899 etwa 240 m betrug, war die Ursache für den 1896 erfolgten Bau eines Dammes mit dem Festland, der seit 1898 weiter nach Langeneß führte.[430] Nach dessen Zerstörung entstand zwischen

1925 bis 1927 der von Dagebüll über Oland bis nach Langeneß führende Lorendamm.

Vor der Flut von 1825 wurden auf Langeneß noch ca. 70 Häuser mit 187 Einwohnern von Harcksen gezählt; 1850 standen auf 14 Warften noch 50 Häuser und 1905/06 noch 30 Häuser. Parallel verkleinerte sich die Hallig, die 1873 noch eine Größe von 1.170 ha aufwies. Nach der Vermessung 1882 blieben davon 1.025 ha übrig. Die Sturmflut von 1825 versursachte auf Langeneß 12 und auf Nordmarsch 13 Tote. Auf Langeneß ertranken außerdem 70 Kühe und 450 Schafe, auf Nordmarsch 45 Kühe und 200 Schafe.

Auf Hooge zählte man vor 1825 noch 110 Häuser. Nach der Februarsturmflut waren die meisten zerstört oder stark beschädigt. Einige Warften waren auch ganz verschwunden. Das Totenregister von Hallig Hooge berichtet von drei durch die Sturmflut aus den Gräbern fortgerissenen Särgen, die auf Pellworm antrieben und dort bei der alten Kirche wieder bestattet wurden. Hier waren 25 Menschen, 50 Kühe und 140 Schafe ums Leben gekommen.

Auf Nordstrandischmoor standen von sieben noch drei Häuser. Das Pastorat, welches auch dem Küster Unterkunft gewährte, musste abgerissen werden. Auf der Kirchwarft versuchte sich der Schullehrer mit seiner Frau und seinem zehn bis elf Jahre alten Sohn auf den Boden des Hauses zu retten. Als die Wellen an das Haus schlugen, flüchteten sie durch das schon Arm tiefe Wasser zur benachbarten Warft der Familie Levesen. Dabei vergaßen sie ihren Sohn im Heuhaufen. Zur gleichen Zeit stürzte das Gebäude ein. Der Sohn trieb auf dem Heuhaufen auf die Levesen Warft zu, wo er gerettet wurde. Über die Kirche heißt es in einem zeitgenössischen Bericht: *Von Kirche, Schule und Küsterwohnung ist alles weggetrieben und nur eine große kupferne Taufe mit drei kupfernen Beinen, welche in die Tiefe zwischen den Warften geschleudert war, zurückgeblieben.*[431] Da ein Wiederaufbau der Kirche nicht möglich war, wurden die verarmten Bewohner von Hallig Nordstrandischmoor nach Odenbüll auf Nordstrand eingepfarrt. Die geborgenen Kirchenglocken kamen ebenfalls hierher. Den kostbaren Altarkelch (um 1495) erhielt die königliche Kunstkammer in Kopenhagen. Die Kirchwarft stand bis ca. 1905/06 verlassen da, den alten Friedhof zerstörten die Wellen. Noch lange konnte man dort Reste der Särge und Skelette finden.

Auf Süderoog wurde das Anwesen 1825 ein Opfer der Wellen, gleiches passierte auf Norderoog. Zwar ertranken hier keine Bewohner, aber auf Norderoog 2 Kühe und 30 Schafe sowie auf Süderoog 13 Schafe.[432]

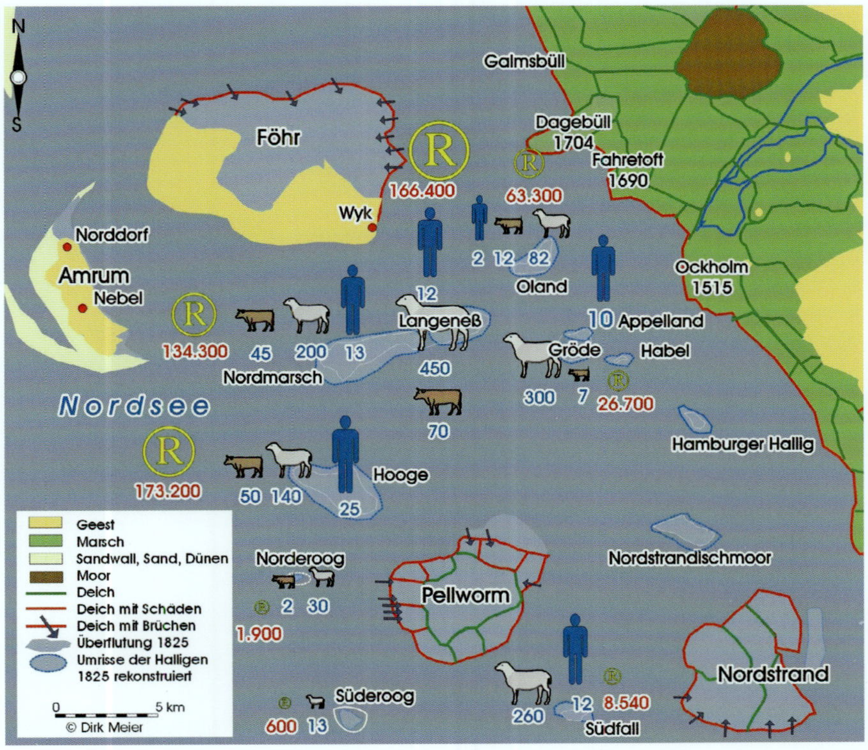

Auswirkungen der Februarflut von 1825 auf die Halligen. Ertrunkene Menschen, Kühe und Schafe sowie Schäden in Reichsbankthaler.

Nach der Sturmflut von 1825 trieb in Wyk auf Föhr eine Wiege mit zwei gut verschnürten Kindern an, wo sie vom Hafenmeister aufgezogen wurden und die Namen Hinrich und Carsten Lorenzen erhielten. Ihre Eltern haben sich nie ermitteln lassen.

Die anhaltende Sturmflut gestattete es vor dem 5. Februar nicht, den Halligleuten Hilfe zu bringen. So fuhr an diesem Tage der von Hooge stammende Husumer Bürger Barends mit Lebensmitteln und Frischwasser zu den Halligen. In einem Bericht des Deichinspektors Salchow vom 7. Februar an den Amtmann auf Pellworm heißt es: *Diesen Morgen sind von Föhr aus alle Fahrzeuge, die man auftreiben konnte, zur Menschenrettung nach den Halligen abgegangen. Von den Halligen, so nahe ich ihnen mit einem sehr guten Fernrohr gewesen bin, habe ich keine Nachrichten einziehen, keine Bewegung eines Schiffes oder Bootes entdecken können, denn die Bewohner sind entweder tot oder dem Verhungern oder Erfrieren preisgegeben.*

Ebenfalls der Landschreiber Bahnsen auf Pellworm schildert am 19. Februar 1825 die Katastrophe: *Auf sämtlichen Halligen sind nur 21 Häuser in so weit von den Wellen verschont geblieben, daß selbige bewohnt werden können. Alle übrigen Wohnungen sind theils ganz zusammen gestürzt, theils zur Hälfte eingerissen, theils gar nur noch einige Fächer davon übrig geblieben.* Ferner führt Bahnsen aus, dass die Halligbewohner mit *ihren mittelmäßigen Vermögensumständen* hilfsbedürftig seien, denn ihre Wohnungen wären ruiniert und sie hätten ihre Habe sowie ihr Vieh verloren.

Auch die vermögenderen Halligbewohner besaßen nicht mehr so viel, als dass sie die ärmeren ausreichend unterstützten konnten. Über 220 hilfsbedürftige Menschen wurden von den Halligen nach Wyk gebracht. Von dort kehrten die Schiffe mit Frischwasser zurück, da die Fethinge versalzt waren. Bahnsen glaubte, dass die Halligleute auf Jahre hinaus nicht fähig sein werden, Abgaben zu entrichten und schlug daher zunächst eine Haus- und Kirchenkollekte vor. Auch der Husumer Hilfsverein spendete reichlich. Zudem waren die Ländereien der Halligen auf längere Zeit versalzt. Neben den Schäden in der Landwirtschaft verfiel auch die Schifffahrt immer mehr, die noch im 17./18. Jahrhundert den wichtigsten Wirtschaftszweig bildete.

Friedrich VI., König von Dänemark (1808–1839). Ölbild von Friedrich Carl Gröger, Rosenborg Slot. Er besuchte nach der Sturmflut von 1825 die Halligen.

Bezeichnend ist auch die Tatsache, dass die königliche Regierung aus den von Überschwemmung betroffenen Westküstenregionen auf die Einziehung von Rekruten für die Armee für 1825 verzichtete und diese um ein Jahr aufschob. Zwar konnte diese nach der Besichtigung durch König Friedrich VI. die gröbste Not lindern, doch ansonsten waren die Geschädigten auf sich alleine gestellt.[433] Neben den dokumentierten Schäden verkleinerten sich auch die Halligen.[434] Die genaue Größenänderung vom 18. Jahrhundert bis an den Anfang des 19. Jahrhunderts ist aufgrund der verschiedenen Maße und Angaben der Quellen schwierig zu ermitteln.

Die Zerstörungen sowie die verzweifelte Lage der Bewohner ließen die Frage aufkommen, ob es nicht besser sei, die Halligen unbewohnt zu lassen und nur zur Gräsung des Viehs zu nutzen.[435] Deshalb ließ die königliche Verwaltung von den mit den örtlichen Verhältnissen vertrauten Männern, darunter Herrn von Wardenberg, ein Gutachten erstellen. Dieses kam zum Ergebnis, dass *das fernere Bewohnen* der Halligen notwendig und nützlich sei. In dem Gutachten wird auch ausgeführt, dass die Bewohner der Halligen mit so großer Liebe an ihrem Lande hingen, dass das Lebensglück der jetzigen Generation für immer dahin sein dürfte, wenn sie ihre Heimat verlassen würden. Zudem müssten aufgrund nicht vorhandener eigener Finanzmittel fast die gesamte Bevölkerung der Halligen außerhalb ihres ehemaligen Landes ernährt werden. Da schon bei etwas höher auflaufenden Fluten auf den Halligen oft die Herden zusammengeholt und auf die Warften getrieben werden müssten, sei zudem ihre Bewirtschaftung von den Inseln aus schwierig. Ferner führte das Gutachten aus, dass die Halligbewohner über Jahrhunderte in der Seefahrt tätig gewesen seien und agrarische Güter, wie Butter und Wolle, liefern würden.

Das Reskript vom 7. März 1825 der Schleswig-Holsteinisch-Lauenburgischen Kanzlei verlangte dann von den Oberbehörden einen Bericht zur Halligschutzlage. Dabei lehnten die Lokalbehörden, die sich mit den Halligbewohnern berieten, eine Eindeichung der Halligen ab, machten aber stattdessen Vorschläge zum Bau der Warften und Häuser. So müssten die Warften erhöht werden, und die Häuser sollten tief in den Boden eingelassene Pfosten erhalten.

Insbesondere nahm sich der Deichbauinspektor Krebs in seinen Schriften *Versuch zur Beantwortung der Frage, wie die Erhaltung der Halligen erreicht werden könnte* (April 1825) und *Vorstellung an das Königliche Obergericht zu Gottorf* (31. Mai 1825) der Halligschutzfrage an.[436] Seit 1711, als der Herzog von Schleswig-Holstein-Gottorf Schutzwerke für die Halligen bewilligt hatte, werden erstmals wieder konkrete Vorschläge zur Erhaltung der Halligen gemacht. Krebs kritisierte aber auch die bis dahin oft vorkommende Eigenwilligkeit der Halligleute, die sich in Küstenschutzfragen nicht beraten lassen wollten, deren Warften zu niedrig und zu steil geböscht seien und deren Häuser weniger der Festigkeit als vielmehr der Bequemlichkeit dienten. Die Häuser hätten nur wenig gesundes Holz aufgewiesen, und die Wände hätten teilweise aus Soden bestanden. Nur die erhaltenen Häuser wiesen Kalkmauersteine auf. Dort, wo die Häuser auf den Warften neu errichtet werden müssten, sollte zunächst die Warft auf eine Höhe entsprechend der Inseldeiche auf 16 Fuß (4,58 m) über gewöhnliches Hochwasser gebracht werden. Ferner sollte verboten sein, die Warft von Bartholomäi (24. August) bis Ende März zu begrasen und Gärten auf den Dossierungen der Halligen anzulegen. Auf der Ostseite der Warft sollte es für die Schafe einen Schüttkoben als Schutz gegen stürmisches Wetter geben. Ferner müsste um die Tränkkuhlen jeweils ein Erdwall aufgeworfen werden. Zudem wären die Düngergruben auf den Warften zu entfernen und deren Oberfläche eben zu halten. Weiter kritisierte Krebs den nicht vorhandenen Küstenschutz. So täten die Bewohner wenig zur Aufschlickung und ließen es zu, dass große Priele die Halligen durchziehen. Diese wären mit Schotten abzudämmen.

Zwar beabsichtigte die Regierung, die Höhe der Warften auf den Halligen nun generell auf 22 Fuß (6,30 m) zu erhöhen, doch wandte Krebs ein, dass die Bewohner mit Ausnahme der Vermögendsten so eine Vorschrift nicht erfüllen könnten. Nivellements auf einigen Hallig-Warften bestätigten Krebs in seiner Meinung, dass 16 Fuß (4,58 m) ausreichend seien. Die niedrigste aller Warften war 1825 die Hanswarft auf Hooge mit ca. 8 Fuß, 7 Zoll (ca. 2,59 m), während die durchschnittliche Höhe meist etwa 10 Fuß, 2,5 Zoll (ca. 3,05 m) betrug. Diese hatte 1825 der höchste Wasserstand mit mehr als 6 Fuß (1,72 m) über dem gewöhnlichen Hochwasser überschwemmt. Die heutigen absoluten Höhen der Halligwarften liegen zwischen NN +3,7 bis +6 m.[437]

Die Vorschläge der Warfterhöhungen waren eher theoretisch, denn bei manchen Häusern hatte man schon mit der Instandhaltung wieder angefangen. Weitere Vorschläge zielten darauf ab, die Warften randlich mit einem 16 Fuß (4,57 m) hohen Deich zu umziehen oder eine verlängerte Dossierung anzulegen und diese zunächst mit Stroh zu besticken. Die Kosten der Sicherstellung von 42 vorgesehenen Warften wurde mit 10.000 Reichsbankthaler veranschlagt.

Die endgültige Entscheidung brachte der Besuch des dänischen Königs Friedrich VI. auf Hooge. Wie die Schleswig-Holsteinische-Lauenburgische Kanzlei am 30. Juli 1825 ausführte, hatte der Monarch eingesehen, dass man die Höhe der Warften des früheren Reskriptes nicht erreichen konnte. Nun sollten vielmehr bei den bestehenden Warften eine Höhe von 9–19 Fuß (2,57–5,43 m) beibehalten werden, neue hingegen müssten danach 14 Fuß (4 m) über dem Horizont hoch sein.

Der „Husumer Hülfsverein" hielt ebenso wie Krebs eine Erhöhung der Warften auf 22 Fuß (6,29 m) für unnötig. Dessen nach den Halligen entsandte Mitglieder hatten zudem herausgefunden, dass nur die westlich und nordwestlich liegenden Warften auf den Halligen verschwunden oder stark zerstört waren, während die übrigen meist nur am Kamm, weniger aber an den Dossierungen gelitten hatten. Am schwächsten betroffen waren die im Osten und Südosten liegenden Halligwarften, die anstatt von Dossierungen nur steile Sodenwände an den Böschungen besaßen. Hauptsächlich hatte der Wellenschlag den Häusern auf den westlichen und nordwestlichen Halligwarften geschadet.

Abschließend lässt sich als Fazit der Februarsturmflut festhalten, dass von den arg in Mitleidenschaft genommenen Halligen über 220 Menschen nach Föhr gebracht wurden, 79 Häuser verschwunden sowie 233 unbewohnt waren und 22 starke Schäden aufwiesen. Ertrunken waren insgesamt 74 Menschen, 186 Kühe und 1.475 Schafe. Die Gesamtsumme aller Schäden belief sich auf 578.040 Reichsbankthaler.[438]

Zerstörte Peterswarft auf Hallig Langeneß um 1890. Quelle: Bantelmann 1966, 83

UFERSCHUTZ DER HALLIGEN

Auch nach der verheerenden Sturmflut von 1825 vergingen mehr als 25 Jahre, bevor man auf Hallig Gröde-Appelland versuchsweise mit Uferschutzarbeiten begann. Damit wollte man auch die Bewohner überzeugen, dass der Schutz ihrer Marschenlande möglich sei. Diese konnten jedoch ohne Hilfe von außen solche Maßnahmen nicht ausführen. Neben den mangelnden ökonomischen Möglichkeiten verschlang schon der jährliche Abtrag der den Grasbewuchs hemmenden Sand- und Muschelablagerungen, die nach Landunter zurückblieben, viel Arbeitskraft.

Nach dem Deutsch-Dänischen Krieg 1864 wurde dem siegreichen Preußen zunächst die Verwaltung Schleswigs und somit auch der Halligen übertragen, bis ganz Schleswig-Holstein 1867 preußische Provinz wurde. Zuständig für den Küstenschutz war nun die neue „Kommission für Schleswig-Holsteinische Wasserbauangelegenheiten". Zu den Halligen schrieb Adelbert Baudissin bei ihrer Gründung: „Wir dürfen überzeugt sein, daß die Mitglieder der Commission nicht fragen werden: Was kostet dem Staate die Erhaltung dieser oder jener Hallige? – sondern: was kostet dem Staate der Untergang dieser oder jener Hallige, welcher bisher als Wogenbrecher gedient hat?"[439]

Diese bis heute aktuelle Sichtweise findet sich auch 1900 in der Begründung für die Notwendigkeit der Uferbefestigung Hooges.[440] Es sollte jedoch noch mehr als drei Jahrzehnte dauern, ehe größere Küstenschutzsicherungsmaßnahmen begannen. Bis dahin waren nur lokale Maßnahmen wie 1872 der Bau eines Steindeckwerks der Halligkante bei der Warft Hilligenlei auf Langeneß-Nordmarsch

Adelbert Heinrich Graf von Baudissin (25. Januar 1820 in Horsens, Jütland; † 28. März 1871 in Wiesbaden), der Befürworter des Halligschutzes. Quelle: Einst und Jetzt. Jahrbuch des Vereins für corpsstudentische Geschichtsforschung 49, 2004, 233.*

Wellenauflaufhöhen und Wasserstände während der Februar-Sturmflut 1962. Ausschnitt der Schadenskarte des Ministeriums für Ernährung, Landwirtschaft und Forsten/ Landesamt für Wasserwirtschaft, Schleswig-Holstein. Quelle: Die Küste, Heft 1, 1962, Anlage 3

sowie 1874/75 der Dammbau zwischen dem Festland und der Hamburger Hallig und deren Sicherung durch ein Steindeckwerk erfolgt.

Der in der Einleitung schon erwähnte Dr. Träger forderte 1889 in einer Eingabe an das Preußische Ministerium für Landwirtschaft, Domänen und Forsten in Berlin Sicherungsmaßnahmen für die Halligen Hooge und Langeneß. Eine zweite Eingabe richtete er im gleichen Jahr an den Staatsminister von Maybach. Da konkrete Zusagen ausblieben, machte er mit seinen Schriften „Die Halligen in der Nordsee“ (1892) und „Im Banne der Nordsee“ (1895) die Probleme der Halligen einem größeren Kreis bekannt und wandte sich direkt an die Kaiserin Auguste-Viktoria.[441] Daraufhin bewilligte 1895 der Preußische Landtag 1.320.000 Mark für die Sicherung der Hallig, woraufhin im folgenden Jahr das Westufer von Hooge einen Steindeich erhielt. Zwischen 1896 und 1899 entstanden Dämme zwischen Oland und dem Festland sowie zwischen 1897 und 1899 zwischen Oland und Langeneß. Nach den Küstenschutzplanungen auf Hooge wurden diese in den nachfolgenden Jahrzehnten auf alle Halligen ausgedehnt.[442]

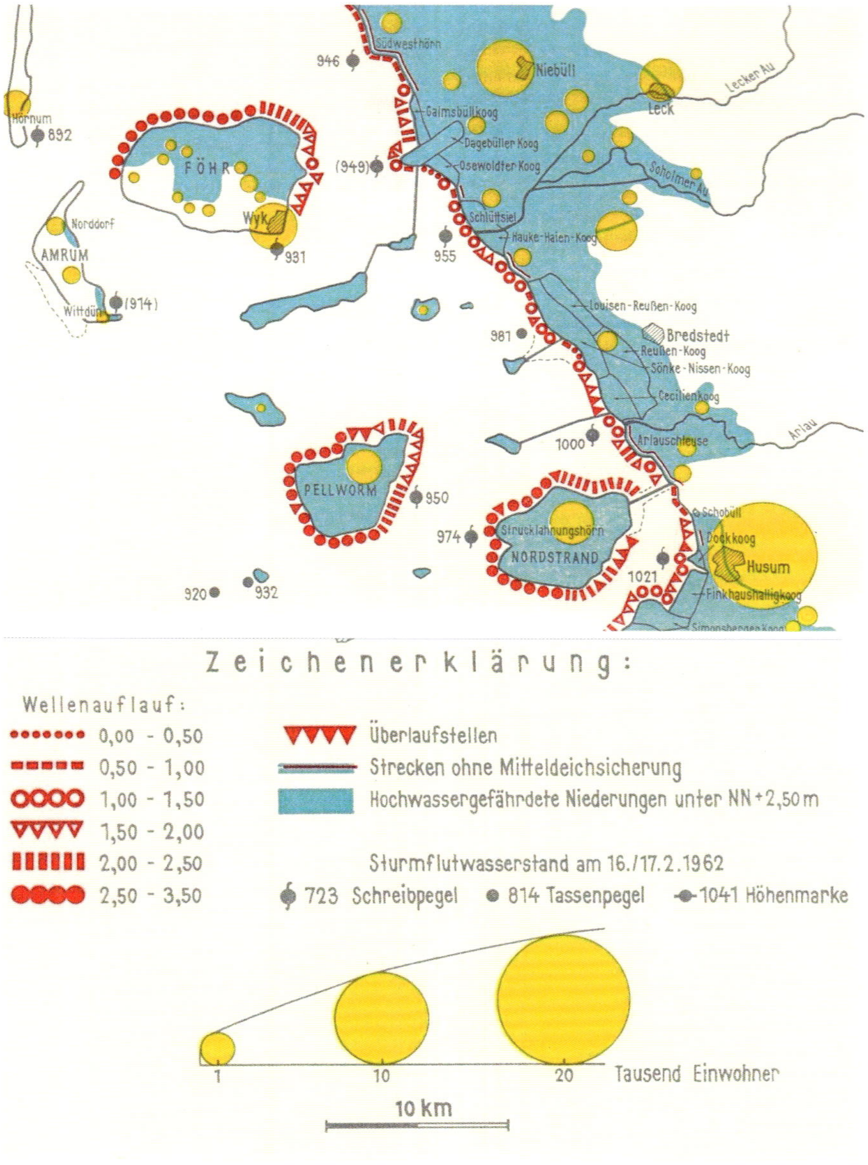

Heute besteht der Uferschutz entweder aus Setzstein- oder Schüttsteindeckwerken aus Basaltsäulen bzw. Granit-Findlingen. Die Deckwerke weisen meist an der Seeseite eine Böschungsneigung von 1:2 auf und besitzen teilweise zusätzliche Fußsicherungen aus Schüttsteinen. Der waagerechte Deckwerkskopf mit einer Breite von 1 bis 5 m dient der Überschlagsicherung sowie als Transport- und Fahrweg. An den Deckwerkskopf schließt ein überhöhtes Deckwerk an.[443]

STURMFLUT 1962

Nach dem Zweiten Weltkrieg erarbeitete 1956 die Arbeitsgruppe Küstenschutz des damaligen Marschenbauamtes ein Gutachten zur Anpassung der Warften auf den Halligen an die zu erwartenden Sturmfluthöhen. Man erörterte darin Warfterhöhungen, den Bau von geschlossenen Ringdeichen oder von Teilringdeichen auf den Warften, die Verbreiterung der Warften sowie die Einrichtung von Fluchthäusern. In ihrem Schlusswort betonte die Kommission, dass die Erhaltung nur möglich ist, wenn diese bewohnt bleiben. Der erste Schutzraum von etwa 60 m² mit einem Fußboden auf einem Höhenniveau von NN +7,9 m und einem Betonskelett mit 3 m tief in die Warft reichenden Bohrpfählen auf einer Hallig entstand 1953 auf Süderoog.[444] Ansonsten waren diese Maßnahmen noch nicht alle zur Ausführung gekommen, als 1962 eine sehr schwere Orkanflut über die deutsche Nordseeküste hereinbrach, die sich auch auf die Elbe, ihre Nebenflüsse und Hamburg auswirkte.

„Die Flut war salzig, eklig, braun. Sie ertränkte einige Hundert Quadratkilometer Deutschland und über 300 Deutsche. Es war wie Moses im Alten Testament beschrieb: Da ging alles Fleisch unter, was auf Erden kriecht...“ titelte das Nachrichtenmagazin DER SPIEGEL in seiner Nummer 9 vom Februar 1962.[445] Auch ertrank – und das schrieb das Magazin mit Recht – „der Glaube an die Sekurität, die sich als wasserlöslich erwies.“

Neu-Peterswarf III mit dem in der Sturmflut von 1962 zerstörten Wohnhaus und versalztem Fething. Foto: E. Wohlenberg

Der Orkan, der die schwere Sturmflut von 1962 auslöste, folgte einer seit Dezember 1961 andauernden stürmischen Westwind-Wetterlage. Seine Entwicklung hatte bereits am 12. Februar mit einem Sturmtief begonnen, dessen Kern dann nach Skandinavien und über die deutsche Nordseeküste zog.[446] Am 13. Februar setzte bei Neufundland die Entwicklung von Zyklonen ein, die sich über den Nordatlantik entlang eines Azorenhochs in die Nordsee vorschoben. In den Abendstunden verschärfte sich nach dem Durchzug der Kaltfront des Tiefs die Wetterlage, wobei sich der Wind aus nordwestlicher Richtung noch verstärkte. In der Nacht vom 16. auf den 17. Februar rollte aus nordwestlicher Richtung eine sehr hohe Flutwelle auf die deutsche Nordseeküste zu. Um 22 Uhr waren 9 bis 10 Beaufort, in Böen sogar bis 12 Bft. erreicht. Der Sturm brachte Gewitter-, Graupel- und Schneeregenschauer mit sich und dauerte noch am 17. Februar an.

In Nordfriesland flaute der Wind kurz vor dem höchsten Wasserstand ab. Zu diesem Zeitpunkt waren die Sturmwellen bereits in viele der Häuser auf den Halligen eingedrungen. Dung und Jauche aus den Ställen trieben in die Wohnungen. Auf Langeneß reichten die Brecher zwischen den Häusern auf der Warft Hilligenley bis zu deren Dachhöhe. Bis zu 15 m hohe Fontänen stürzten auf die Warft. Als auf der Warft Süderhörn eine Bauersfrau telefonieren wollte, brach die Holzwand mit dem daran befestigten Telefon ein. Sie konnte sich mit knapper Not auf den Dachboden retten. Auf der Neu-Peterswarft flüchtete ein junges Ehepaar mit einem wenige Monaten alten Kind auf einen Heudiemen. Auf Hallig Hooge zerstörte die Sturmflut ein Haus der Hanswarft völlig. Gegen 23 Uhr drang das Wasser von allen Seiten in ein Haus auf Hallig Gröde ein. Von der gegenüberliegenden Knudswarft sahen die Bewohner nur noch die Dächer aus den Wellen herausragen. Sie überstanden die Sturmflut auf einem Bettgestell, da das Wasser 0,50 m hoch in der Wohnstube stand. Die Halligbewohner überlebten die Sturmflut in den Dachgeschossen ihrer Häuser, auf den Dächern oder Heudiemen. Von 150 Häusern blieben nur 34 unbeschädigt. Zwar gab es keine Toten, aber zahlreiches Vieh war ertrunken.[447]

Bundespräsident Lübke besuchte am Tag nach der Katastrophe die Halligen. Aus ganz Deutschland und auch aus dem Ausland kamen private Sach- und Geldspenden. Vorrangig war zunächst vor allem die Trinkwasserversorgung, da die Fethinge versalzt waren. Hubschrauber der Bundeswehr warfen unmittelbar nach dem Orkan Kanister mit Trinkwasser ab, zudem nahmen alle möglichen Schiffe, Motorboote und Spezialschiffe für Wassertransport Kurs zu den Halligen. Nach dem ersten Abflauen des Orkans lief ferner ein Wasserversorgungsprogramm von Landes- und Bundesbehörden an, durch das in 10 Tagen mehr als 7 Millionen Liter zu den Notleidenden gebracht wurden. Eine Alternativplanung des Husumer Landrats, stattdessen Mensch und Tier vorübergehend auf das Festland zu evakuieren, konnte so unterbleiben. Günstig wirkte sich für den Transport ferner aus, dass bereits kurz vor der Sturmflut 1962 fertig gestellte feste Beton- und Asphaltstraßen viele Warften untereinander verbanden. Da nach 10 Tagen die Wassernot gebannt war, kehr-

Oben: Am Morgen nach der Sturmflut 1962: Hubschrauber werfen Trinkwasser auf den Halligen ab; unten: Spezialschiffe pumpen nach dem Abflauen der Sturmflut Trinkwasser auf die Halligen. Quelle: E. Wohlenberg 1969

Nach 1962 erhielten die renovierten und neu erbauten Häuser auf den Halligen Ziegeldächer wie hier auf der Neuwarft, Nordstrandischmoor. Foto: Dirk Meier

Landunter auf Hallig Hooge mit Hanswarft, oben erkennt man den Ringdeich entlang der Halligkante. Foto: Walter Raabe

ten die Spezialschiffe „Neptun" und „Delphin" in ihre Heimathäfen zurück. Bevor diese abfuhren, wurden noch Reserven in den vorher gereinigten Fethingen auf Hooge und Langeland angelegt, da diese Halligen den größten Viehbestand besaßen. Die beiden nahe am Fahrwasser liegenden Fethingen auf Hilligenley bekamen zudem eine Bedeutung für die Wasserversorgung der gesamten Hallig in Notzeiten für die Zukunft zugewiesen.

Die Landesregierung sorgte nicht nur für den Anschluss der Halligen an die Trinkwasserversorgung mit Leitungen, sondern unterstützte auch die Eigentümer beim Neubau ihrer Häuser. Diese erhielten moderne Wirtschaftsteile und Ziegeldächer. Zudem bekamen sie einen sturmflutsicheren Schutzraum auf einem eisenbewehrten Grundgerüst mit Beton auf Ständern. Nach dem Zweiten Weltkrieg hatten die Halligen Oland, Langeneß und Hooge bereits elektrischen Strom erhalten. Die Schadensanalyse dieser Sturmflut führte zum „Generalplan Küstenschutz" in Schleswig-Holstein von 1963.[448] Die Schutzmaßnahmen bewährten sich in der schweren Orkanflut 1976, doch werden sie auch in Zukunft ausreichen?

DIE HALLIGEN IM KLIMAWANDEL

„Sturmfluten und flussprägende Hochwässer sind Naturereignisse in extremer Form, die man nur begrenzt beherrschen kann. Mit dem Fortschreiten des Klimawandels und dem Anstieg des Meeresspiegels werden solche Extremereignisse zunehmen", schrieb der damalige schleswig-holsteinische Umweltminister Dr. Robert Habeck im Vorwort des Berichtes „Hochwasserrisikomanagement 2011–2021" des Ministeriums für Energiewende, Landwirtschaft, Umwelt und ländliche Räume (MELUR).[449]

Im Vergleich zum 17. Jahrhundert haben die heutigen Halligen bis Anfang des 20. Jahrhunderts etwa zwei Drittel ihrer Fläche verloren. Greifen wir ein Beispiel heraus. So traten auf der Hallig Hooge seit dem Anfang des 19. Jahrhunderts folgende Sturmflutwasserstände ein: Am 3./4. Februar 1825 waren es ca. NN +4,28 m, am 16. Februar 1962 etwa +4,37 m, am 3. Januar 1976 etwa +4,40 m, am 24. November 1981 etwa +4,34 m sowie am 26. Januar und 27. Februar 1990 etwa +4,19 m. Beim Orkan Xaver wurden in den frühen Morgenstunden am 6. Dezember 2013 Wasserstände am Pegel Nordstrandischmoor von Normalhöhennull (NHN) +4,46 m gemessen, was einem Wasserstand von 2,87 m über dem MThw entsprach. Am Pegel Hooge Anleger und Langeneß-Hilligenley verzeichnete man Maximalwasserstände von NHN +3,99 m.[450] Wenn auf Hooge der Pegelstand eine Höhe von NHN +4,25 m bzw. Pegelstand 926 cm erreicht, werden einige Warften volllaufen.

Zwischen 1961 und 2003 betrug der durchschnittliche globale Meeresspiegelanstieg 1,8 mm im Jahr. Allerdings stieg dieser zwischen 1993 bis 2003 auf 3,2 mm im Jahr.[451] Bis zum Ende des 21. Jahrhunderts ist mit einer Erhöhung des mittleren Meeresspiegels von 0,26 m bis 0,82 m (ca. 3–8 mm/Jahr) zu rechnen. Diese vom Intergovernmental Panel on Climate Change (IPCC) ermittelten globalen Durchschnittswerte sind mit der Fraglichkeit des Abschmelzens der Eiskappen und den prognostizieren Umweltszenarien jedoch unsicher. In Schleswig-Holstein ist dazu die langfristige Landsenkung zu addieren, die zwischen 0 und 1 mm pro Jahr beträgt.[452]

Ferner wird die durchschnittliche Lufttemperatur im Jahresmittel bis Ende des 21. Jahrhunderts (2071–2100) im Vergleich zu 1961 bis 1990 je nach IPCC-Emissionsszenario zwischen +1,2 und +4,6 Grad Celsius zunehmen, wobei der Mittelwert +2,9 Grad beträgt. Generell werden sich die Wassertemperaturen im Wattenmeer aufgrund der geringen Wassertiefen über den allgemeinen Anstieg der Nordsee hinaus erhöhen. Der mittlere Niederschlag dürfte sich an der deutschen Nordseeküste vor allem im Winter verstärken. Ob es auch mehr Stürme geben wird und wie sich die Sturmtage verteilen werden, wird zwar unterschielich diskutiert[453], doch dürfte der Klimawandel die Sturmintensität erhöhen.[454]

Der zunehmende Meeresspiegelanstieg betrifft auch das Wattenmeer, deren Außenküste anzubrechen droht. Bereits ein Meeresspiegelanstieg von 5 mm im Jahr entspricht einer Verdreifachung der heutigen Rate. Um den negativen Folgen des Klimawandels zu begegnen, hat der Küsten- und Naturschutz in Schleswig-Holstein das „Strategiepapier Wattenmeer 2100" vorgelegt.[455] Die derzeitige Handlungsstrategie beruht auf einem mittelfristigen Szenario bis 2050 und einem langfristigen bis 2100.

Für das Wattenmeer mit seinen komplizierten hydrologischen und morphodynamischen Prozessen existieren bisher nur wenige Projektionen. Ihre vereinfachte und zugleich konkrete Abbildung in Modellen ist schwierig. Tidebecken reagieren aufgrund regionaler Unterschiede wie Beckengröße, Tidenhub oder Materialverfügbarkeit nicht einheitlich auf einen beschleunigten Meeresspiegelanstieg. Nach niederländischen Modellrechnungen (DELFT-3D) kann das Wattenmeer mit einem ansteigenden Meeresspiegel zunächst mitwachsen.[456] Während sich im Szenario die Wattflächen bei einem jährlichen Anstieg von etwa 3 bis 4 mm im Modell stabil verhielten, würden sie bei einem zunehmenden Meeresspiegelanstieg von 8 bis 10 mm ohne Gegenmaßnahmen trotz verstärkter Sedimentation bis Ende 2100 erodiert werden und unter den Meeresspiegel abtauchen. Eine moderate und langfristige Änderung der Hydrologie als Folge des beschleunigten Meeresspiegelstiegs führt zu einer ständigen natürlichen Anpassung der Wattoberflächen, sodass ein dynamisches Gleichgewicht zwischen Hydrologie und Morphologie lange erhalten bleibt.

Bezüglich des Wattenmeeres wird von einem erhöhten Tidenhub bei geringeren Mittleren Tideniedrigwasserständen (MTnw) in Kombination mit höheren Mittleren Tidehochwasserständen (MThw) ausgegangen. Das verändert die Tidedynamik und vergrößert die Flut- und Ebbstromgeschwindigkeiten.[457] Entsprechende Prognosen basieren auch auf längeren Beobachtungen an der deutschen Nordseeküste.[458] Gemittelt über die Pegel Dagebüll, Wyk auf Föhr, Wittdün auf Amrum, Schlüttsiel und Pellworm-Hafen stieg von 1965 bis 2010 das MThw um durchschnittlich 0,47 mm pro Jahr bzw. insgesamt um etwa 0,2 m an. Folglich hat sich auch der mittlere Tidenhub entsprechend des MThw-Anstieges erhöht.[459]

Beim heute prognostizierten Meeresspiegelanstieg können zukünftige Extremwasserstände in der Deutschen Bucht die derzeitigen Prognosen noch um einige Dezimeter übertreffen.[460] Zudem lässt sich hier ein schnellerer Anstieg als beim mittleren Meeresspiegel beobachten.[461] Die Projektionen zu den Sturmflutwasserständen des Helmholtz-Zentrums Geesthacht (HZG) reichen von 0,3 bis 1,1 m bis 2100.[462] Soweit prognostizierbar deutet sich für die südöstliche Nordsee eine leichte Zunahme extremer Wellenhöhen bis zum Ende des 21. Jahrhunderts an.[463] Der Küstenschutz in Schleswig-Holstein berücksichtigt diese Prognosen im Rahmen eines Sicherheitszuschlags von 0,5 m für den Deichbau. Dieser Wert entspricht dem Mittelwert des vom IPCC prognostizierten globalen Meeresspiegelanstiegs von 1990 bis 2100.[464]

Im „Generalplan Küstenschutz des Landes Schleswig-Holstein – Fortschreibung 2012“ sind die Ziele und Grundsätze der Landesregierung für den Sturmflutschutz festgelegt.[465] An der schleswig-holsteinischen Nordseeküste entstehen seit 2009 sog. Klimaschutzdeiche. Ferner dient das Hochwasserrisikomanagement dazu, „neue Risiken zu vermeiden, bestehende Risiken zu verhindern sowie die nachteiligen Folgen während und nach einem Hochwasser zu minimieren. Damit tragen die Maßnahmen dazu bei, die Folgen der durch Klimawandel möglichen Hochwasserereignisse und Sturmfluten zu begrenzen“, heißt es im Bericht des MELUR von 2016.[466]

Schutzmaßnahmen gegen den Klimawandel, die nicht in der Trägerschaft des Landes liegen, werden gemeinsam mit den Betroffenen erarbeitet. Dazu gehören insbesondere die Halligen (AG Hallig 2050). Der Ministeriumsbericht von 2014 zu den Halligen enthält auch die Ergebnisse der Forschungsprojekte SAHALL (Sediment Akkumulation Halligen) der Universität Göttingen und eines Ideenwettbewerbs.[467] Bis 2007 verstärkte das Land alle 32 bewohnten Warften mit einem Finanzierungsaufwand von 18 Millionen Euro. Ferner flachte man deren Böschungen ab und errichtete teilweise auf diesen Ringdeiche. Zusätzlich entstanden neue Schutzräume.

Die hydrologischen Entwicklungen sind für die Halligen bedrohlich. So läuft das MThw heute auf Norderoog bei NHN +1,35 m, auf Hooge +1,50 m, auf Gröde +1,59 m und auf der Hamburger Hallig

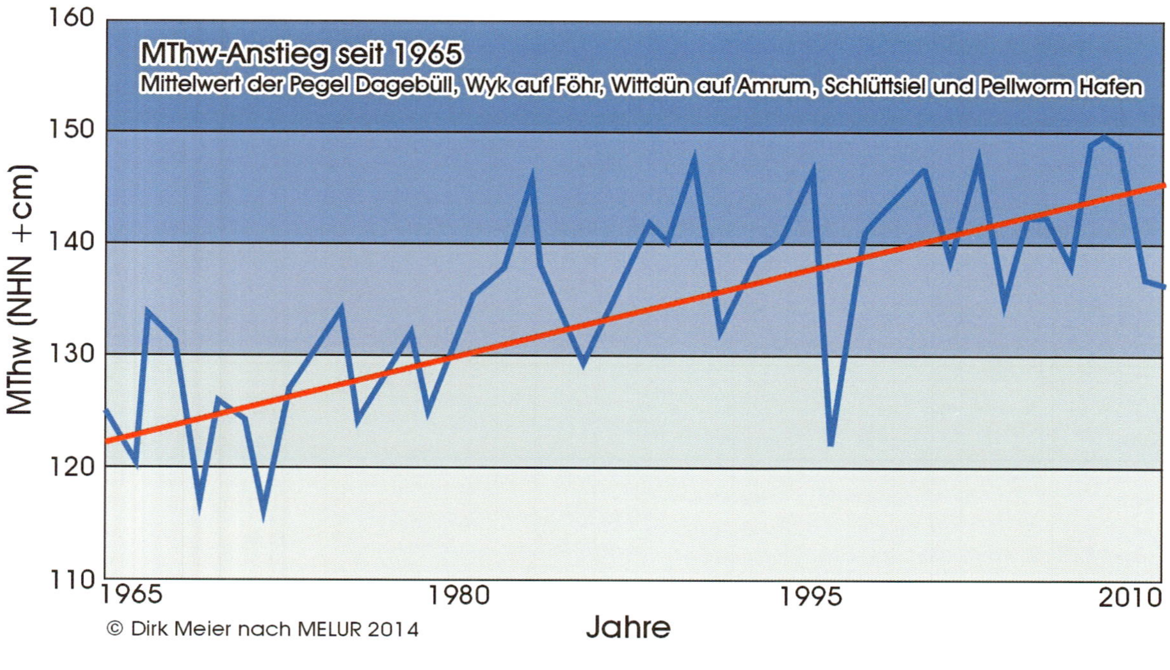

Anstieg des MThw seit 1965. Mittelwert der Pegel Dagebüll, Wyk auf Föhr, Wittdün auf Amrum, Schlüttsiel und Pellworm Hafen

bei +1,64 m auf. Sturmfluten satteln dabei auf das MThw auf. Bei einem Jahrhundert-Sturmflutereignis könnte der höchste Wasserstand auf Norderoog bei NHN +5,25 m, auf Hooge bei +5,25 m, auf Gröde bei +5,7 m und auf der Hamburger Hallig bei +5,85 m liegen.[468] Für Hooge etwa wurde der Wasserstand von NHN +2,3 m (ca. MThw +0,9 m) von 2002 bis 2011 im Schnitt etwa 10 Mal im Jahr, seltener 4 Mal und höchstens 18 Mal wie 2007 überschritten.[469] Die Höhe des Hooger Ringdeiches liegt etwa bei NHN +2,9 m, allerdings setzt die Überflutung der Hallig infolge des Wellenüberlaufs schon ab NHN +2,3 m ein. Dabei wurde der Wasserstand von NHN +2,3 m zwischen 1978 und 2011im Schnitt einmal erreicht oder überschritten.[470]

Hamburger Hallig mit Halligraustreifen. Foto: Dirk Meier

Zwar hat die natürliche Sedimentation die Halligen in ihrer Geschichte mit dem steigenden Meeresspiegel mitwachsen lassen, doch ist dies für die Zukunft fraglich. Bei der Sedimentation auf den Halligflächen sind die Überflutungshäufigkeit und -höhe sowie die Sedimentkonzentration im Überflutungswasser maßgebend. Dabei ist das vertikale Wachstum durch Sedimentanreicherung (Anwachs) von Extremereignissen wie Sturmfluten und von der Konzentration der im Wasser enthaltenen Schwebstoffe abhängig. Bei einem Meeresspiegelanstieg von ca. 10 mm im Jahr und einem Tidenhub von weniger als 1 m würde der Schwebstoffgehalt nicht mehr ausreichend sein, um die Marsch zu erhalten. Allerdings hängt die Sedimentationsrate auch von den Windverhältnissen und den dadurch verursachten Meeresspiegelschwankungen ab.[471] Dabei kann die Ablagerungsrate in sehr stürmischen Jahren im Vergleich zur mittleren Wachstumsrate um ein fünffaches höher liegen. Unterhalb einer Überflutungshöhe von 0,18 m ist die Intensität eines Sturmereignisses der Haupteinflussfaktor für die Sedimentablagerung, darüber ist die Frequenz der Sturmereignisse entscheidend.[472] Daneben beeinflusst auch die Vegetation der Landoberfläche die Ablagerung von Sedimenten. Unbewachsene oder nur mit Schlickgras bewachsene Oberflächen haben dabei eine geringere Sedimentationsrate als Oberflächen mit heterogener Vegetation. Reduziert ein starker Meeresspiegelanstieg die Vegetation, ist vor allem in Gebieten mit erhöhtem Gezeitenfluss ein Abbau der Marschflächen die Folge.

Um das aktuelle natürliche Anpassungsvermögen der Halligen zu erfassen, wurden vom Geowissenschaftlichen Zentrum der Universität Göttingen (GZG) innerhalb des Forschungsprojektes SAHALL II die Sedimentanreicherung und deren räumliche Variabilität auf Langeneß, Hooge und Nordstrandischmoor untersucht.[473] Generell war dabei eine Reduzierung der Sedimentationsraten mit größer werdender Entfernung von der Uferlinie und den Binnenprielen zu beobachten. Ferner liegen die Wachstumsraten der kleinflächigen Hallig Nordstrandischmoor mit bis zu 3,8 mm im Jahr von 1963 bis 2007 deutlich höher als auf den beiden großen Halligen Langeneß (1,8 mm) und Hooge (2,6 mm). Danach besteht der geringe Aufwuchs (Sedimentakkumulation) auf den großen Halligen schon länger. Weite Teile von Hooge und Langeneß liegen heute so niedrig, dass sie ohne Uferschutzbauwerke schon bei einem normalen MThw vernässen würden. Bei einem Springtidehochwasser von etwa +0,3 m über MThw ständen diese Halligen größtenteils unter Wasser.

Dabei steht der aktuelle Anstieg des MThw im Ungleichgewicht zur Sedimentablagerung auf den Halligen. Die mittleren Aufwachsraten für Hooge liegen bei 1,5±0,9 mm im Jahr, für Langeneß bei 1,2±0,8 mm im Jahr und für Nordstrandischmoor bei 2,6±0,9 mm im Jahr. Im Vergleich zum Anstieg des mittleren Meeresspiegels von etwa 4,6±0,8 mm im Jahr zwischen 1971 und 2008 sind somit die Aufwachsraten deutlich geringer.[474]

Da sich die jährlichen Überflutungshäufigkeiten der einzelnen Halligen unterscheiden, beeinflusst das auch den jeweiligen Aufwuchs. Trotz häufigerer Überflutungen weist etwa Langeneß einen geringeren Aufwuchs als Hooge auf, obwohl der Regionaldeich auf Langeneß mit 0,98 m über dem

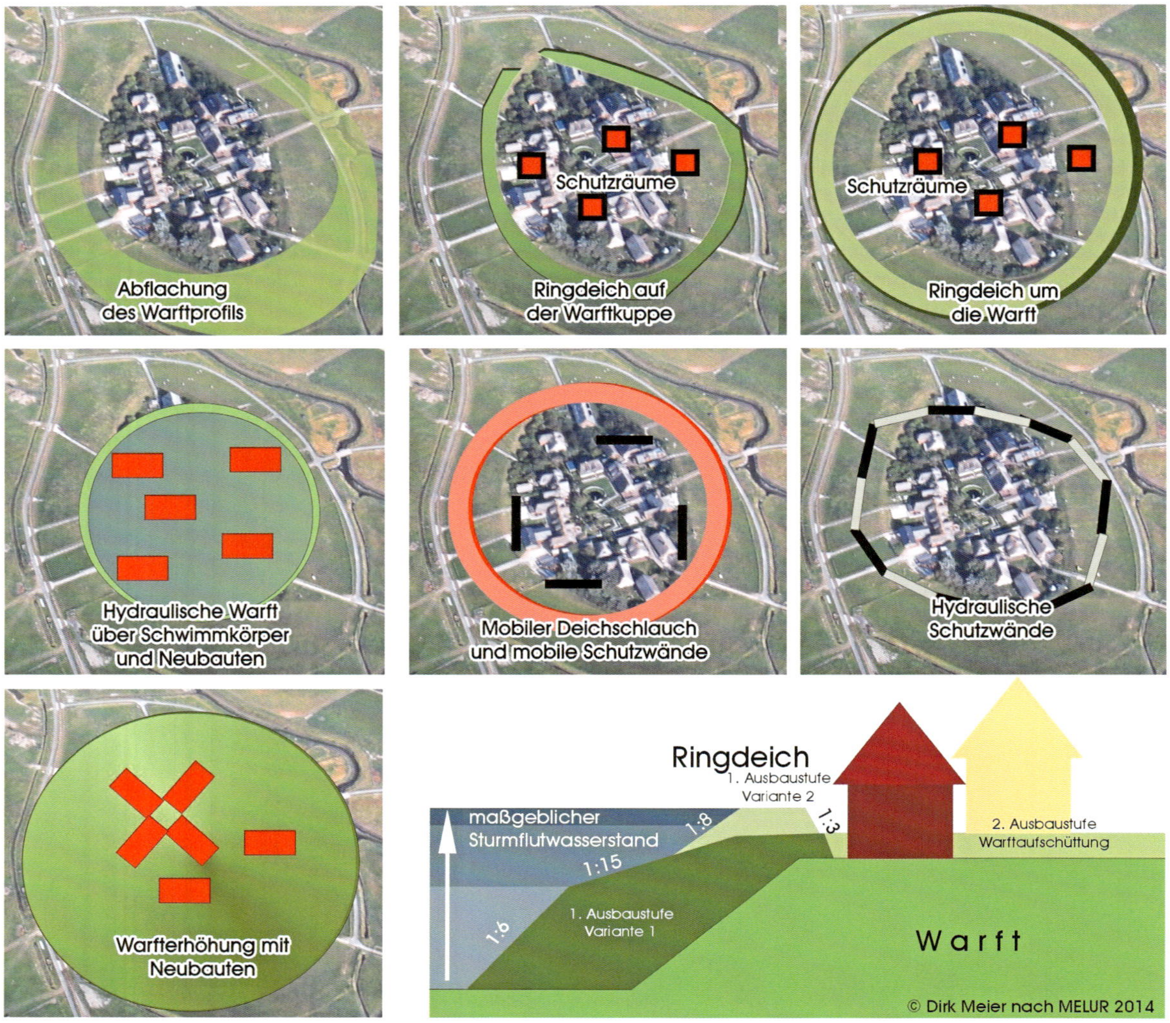

Schutzmaßnahmen für die Warften in Zeiten des Klimawandels. Foto: Walter Raabe, Grafik: Dirk Meier

MThw niedriger ist als der auf Hooge (1,54 m über MThw). Da weniger hohe Sturmfluten nur geringe Sedimentmengen mit sich führen, stammt die Hauptsedimentmenge von höheren, die sowohl Langeneß als auch Hooge überfluten.[475] Auf Nordstrandischmoor ohne Deichschutz liegen die Aufwachs- bzw. Akkumaltionsraten deutlich über denen von Hooge und Langeneß. Nicht nur für den Sturmflutschutz und den Uferabbruch, sondern auch für das Höhenwachstum der Halligen sind die Überschreitungshäufigkeiten und Verweilzeiten erhöhter Wasserstände wichtig.

Um das Halligwachstum mit dem Anstieg des Meeresspiegels ins Gleichgewicht zu bringen, sind zur Erhaltung der kleinen Eilande Maßnahmen erforderlich, da diese auch als Wellenbrecher die Festlandsküste schützen. Neben den vorhandenen Buhnen und der Erhöhung von Deckwerken sollen neu gestaltete Deckwerksbereiche (Halligraustreifen, Halligigel) Auskolkungen auf der anschließenden Halligfläche verhindern und die Sedimentation bei Landunter-Ereignissen begünstigen.[476] Der Halligraustreifen soll ferner die Seegangskräfte auf die Halligoberfläche durch weniger Wellenüberläufe und geringere Überlaufgeschwindigkeiten vermindern sowie Druckschläge auf den Halligboden dämpfen. Somit haben die in verschiedenen Bauvarianten ausgeführten Halligraustreifen nicht die Funktion, Überflutungen der Halligen zu verhindern, sondern die Halligkanten vor den hydraulischen Einwirkungen einer Sturmflut zu schützen.[477] Auch in Zeiten eines steigenden Meeresspiegels muss gewährleistet sein, dass ein natürliches Höhenwachstum der Halligen erfolgt. Die Bemessung der Halligraustreifen erfolgt nach küsteningenieurtechnischen Verfahren auf der Basis physikalischer und numerischer Modelle.[478]

Weitere Messungen dienten dazu, die Sedimentationsraten auf den Halligoberflächen zu erhöhen. Dazu gehört neben Untersuchungen zur Hydrodynamik eine optimale Steuerung der Siele auf den Halligen.[479] Die erhobenen Daten zu Strömungsgeschwindigkeiten und Wasserständen dienen dazu, bestehende numerischen Modelle auszubauen und Aussagen über den Nutzen einer Sieltoröffnung bei erhöhten Wasserständen zu treffen.[480]

Untersuchungen in den Projekten SAHALL I und II zeigen, dass keine Verstärkung der Sedimentanreicherung durch eine höher aufwachsende Vegetationsdecke nachzuweisen ist. Nach Testfeldern zu urteilen, ist die Umwallung einer Hallig durchaus sinnvoll, wenn deren optimale Höhe ermittelt ist. Ein zu hoher Wall hemmt die Sedimentanreicherung auf der Hallig, einen zu niedrigen überfluten auch niedrige Außenwasserstände, die nur wenig Sediment ablagern. Sinnvoll ist es ferner, den Abfluss des Restwassers von der Hallig zu verlangsamen, um einem Abfluss des abgelagerten Materials entgegenzuwirken.[481]

Bei allen diesen Möglichkeiten zur Erhöhung der Sedimentation bleibt für die Halligbewohner die zentrale Frage nach der Sicherheit ihrer Warften.[482] Aus den numerischen Seegangsmodellierungen, der digitalen Geländemodelle und terrestrischen Vermessungsdaten lassen sich die Wellenüberlaufraten der einzelnen Warften für unterschiedliche Sturmflutszenarien berechnen. Zusammen mit dem vorhandenen Gebäudebestand der jeweiligen Warft ist die Gefährdung einzelner Warften abschätzbar. Um den Schutzstatus einer Warft zu quantifizieren, werden die mittleren Wellenüberlaufraten an maßgebenden Warftprofilen rundherum berechnet. Dabei ergibt sich aufgrund von deren Lage, Größe, Höhe und Aufbau ein unterschiedliches Gefährdungspotential.

So existieren heute Warften ohne Ringdeich und solche mit einem in den letzten Jahren erbauten geschlossenem Ringdeich oder offenen Schutzwall. Zu den Warften ohne Ringdeich gehört die Westerwarft auf Hooge, während hier die Backenswarft einen geschlossenen Ringdeich aufweist. Dieser ist bei der Warft Süderhörn auf Langeneß an einer Stelle offen. Bei den Warften mit geschlossenem Ringdeich würde das Wasser, das diesen überläuft, innerhalb der Warft gestaut, während es bei einem Ringdeich mit Durchlass ablaufen kann. Wenn die Öffnung aber dem Wellenangriff zugewandt ist, wirken sich höhere Wellenüberlaufraten negativ auf die Sicherheit aus. Im Einzelfall ist demnach zu prüfen, ob die Ringdeichöffnung positive oder negative Auswirkungen hat.

Ketelswarft auf Langeneß mit Ringdeich, alter Segellore und Poller mit Sturmflutwasserständen zwischen 1825 und 1990. Man erkennt deutlich, dass die Häuser hinter dem Ringdeich auf der Warftkuppe in einer Mulde liegen.
Foto: Dirk Meier

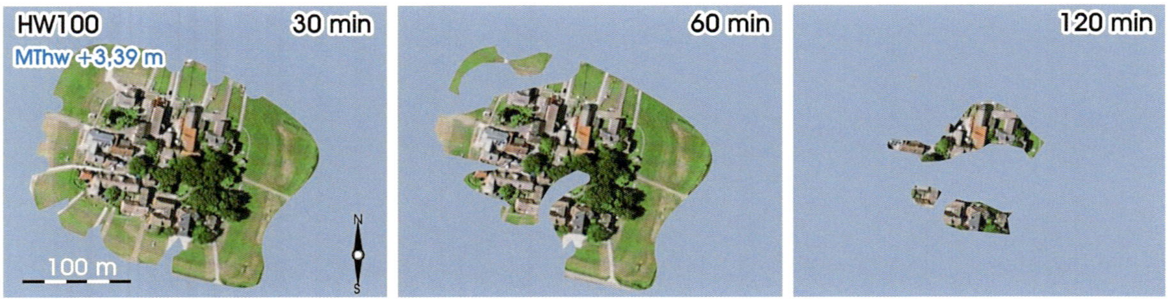

Hanswarft auf Hallig Hooge bei einem HW100 Ereignis ohne neue Schutzmaßnahmen verändert nach Wöffler 2016

Die Bemessung der erforderlichen Höhe der Warften und deren Ringdeiche erfolgte bei flachen Außenböschungen auf Grundlage eines angenommenen extremen Hochwasserereignisses in 100 Jahren (HW100) und bei steileren Außenböschungen mit einem Zuschlag von 0,5 m. Dabei wurde der jeweilige Seegang mangels belastbarer Daten nicht berücksichtigt. In Abhängigkeit der Wahrscheinlichkeit eines einmaligen sehr schweren Sturmflutereignisses in 100 Jahren ist eine Wassertiefe von 0,5 m an einer Türschwelle auf der Warft zulässig, da die Bewohner ihre Türen selbst durch Sandsäcke sichern können. Die Höhenlagendaten der Türschwellen basieren auf terrestrischen Vermessungen des Landesbetriebes für Küstenschutz (LKN) in Schleswig-Holstein. Diese befinden sich etwa bei der Hanswarft auf Hallig Hooge zwischen NHN +4,38 und 5 m. Bei darüber liegenden Wasserständen sind die Schutzräume aufzusuchen. Um die Standsicherheit der Gebäude zu erhalten, muss bei größeren Wassertiefen das Eindringen von Wasser ermöglicht bleiben.[483]

Die bisherigen Höchstwasserstände an den Pegeln Wyk auf Föhr waren 1981 bei NHN +4,52 m und 1976 in Pellworm-Hafen bei NHN +4,74 m zu verzeichnen, somit in einem Wiederkehrintervall von etwa 20 Jahren. Dabei entspricht ein 20-jähriger Wasserstand in etwa einer Höhe des MThw von +3 m, ein 100-jähriger Wasserstand von etwa +3,5 m.[484] Die Höhe der Halligwarften liegt zwischen NHN +3,94 m (Treuberg auf Langeneß) und +5,87 m (Olandwarft), die Mehrzahl weist Höhen zwischen NHN +4,86 und +5,29 m auf.

In numerischen Modellen lassen sich Wellenüberlaufraten über die Dauer eines gesamten Sturmflutereignisses mit den Wassertiefen berechnen, um danach den Sicherheitsstatus einer Warft festzulegen. Danach bestehen die Sicherheitsüberprüfung auf Hallig Langeneß von 18 Warften nur die Bandixwarft, die Kirchhofswarft, die Neuwarft und die Tadenswarft HW100, die Rixwarft immerhin noch HW50. Auf Hooge erfüllen von neun Warften die Backenswarft, die Ipkenswarft, die Ockenswarft und die Volkerswarft HW100, die Kirchwarft, die Lorenzwarft und die Ockelützwarft HW50. Auf Nordstrandischmoor entsprechen Halberweg und die Nordwarft noch nicht einmal den Sicherheitsanforderungen HW50, gleiches gilt für die beiden Warften auf Gröde, während die Olandwarft immerhin HW50 erfüllt.[485]

Die 2014 veröffentlichten küstenschutzrelevanten Parameter des MELUR sehen einen erheblichen Handlungsbedarf bei den beiden Gröder Warften, der Mayenswarft, Norderhörn und der Peterswarft auf Langeneß, der Amalienwarft und Halberweg auf Nordstrandischmoor sowie der Warft auf Süderoog vor. Betroffen bei höheren Sturmfluten sind die Backenswarft, die Lorenzwarft, Mitteltritt und die Ockelützwarft auf Hooge. In besonders exponierter Randlage befinden sich die Westerwarft auf Hooge sowie die Rixwarft, Süderhörn und die Tamenswarft auf Langeneß.[486]

Zumeist sind Maßnahmen zur Vergrößerung der Freibordhöhen notwendig, um ein Überströmen der Warften bei Sturmflutereignissen zu verhindern. Dabei bilden die bisherigen Berechnungen keine endgültige Bemessung, da geotechnische Aspekte unberücksichtigt bleiben. Zudem sind die Unsicherheiten bei den verwendeten Referenzwasserständen und des numerischen Seegangsmodells einzubeziehen. Zu den Hochwasserschutzmaßnahmen gehören flachere Bermen, der Bau von Rauheitselementen und von Ringdeichen auf der Warftkrone sowie Warfterhöhungen. Dabei sind nur die letzten beiden Maßnahmen am wirksamsten gegen Wellenüberlauf und Überströmen. Für die Hanswarft auf Hooge lautet die Empfehlung, einen Ringdeich von NHN +5,6 m sowie den Bau einer Berme im Nordwesten, Westen, Südwesten und Süden zu errichten.[487] Die Wellenbelastung bei Gebäuden auf Warften ohne Ringdeich ist stark von der Warfthöhe sowie der Böschungsneigung abhängig. Hier zeigen die Berechnungen, dass ein Schutzstreifen von 7 m zwischen Warftkrone und Warfthaus die maximale Wellendruckbelastung ausreichend verringert.[488]

Die Zukunft der Halligen in Zeiten des Klimawandels thematisierten ein Ideenwettbewerb 2012 und zwei workshops. Bei dem Ideenwettbewerb des MELUR in Kooperation mit den Halligen, dem Amt Pellworm und weiteren Partnern erhielt der Vorschlag einer sichelförmigen Aufhöhung der Warften zur Hauptwindrichtung im Westen den ersten Preis. Bei dieser Idee werden die auf Plattformen stehenden Neubauten in Hallig-typischer Tradition weiterentwickelt. Auch eine Neubebauung der Hanswarft mit zusätzlichen Dammbalken

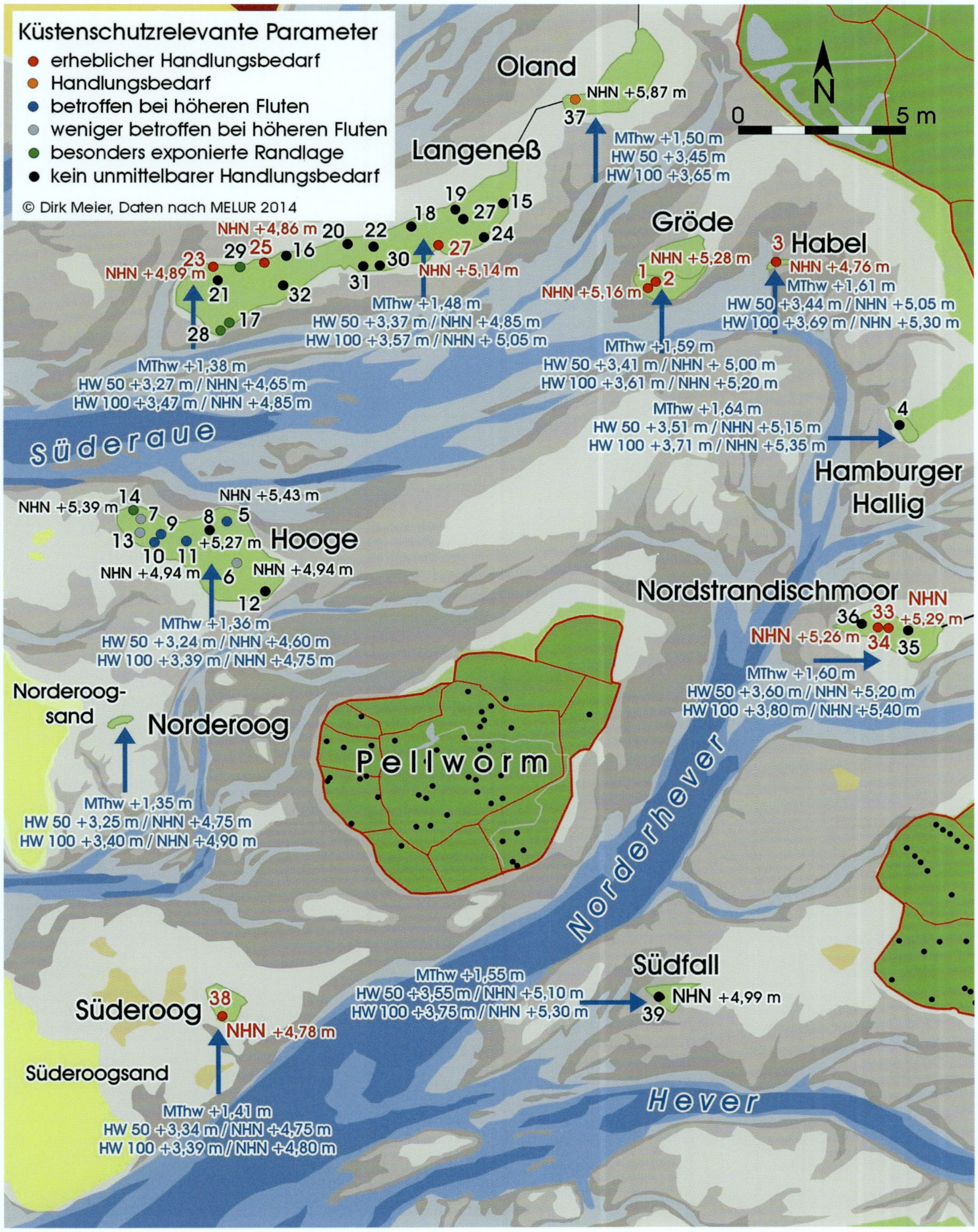

Warfthöhen und Wasserstände über Mittlerem Tidehochwasser (MThw) und m Normalhöhennull (NHN). Gröde: 1 Kirchwarft, 2 Knudswarft; Habel: 3 Warft; Hamburger Hallig: 4 Hauptwarft; Hooge: 5 Backenswarft, 6 Hanswarft, 7 Ipkenswarft, 8 Kirchwarf, 9 Lorenzwarft, 10 Mitteltritt, 11 Ockelützwarft, 12 Ockenswarft, 13 Volkertswarft, 14 Westerwarft; Langeneß: 15 Bandixwarft, 16 Christianswarft, 17 Hilligenley, 18 Honkenswarft, 19 Hunnenswarft, 20 Ketelswarft, 21 Kirchwarft, 23 Mayenswarft, 24 Neuwarft, 25 Norderhörn, 26 Peterheizwarft, 27 Peterswarft, 28 Rixwarft, 29 Süderhörn, 30 Tadenswarft, 31 Tamenswarft, 32 Treuberg; Nordstrandischmoor: 33 Amalienwarft, 34 Halberweg, 35 Neuwarft, 36 Nordwarft; Oland: 37 Warft; 38 Süderoog: Warft; 39 Südfall: Warft. Nummern nach Bericht des MELUR.

Mit einer vietnamesischen Wasserbaudelegation auf der Lorenbahn zu den Halligen Oland und Langeneß. Foto: Dirk Meier

als temporärerem Hochwasserschutz überzeugte ebenso wie eine innere Warftaufhöhung der Tadenswarft mit einer Kombination aus traditionellen Hausformen und teilaufgeständerten modernen Neubauten. Eine aufgeständerte Hochbaulösung mit einer städtischen Anmutung der Bebauung wurde zwar als eigenständige Lösung gelobt, jedoch die uniformen Baukörper mit ihrer Clusterform zu Recht kritisch gesehen.[489]

Weitere Denkmodelle lieferten zwei workshops des Instituts für Soziologie, Lehrstuhl Technik und Organisationssoziologie (IfS) der Technischen Universität Aachen.[490] In diesem sprachen sich die Bewohner der Hallig Hooge in abfallender Reihenfolge für eine Bepflanzung der Außensande, eine Raupflasterung der Warften, einen mobilen Deichschlauch, Ringdeiche um alle Warften und eine hydraulische Hochwasserschutzwand aus. Auf Langeneß befürwortete man ebenfalls nach der Priorität zunächst Abflachungen der Warftprofile, danach hydraulische Warften, Aufwarftungen bzw. Anhebung der Häuser, Errichtung geeigneter Schutzräume und die Eindeichung des Wattenmeeres.

Die Antworten des Küsteningenieurwesens sind folgende: Aus den wasserbautechnischen Untersuchungen geht hervor, dass durch eine Auffüllung des Hoogeloches zwischen dem Jap- und Norderoogsand mit einer Sandvorspülung weder eine Beeinflussung der signifikanten Wellenhöhe und mittleren Wellenperiode auf der Hallig noch am Warftfuß der Hanswarft erreicht wird.[491]

Deckwerke (Raupflasterungen) auf den Warften zur Reduzierung der Wellenenergie und des Wellenüberlaufes sind abhängig von der Größe und dem Abstand der Elemente zueinander. Zwar lassen sich mit einer Basaltdecke positive Ergebnisse erzielen, diese beeinträchtigt jedoch das Landschaftsbild.

Bei einem mobilen Deichschlauch könnten Pumpen und Schläuche im Sturmflutfall versagen. Zudem besteht die Gefahr der Beschädigung des aufgepumpten Schlauchs durch Treibgut und Eisschollen im Winter.

Eine hydraulische Hochwasserschutzwand hinter der Warftkrone ist im abgesenkten Zustand auf dem Warftkörper kaum zu sehen. Während einer Sturmflut hebt sich der im Inneren der Warft befindliche Schwimmkörper infolge seines Auftriebs durch eine mit dem Vorland verbundene kommunizierende Röhre. Solch ein technischer Eingriff in den Warftkörper ist aber nach dem Generalplan Küstenschutz aufgrund der mangelnden Betriebssicherheit zu vermeiden.[492]

Ringdeiche um die Warfen bieten den Vorteil, dass sie die Brandungszone vom Warftfuß weg zum Deich verlagern und somit die Warft schonen. Der Ringdeich von Warften lässt sich jedoch aufgrund von Setzungen des bindigen Bodens nicht beliebig hoch aufschütten. Zudem sprechen landschaftsästhetische Aspekte dagegen. Solange sich das Erdgeschoss der Hallighäuser 0,5 m über der Warft befindet, ist ein Ringdeich aber sinnvoll, denn dadurch wird die Kronenhöhe der Warft erhöht und der Wellenüberlauf verringert. Gegen den höheren Einstau des überlaufenden Wassers müssten die Häuser speziell konstruiert werden.

Zu den möglichen Verstärkungen der Warften gehören ferner die Abflachung des Warftprofils, der Bau einer Berme, die höhere Aufschüttung der gesamten Warft, der Einbau von Rauheitselementen oder der Einbau einer Kronenmauer. Die Erhöhung der Ringdeichkrone bzw. eine Kronenmauer vergrößern die Freibordhöhe und verringern die Wellenüberlaufrate. Um jedoch eine gleichbleibende Profilneigung bei einer erhöhten Kronenhöhe zu gewährleisten, sind größere Massen notwendig. Besser geeignet scheint eine Abflachung des Warftprofils, das den Wellenauflauf bricht. Warften lassen sich jedoch nicht beliebig vergrößern und flacher böschen, da der Kosten-Nutzen-Faktor zunehmend ungünstiger wird. Eine Berme reduziert zwar die Wellenüberlaufrate, erfordert aber gleichfalls teure Erdmassenbewegungen.

Eine Erhöhung von Gebäuden mittels computergesteuerter Zylinder und darunter mit Beton verfülltem Raum ist allenfalls technisch denkbar, aber sehr kostenintensiv. Auch könnte man das untere Stockwerk aufgeben und die Häuser aufstocken.

Ob man eine komplette Warft hydraulisch so lagern kann, dass sie mit dem ansteigenden Wasser aufschwimmt, bleibt ein Denkmodell. Dazu dient ein um die Warft ausgehobener Schacht mit einem Hohlkörper. Neben den hohen Kosten ist eine hydraulische Warft auch wenig betriebssicher.

Bei der Erhöhung einer gesamten Warft müssten die Häuser abgebrochen und neu erbaut werden. Gerade bei der Umsetzung der wenigen noch historischen Bauten wäre das jedoch ebenfalls kostspielig. Abgesehen vom Aufwand bildet diese Maßnahme aber ein wirkungsvolles Konzept. Erhöhung von Warften erfolgten seit Jahrhunderten und gehören zum Landschaftsbild der Halligen.

Zwar existieren bereits in fast allen Halligháusern nach den schweren Orkanen von 1962 und 1976 erbaute Schutzräume auf Pfählen, doch werden sie mittlerweile oft zu anderen Zwecken genutzt und müssten nachgerüstet werden.

Die von einigen Halligbewohnern in die Diskussion eingebrachte Idee der Eindeichung des Wattenmeeres von der Halbinsel Eiderstedt bis zur Insel Sylt geht auf eine Konzeption von Professor Walter Dix zwischen 1927 und 1949 zurück.[493] Dieser „Friesendamm“ würde das etwa 1000 km² große Wattenmeer vom offenen Meer abtrennen. Somit wären die Halligen vor den Einflüssen des Meeres besser geschützt, da Deichsiele die Wasserstände beeinflussen könnten. Abgesehen von der Realisierbarkeit sowie den enormen Bau- und Unterhaltungskosten würde das Ökosystem Wattenmeer ruiniert, sodass es seinen Status als UNESCO-Weltnaturerbe verlöre.

Letztlich bleiben Ringdeiche auf den Warftkronen, die Abflachung des Warftprofils, die Aufwarftung und die Raufpflasterung als realistischste, auch von den befragten Bewohnern der Halligen am meisten akzeptierte Maßnahmen.[494] Von den mobilen Konzepten bewerteten die Bewohner den Deichschlauch besser als einen Ringdeich um die gesamte Warft oder die Errichtung geeigneter Schutzräume. Gerade letztere sind jedoch als Ergänzungen anderer Maßnahmen zu verstehen. Eine Alternative oder Ergänzung für einen Deichschlauch wäre eine aufklappbare Hochwasserschutzwand.

Dabei sind für jede Hallig und Warft individuelle Lösungen zu entwickeln, um diese in Zukunft vor Sturmfluten sicher zu schützen. Die zu treffenden Maßnahmen lassen sich nur mit der Akzeptanz der Halligbewohner umsetzen. Bislang hat der LKN-SH ein optimiertes hydrologisches Mess- und Beobachtungsprogramm im Bereich der Halligen installiert und Sicherungsmaßnahmen auf den Halligen durchgeführt. Für die Zukunft gilt es, das Halligwachstum zu gewährleisten und deren Kanten weiter vor Abbruch zu schützen. Bedenklich ist, dass das MThw seit etwa 1850 im Wattenmeer mit etwa 4,6 mm pro Jahr deutlich stärker ansteigt als der globale mittlere Meeresspiegel mit etwa 2 mm im Jahr.[495]

Solche sich aus der Klimaerwärmung ergebenen Probleme treffen nicht nur für die Halligen, sondern für alle Flachmeerküsten der Erde oder die bedrohte Welt der kaum über dem normalen Meeresspiegel des Pazifik aufragenden kleinen Atolle zu.[496] Aufgrund des steigenden Meeresspiegels und der sich dadurch verändernden Hydrologie müssen sich die Menschen auf den Halligen wie schon so oft in ihrer Geschichte an neue Verhältnisse anpassen. Viele der heute diskutierten Konzepte erinnern an die nach der Sturmflut von 1825. Die Gefahr der Nordseesturmfluten bleibt, diese führten aber auch erst zum Werden und Vergehen der Halligen im ewigen Wandel der Gezeiten.

Küstenschutzrelevante Parameter der Halligwarften sowie Einschätzung des Handlungsbedarfs (nach MELUR, Stand Mitte 2013), Angaben der Warfthöhen in m NHN, Böschungsneigung der Warft in Klammer:

Hallig Gröde:
1 Kirchwarft (1:6) +5,2 m, 2 Knutzwarft (1:6) +5,28

Hallig Habel:
3 Warft (1:6) +5,2

Hamburger Hallig:
4 Hauptwarft (1:6) +5,35

Hallig Hooge:
5 Backenswarft (1:6) +5,43, 6 Hanswarft (1:6/1:1:15) +4,96, 7 Ipkenswarft (1:6) +5,24, 8 Kirchwarft (1:6) +5,42, 9 Lorenzwarft (1:6/1:15) +4,94, 10 Mitteltritt (1:6) +4,94, 11 Ockelützwarft (1:6) +5,27, 12 Ockenswarft (1:6/1:8) +5,56, 13 Volkertswarft (1:6) +5,32, 14 Westerwarft (1:8) +5,39

Hallig Langeneß:
15 Backenswarft (1:6/1:8) +5,05, 16 Christianswarft (1:6/1:15) +4,74, 17 Hilligenley (1:8 u. Berme) +5,26, 18 Honkenswarft (1:6/1:8) +5,19, 19 Hunnenswarft (1:6/1:8) +5,41, 20 Ketelswarft (1:6/1:8) +5,37, 21 Kirchhofwarft (1:6) +4,64, 22 Kirchwarft (1:6/1:8) +5,36, 23 Mayenswarft (1:8) +4,89, 24 Neuwarft (1:8) +5,28, 25 Norderhörn (1:8) +4,86, 26 Peterheizwarft (1:6/1:15) +4,85, 27 Peterswarft (1:6) +5,14, 28 Rixwarft (1:8) +4,95, 29 Süderhörn (1:6/1:8) +5,44, 30 Tadenswarft (1:6/1:15) +5,14, 31 Tamenswarft (1:6/1:15) +4,95, 32 Treuberg (1:6) +3,94.

Hallig Nordstrandischmoor:
33 Amalienwarft (1:6) +5,29, 34 Halberweg (1:6) +5,26, 35 Neuwarft (1:6) +5,78, 36 Norderwarft (1:8) +5,80

Hallig Oland:
37 Olandwarft (1:6) +5,87

Hallig Süderoog:
38 (1:6/1:8) +4,78

Hallig Südfall:
39 (1:8) +4,99

LITERATURVERZEICHNIS

QUELLEN

Andresen, L. 1937: Kultur-Spuren im Watt bei der Hallig Langeneß-Nordmarsch. Föhrer Heimatbücher 22, 1937, 8–30.

Baudissin, A. 1867: Blicke in die Zukunft der nordfriesischen Inseln und der Schleswigschen Festlandsküte (Schleswig 1867).

Boetius, M. 1622: Matthias Boetius, De cataclysmo Nordstrandico. Provinzialberichte 1798/I, hrsg. von O. Hartz (Neumünster 1940).

Boetius, M. 1623: Matthias Boetius, Drei Bücher über Denkwürdigkeiten von Sturmfluten, welche Nordstrand betroffen haben. Übersetzung von Dr. Schmidt-Petersen. Jahrbuch des Nordfriesischen Vereins für Heimatkunde u. Heimatliebe 18, 1931, 69 ff.

Camerer, J. F. 1758–1762: Vermischte historisch-politische Nachrichten in Briefen von einigen merkwürdigen Gegenden der Herzogthümer Schleßwig und Hollstein, ihrer natürlichen Geschichte und anderen seltenen Alterthümern gesammelt von Johann Friedrich Camerer (Flensburg u. Leipzig 1758–1762).

Catalogus vetustus: Verteknis Aller Propositurn, Stede vnd Caspell Kercken vnd Capellen, so wannerdags dem Bischopps Stifft Schleßwich, incorporrirt gewesen sin, Vetusto Catalogo hrsg. von Anton Heimreich, Schleßwigische Kirchen Historie (Schleswig 1683). Siehe: R. Hansen, Zeitschrift für Schleswig-Holsteinische Geschichte 24, 1894, 77–82.

Chronicon Eiderostandense vulgare oder die gemeine Eiderstedter Chronik 1103–1547, Hrsg. von J. Jasper. Mit einer Übersetzung ins Hochdeutsche von C. Heitmann (St. Peter-Ording [2]1977).

Cypraeus, J. A. 1634: Annales Episcoporum Slesvicensium (Colonia 1634).

Danckwerth, C. 1652: Newe Landesbeschreibung der zwey Herzogthümer Schleßwich und Holstein (Husum 1652). Neu hrsg. von K. Domeier u. M. Haack (Hamburg 1963).

Eschels, J. J. 1835: Lebensbeschreibung eines alten Seemannes, von ihm selbst und zunächst für seine Familie geschrieben, 1835. Neu hrsg. von A. Sauer (Hamburg 1955).

Grabemann, I. u. Weisse, R. 2008: Climate change impact on extreme wave conditions in the North Sea: an ensemble study. Ocean Dynamics 58, 2008, 199–212.

Hansen, C. P. 1877: Chronik der Friesischen Uthlande (Garding [2]1877).

Hansen, N. 1814: Eine Beschreibung der Hallig Gröde aus dem Jahre 1814. In: J. Lorenzen (Hrsg.), Drei Halligbeschreibungen aus der Zeit um 1800: Hooge 1794, Nordmarsch 1807 und Gröde 1814 (Bredstedt 1990).

Heimreich, A. 1666: Anton Heimreich, Nordfresische Chronick (Schleswig 1666).

Heimreich, A. 1668: Anton Heimreich, Ernewerte Nordfresische Chronick (Schleswig 1668). Neu hrsg. von N. Falck (Tondern 1819).

Kruse, E. C. 1794: Beschreibung der Insel Hoge. Schleswig-Holsteinische Provinzialberichte 8 Jg., Bd. 1, 1794, 214–232.

Kuß, Chr. 1826: Jahrbuch denkwürdiger Naturereignisse in den Herzogthümern Schleswig und Holstein vom 11. bis 19. Jahrhundert. II. Teil (Itzehoe 1825) 51–59.

Lorenzen, L. 1762: Genaue Beschreibung der wunderbaren Insel Nordmarsch ... Camerers Nachrichten der Herzogthümer Schleswig und Holstein. 2. Teil (Flensburg und Leipzig 1762, neu hrsg. Hamburg 1982).

Petreus: Johannes Petreus Schriften über Nordstrand. Hrsg. von R. Hansen (Kiel 1901, unveränderter Neudruck 2014).

Petrejus, P. 1740: Petrus Petrejus, Von der Stadt und dem Ambt Tondern und vom Deichwesen. 1740 zusammengetragen durch Petrum Petrejum. Neu hrsg. von A. Panten u. H. Sandelmann (Bredstedt 1993).

Sax, P. 1636: Peter Sax, Frisia Minor, hoc est, Tabulae, Insularum et Peninsularum, tam Maiorum, qyam Minorum, juxta Ducatum, Slesvicensem, in Oceane Britannico, sive Cimbrico, starum...(76 Tafeln zur Topographie Nordfrieslands). Werke zur Geschichte Nordfrieslands u. Dithmarschens 2. Hrsg. von A. Panten (St. Peter-Ording 1985).

Sax, P. 1637: Peter Sax, Descriptio, Insulae Nordstrandiae der Insvl, vnd des Landes Nordstrand (Beschreibung der Inseln Nordstrand, Föhr, Amrum, Sylt sowie der Harden des nordfriesischen Festlandes). Nach der Handschrift von 1637. Werke zur Geschichte Nordfrieslands u. Dithmarschens 3. Hrsg. von A. Panten (St. Peter-Ording 1984).

SHRU: Schleswig-Holsteinische Regesten u. Urkunden. 17 Bde. (Hamburg – Neumünster 1886–1997).

LITERATUR

Arns, A., Wahl, T., Dangendorf, S. u. Jensen, J. 2015: The impact of sea level rise on storm surge water levels in the northern part of the German Bight. Coastal Engineering, Volume 96, 2015, 118–131.

Bantelmann, A. 1939: Das nordfriesische Wattenmeer, eine Kulturlandschaft der Vergangenheit. Westküste 2, 1, 1939, 39–115.

Bantelmann, A. 1955: Tofting, eine vorgeschichtliche Warft an der Eidermündung. Offa-Bücher 12 (Neumünster 1955).

Bantelmann, A. 1975: Die frühgeschichtliche Marschensiedlung beim Elisenhof in Eiderstedt. Landschaftsgeschichte und Baubefunde. Stud. Küstenarch. Schleswig-Holstein, Ser. A, Elisenhof 1 (Bern-Frankfurt 1975).

Bantelmann, A. 1966: Die Landschaftsentwicklung im nordfriesischen Küstengebiet, eine Funktionschronik durch fünf Jahrtausende. Die Küste 14, 1966, 5–99.

Bantelmann, A. 1977/1978: Alt-Nordstrand um 1634. Karte von Fritz Fischer mit Erläuterungen von Albert Bantelmann. Zeitschrift für Schleswig-Holsteinische Geschichte Bd. 102/103, 1977/1978, 97–110.

Beniston, M., Stephenson, D., Christensen, O., Ferro, C., Frei, C., Goyette, S., Halsnaes, K., Holt, T., Jylhä, K., Koffi, B., Palutikoff, J., Schöll, R., Semmler, T. u. Woth, K. 2007: Future extreme events in European climate: An exploration of regional climate model projections. Climatic Change 81, 2007, 71–95.

Borger, G. J. u. Bruines, S. 1994: Binnewaters gewelt. 450 jaar boezembeheer in Hollands Noorderkwartier. Uitgegeven ter gelegenheid van het jubileumjaar 1994 door het Hoogheemraadschap van Uitwaterende Sluizen in Hollands Noorderkwartier, in samenwerking met Stichting Uitgeverij Noord-Holland, Wormerveer (Edam 1994).

Borger, G. J., Horsten, F., Engel, H., Rutte, R., Diesfeldt, O., Pané I. u. de Waaijer, A. 2011: Twelve centuries of spatial transformation in the western Netherlands, in six maps: landscape, habitation and infrastructure in 800, 1200, 1500, 1700, 1900 and 2000. In: H. Engel, E. Gramsbergen, H. Hoeks, u. Rutte, R. 2011 (Hrsg.), Over Holland 10/11. TU-Delft, SUN architecture (Delft 2011) 5–125.

Brande, A. 1988: Zur frühsubatlantischen Vegetations- und Landschaftsentwicklung Westeiderstedts. In: M. Müller-Wille u.a. 1988, 139–147.

Brandt, H. 1939: Auf den Spuren untergegangener Warften um Hallig Hooge. Geologie der Meere und Binnengewässer 3, 1939, 29–50.

Brandt, H. 1967: Das Meer gab einen Friedhof frei. Die Heimat, Heft 2, 1967, 40–43.

Brandt, H. 1971: Das Haus der Metje Swers auf Hallig Hooge. Ein kleiner Beitrag zur frühen Wohnkultur auf den Halligen. Die Heimat, Heft 7, 1971, 190–191.

Busch, A. 1923: Die Entdeckung der letzten Spuren Rungholts. Jahrbuch des Nordfriesischen Vereins für Heimatkunde und Heimatliebe 10, 1923, 3–32.

Busch, A. 1928: Auf Rungholt Sand. Jahrbuch des Nordfriesischen Vereins für Heimatkunde und Heimatliebe. 15, 1928, 104–106.

Busch, A. 1936: Neue Beobachtungen im Rungholtgebiet. Die Heimat, Heft 3, 1936, 71–79.

Busch, A. 1938: Was alles vor der Entdeckung des Rungholt-Watts bei der Hallig Südfall gesehen worden ist. Die Heimat, Heft 1, 1938, 13–16.

Busch, A. 1952: Über Clades Rungholtina. Die Heimat, Heft 9, 1952, 270.

Busch, A. 1957: Die heutige Hallig Südfall und die letzten Spuren Rungholts. Die Heimat Heft 7, 1957 [zugleich Sonderdruck], 3–15.

Busch, A. 1958: Ein Hausfundament im Watt vor dem Elisabeth-Sophien-Koog auf Nordstrand. Nordelbingen 26, 1958, 46–51.

Busch, A. 1962: Die Bergung der Schleusenreste im Rungholtwatt. Die Heimat, Heft 69, 8–10.

Busch, A. 1963a: Alte und neue Deichprofile von Strucklahnungshörn (Nordstrand) und der Anstieg des Meeresspiegels. Die Heimat, Heft 70, 1963 [zugleich Sonderdruck 4–10], 156–163.

Busch, A. 1963b: Zur Rekonstruktion der Rungholter Schleusen. Die Heimat, Heft 70, 1963 [zugleich Sonderdruck 11–16], 163–168.

Busch, A. 1963c: Über die Kirchwarft im Rungholtwatt. Die Heimat, Heft 70, 1963 [zugleich Sonderdruck 16–18], 168–170.

Busch, A. 1963d: Viele neue Siedlungsspuren im Rungholtwatt. Die Heimat, Heft 70, 1963 [zugleich Sonderdruck 19–25], 171–178.

Busch, A. 1963e: Nachtrag – vorläufiger Abschluss meiner Rungholtforschung. Die Heimat, Heft 70, 1963 [zugleich Sonderdruck 26–27], 178–179.

von Carnap-Bornheim, C. u. Segschneider, M. 2015: Archäologische Siedlungsforschung auf den nordfriesischen Inseln. Offa-Bücher 89 (Neumünster 2015) 119–136.

Church, J. A., Clark, P. U., Cazenave, A., Gregory, J. M., Jevrejeva, S. Levermann, A., Merrifield, M.A. Milne, G. A., Nerem, R. S., Nunn, P. D., Payne, A. J., Pfeffer, W. T., Stammer, D. u. Unnikrishnan, A. S. 2013: Sea Level Change. In: T. F. Stocker, D. Qin, G.-K. Plattner, M. Tignor, S. K. Allen, J. Boschung, A. Nauels, Y. Xia, V. Bex u. P.M. Midgley (Hrsg.), Climate Change 2013: The Physical Science Basis. Contribution of Working Group I to the Fifth Assessment Report of the Intergovernmental Panel on Climate Change. Cambridge University Press (Cambridge – New York 2013).

Deicke, M., Karius, V. u. von Eynatten, H. 2009: Bestimmung der Sedimentaufwachsraten auf den Halligen Hooge, Langeneß, Nordstrandischmoor und Süderoog (SAHALL). Endbericht (unveröffentlicht).

Degn, Chr. 2000: Die Schimmelmanns im atlantischen Dreieckshandel: Gewinn und Gewissen (Neumünster ³2000).

Dittmer, E. 1952: Die nacheiszeitliche Entwicklung an der schleswig-holsteinischen Westküste. Meyniana 1, 1952, 138–168.

Domeier, K. 1963: Die Landkarten von Johannes Mejer, Husum, aus der neuen Landesbeschreibung der zwei Herzogtümer Schleswig und Holstein von Caspar Danckwerth 1652 (Hamburg 1963).

Ernst, O. 1934: Zur Geschichte der Moore, Marschen und Wälder Nordwest-Deutschlands: Untersuchungen in Nordfriesland (Kiel 1934).

Ernst, O. o. J.: Der Schichtenaufbau und die Entwicklungsgeschichte des Wattgebietes zwischen dem nordfriesischen Festland bei Bongsiel und der Insel Pellworm. Interner Bericht der Forschungsstelle Westküste (Husum o. J., ca. 1938).

Fischer, O. 1955–1958: Das Wasserwesen an der schleswig-holsteinischen Nordseeküste. Hrsg. von F. Müller u. O. Fischer, bearbeitet von O. Fischer. Teil III Das Festland. 1 Sonderprobleme und Einzelfragen des Küstenraumes (Berlin 1955a); 2 Nordfriesland (Berlin 1955b); 3 Eiderstedt (Berlin 1956); 4 Stapelholm und Eiderniederung (Berlin 1958); 5 Dithmarschen (Berlin 1957a); 6 Elbmarschen (Berlin 1957b); 7 Hydrographie des Küstengebietes (Berlin 1955c).

Fleeth, D. M. 1998: Fraßschäden durch Enten und Gänse. In: Landesamt für den Nationalpark Schleswig-Holsteinisches Wattenmeer u. Umweltbundesamt 1998, 128–129.

Friedrich, H. 1990: Die Eissee. Die letzte Reise des Willem Barents (Berlin 1990).

Führböter, A. u. Jensen, J. 1985: Säkularänderungen der mittleren Tidewasserstände in der Deutschen Bucht. Die Küste, Heft 42, 1985, 78–100.

van Giffen, A. E. 1913: Die Fauna der Wurten. Onderzoekingen verricht in het Zoölogisch Laboratorium der Rijksuniversiteit Groningen III (Leiden 1913).

Göttlich, K. 1976: Moor- und Torfkunde (Stuttgart 1976).

Günther, K. u. Rösener, H.-U. 1998: Drehscheibe zwischen Arktis und Afrika. In: Landesamt für den Nationalpark Schleswig-Holsteinisches Wattenmeer u. Umweltbundesamt 1998, 124–125.

Günther, K., Stock, M. u. Rösener, H.-U. 1998: Ringelgänse im Wattenmeer. In: Landesamt für den Nationalpark Schleswig-Holsteinisches Wattenmeer u. Umweltbundesamt 1998, 126–127.

Hamecher, H. 1993: Fünfmast-Vollschiff „PREUSSEN", Königin der See. Der Lebensweg eines Tiefwasserseglers (Kassel 1993).

Hansen, R. u. Jessen, W. 1904: Quellensammlung der Gesellschaft für Schleswig-Holsteinische Geschichte. Bd. 6. Quellen zur Geschichte des Bistums Schleswig (Kiel 1904).

Hälterlein, B. 1998: Brutbestände von Küstenvögeln. In: Landesamt für den Nationalpark Schleswig-Holsteinisches Wattenmeer u. Umweltbundesamt 1998, 118–119.

Hälterlein, B. 1998: Gefährdete Brutvögel: Seeregenpfeifer und Zwergseeschalbe. In: Landesamt für den Nationalpark Schleswig-Holsteinisches Wattenmeer u. Umweltbundesamt 1998, 120–121.

Hälterlein, B. 1998: Möwen und Seeschwalben. In: Landesamt für den Nationalpark Schleswig-Holsteinisches Wattenmeer u. Umweltbundesamt 1998, 122–123.

Häußling, R. u. Ziesen, N. 2014: BMBF/KFKI-Projekt ZukunftHallig: Entwicklung von nachhaltigen Küstenschutz- und Bewirtschaftungsstrategien für die Halligen. Abschlussbericht – ZukunftHallig B (IfS), 01.12.2010–30.11.2013, 289–440.

Hartmann, P. 1975: Keramik des Mittelalters und der frühen Neuzeit aus Nordfriesland. Offa-Bücher 32 (Neumünster 1975).

Hadler, H., Vott, A. V., Newig, J., Emde, K., Finkler, C., Fischer, P. u. Willershauser, T. 2018: Geoarchaeological evidence of marshland destruction in the area of Rungholt, present-dayWadden Sea around Hallig Südfall (North Frisia, Germany), by the Grote Mandrenke in 1362 AD. Quaternary International 473, 2018, 37–54.

Henningsen, H.-H. 1998: Rungholt. Der Weg in die Katastrophe. Aufstieg, Blütezeit und Untergang eines bedeutenden mittelalterlichen Ortes in Nordfriesland. Bd. I: Die Entstehungsgeschichte Rungholts, seine Ortslage, heutige Kulturspuren im Wattenmeer und die Geschichte und Bedeutung der Hallig Südfall (Husum 1998).

Henningsen, H.-H. 2000: Rungholt. Der Weg in die Katastrophe. Aufstieg, Blütezeit und Untergang eines bedeutenden mittelalterlichen Ortes in Nordfriesland. Bd. II: Das Leben der Bewohner und ihre Einrichtungen, die Landschaft, der Aufstieg zu einem Handelsplatz, Rungholts Untergang, der heutige Zustand von Kulturspuren, der Mythos von Rungholt und ein Epilog: Die Geschichte im Zeitraffer (Husum 2000).

Heydemann, B. 1998: Biologie des Wattenmeeres. In: Landesamt für den Nationalpark Schleswig-Holsteinisches Wattenmeer u. Umweltbundesamt 1998, 76–79.

Higelke, B. 1988b: Topographie, Morphodynamik und Hydrographie der südlichen nordfriesischen Watten. In: Müller-Wille u.a. 1988, 39–50.

Hoffmann, D. 1988: Das Küstenholozän im Einzugsbereich der Norderhever, Nordfriesland. In: Müller-Wille u.a. 1988, 51–116.

Jensen, J. 1984: Änderungen der mittleren Tidewasserstände an der Nordseeküste. Mitteilungen Heft 83, Leichtweiss Institut für Wasserbau der Technischen Universität Braunschweig (Braunschweig 1984).

Jensen, J., Mügge, H. E. u. Schönfeld, W. 1992: Analyse der Wasserstandsentwicklung und Tidedynamik in der Deutschen Bucht. Die Küste, Heft 53, 211–275.

Jensen, J. u. Arns, A. 2014: BMBF/KFKI-Projekt ZukunftHallig: Entwicklung von nachhaltigen Küstenschutz- und Bewirtschaftungsstrategien für die Halligen. Abschlussbericht – ZukunftHallig A, 01.12.2010–30.11.2013, 1–128.

Johannsen, J. 1891: Nachrichten aus dem Kirchspiel Hattstedt (Husum 1891).

Karff, F. 1978: Nordstrand. Geschichte einer friesischen Insel (Leck 1978).

Karff, F. 1979: Aus der Chronik der Hallig Nordstrandischmoor (Hamburg 1979).

Kersten, K. u. La Baume, P. 1958: Vorgeschichte der Nordfriesischen Inseln. Die nordfriesischen Inseln Amrum, Föhr und Sylt (Kreis Südtondern). Die vor- und frühgeschichtlichen Denkmäler u. Funde in Schleswig-Holstein IV (Neumünster 1958).

Klatt, G. 2016: Süderoog. Hallig im Wattenmeer. Mit einem Beitrag von Martin Stock (Bredstedt 2016).

Koehn, H. 1954: Die Nordfriesischen Inseln. Die Entwicklung ihrer Landschaft und die Geschichte ihres Volkstums (Hamburg 1954).

Karius, V., Schindler, M., Deicke, M. u. von Eynatten, H. 2014: BMBF/KFKI-Projekt ZukunftHallig: Entwicklung von nachhaltigen Küstenschutz- und Bewirtschaftungsstrategien für die Halligen. Abschlussbericht – ZukunftHallig D, 01.12.2010–30.11.2013, 481–538.

Kossack, G., Harck, O., Newig, J., Hoffmann, D., Willkomm, H., Averdieck, F.-R. u. Reichstein, J. 1980: Archsum auf Sylt. 1 Einführung in Forschungsverlauf und Landschaftsgeschichte. Studien Küstenarchäologie Schleswig-Holstein Serie B, Archsum 1 = Römisch-Germanische Forschungen 39 (Mainz 1980).

Kühn, H. J. 1988: Kühn, H. J. 1988: Archäologische und siedlungshistorische Landesaufnahme auf den nordfriesischen Marscheninseln und Halligen. In: Müller-Wille u.a. 1988, 195–232.

Kühn, H. J. 1989: Deiche des Mittelalters und der frühen Neuzeit in Nordfriesland. In: H. J. Kühn u. A. Panten 1989, 11–62.

Kühn, H. J. 1999: Gestrandet bei Uelvesbüll. Wrackarchäologie in Nordfriesland (Husum 1999).

Kühn, H. J. 2011: Vom Bohls-Interessenten zum Grundeigentümer. Vor 70 Jahren endete die Allmendewirtschaft auf Hallig Hooge. Nordfriesland 173, März 2011, 20–23.

Kühn, H. 2013: Mittelalterliche Deiche. In: Kühn u.a. 2013, 11–18.

Kühn, H. J., Baudewig, S. u. Hinz, H. 2013: Ein Jahrhundert Deichbau. Küstenschutz auf Hallig Hooge. Hrsg. von H. J. Kühn anlässlich der Jubiläumsfeier „Ein Jahrhundert Deichbau" auf Hallig Hooge (Breklum 2013).

Kühn, H. J. u. Baudewig, S. 2013: Küstenschutz auf Hallig Hooge. In: Kühn u.a. 2013, 19–58.

Kühn, H. J., Meier, D., Mertens, C. u. Brauer, R. 2013: Kulturspuren im nordfriesischen Wattenmeer. In: Meier u.a. 2013, 118–177.

Kühn, H. J. u. Müller-Wille, M. 1988: Siedlungsarchäologische Untersuchungen im nordfriesischen Marschen- und Wattengebiet und in Eiderstedt. In: Müller-Wille u.a. 1988, 181–194.

Kühn, K. S. A. 2013: Meine Kindheit auf Hallig Hooge. Hrsg. von H. J. Kühn (Breklum 2013).

Kühnast, G. (Hrsg.) 2007: Der First ist immer oben. 25 Jahre Interessengemeinschaft Baupflege Nordfriesland (Bredstedt 2007).

Kuenz, K. 1978: Nordstrand nach 1634. Die wiedereingedeichte nordfriesische Insel (Nordstrand 1978).

Landesamt für den Nationalpark Schleswig-Holsteinisches Wattenmeer u. Umweltbundesamt (Hrsg.) 1998: Umweltatlas Wattenmeer. Bd. I, Nordfriesisches und Dithmarscher Wattenmeer (Stuttgart 1998).

Laur, W. 1992: Historisches Ortsnamenslexikon von Schleswig-Holstein (Neumünster 1992).

Lehmann, O. 1927: Das Bauernhaus in Schleswig-Holstein (Altona 1927).

LKN SH 2011a: Arbeitsbericht ZukunftHallig – Teilprojekt: ZukunftHalligC – Bewertung vorhandener Küstenschutzsysteme, hydrologisches Monitoring und Datenbereitstellung. (unveröffentlicht).

LKN SH 2011b: Erläuterungsbericht Halligdeckwerke. Erläuterungsbericht zur Verstärkung der Deckwerke auf den Halligen 2007 bis 2014; Landesamt für Küstenschutz, Naturschutz und Meeresschutz Schleswig-Holstein (Husum 2011).

Lorenzen, J. M. 1958/59: Landgewinnung und Landerhaltung in Schleswig-Holstein. Gedanken zum Werk von Müller-Fischer über „Das Wasserwesen an der schleswig-holsteinischen Nordseeküste". Die Küste, Heft 7, 1958/59, 20–35.

Lorenzen, J. (Hrsg.) 1990: Drei Hallig-Beschreibungen aus der Zeit um 1800. Hooge 1794, Nordmarsch 1807, Gröde 1814 (Bredstedt 1990).

Lorenzen, J. 1993: Die Halligkirchen in alten Aufnahmen (Bredstedt 1993).

Meiborg, R. 1892: Nordiske bøndergaarde i det xvide, xviide og xviiide aarhundrede (Kjøbenhavn 1892).

Meiborg, R. 1896: Das Bauernhaus im Herzogtum Schleswig (Schleswig 1896).

Meier, D. 2001: Landschaftsentwicklung und Siedlungsgeschichte des Eiderstedter und Dithmarscher Küstengebietes als Teilregionen des Nordseeküstenraumes. Untersuchungen der AG Küstenarchäologie des FTZ-Westküste. Universitätsforschungen zur Prähistorischen Archäologie 79, (a) Teil 1: Die Siedlungen; (b) Teil 2: Der Siedlungsraum (Bonn 2001).

Meier, D. 2003: Ausgrabungen auf den mittelalterlichen Wurten Norderbusenwurth und Lütjenbüttel in Süderdithmarschen (Schleswig-Holstein). Probleme der Küstenforschung im südlichen Nordseegebiet 28, 277–291.

Meier, D. 2007a: Die Nordseeküste. Geschichte einer Landschaft (Heide [2]2007).

Meier, D. 2007b: De Dam geslagen wart twischen Eyderstede unde Husum... Die Bedeichung der „Nord Eyder", Eiderstedt (Schleswig-Holstein). In: Beenakker, J. J. J. M, Hortsen, F. H., de Kraker, A. u. Renes, H. (Hrsg), Landschap in ruimte en tijd. Liber amicorum Borger (Amsterdam 2007) 252–262.

Meier, D. 2009: Land in Sicht. Die Entwicklung der Seefahrt an Nord- und Ostsee (Heide 2009).

Meier, D. 2011: Die Schäden der Weihnachtsflut von 1717 an der Nordseeküste Schleswig-Holsteins. Die Küste, Heft 78, 2011, 259–292.

Meier, D. 2012a: Die Schäden der Sturmflut von 1825 an der Nordseeküste Schleswig-Holsteins. Die Küste, Heft 79, 2012, 183–235.

Meier, D. 2012b: Schleswig-Holstein im Hohen und Späten Mittelalter. Landesausbau – Dörfer – Städte (Heide 2012).

Meier, D. 2013a: Topographie und Geologie der Nordseeküste Schleswig-Holsteins. In: Meier u.a. 2013, 15–40.

Meier, D. 2013b: Historische Karten u. Quellen. In: Meier u.a. 2013, 41–48.

Meier, D. 2013c: Kulturspuren im Eiderstedter Küstengebiet. In: Meier u.a. 2013, 65–73.

Meier, D. 2013d: Die Nordfriesischen Uthlande. In: Meier u.a. 2013, 74–117.

Meier, D. 2014: Die Unterelbe. Vom Urstromtal bis zur Elbvertiefung (Heide 2014).

Meier, D. 2016a: Die Eider. Flusslandschaft und Geschichte (Heide 2016).

Meier, D. 2016b: Mensch und Umwelt im Rungholtgebiet des hohen und späten Mittelalters. In: Newig u. Haupenthal 2016, 19–31.

Meier, D. 2016c: Ländlicher mittelalterlicher Hausbau im Rungholtgebiet. In: Newig u. Haupenthal 2016, 65–74.

Meier, D. 2016e: Landesausbau, Umweltwandel und Sturmfluten im hohen und späten Mittelalter in den südlichen nordfriesischen Uthlanden. In: M. Mersch (Hrsg.), Mensch–Natur–Wechselwirkungen in der Vormoderne. Beiträge zur mittelalterlichen und frühneuzeitlichen Umweltgeschichte (Göttingen 2016) 109–164.

Meier, D. 2017: Menschen in Bewegung. Schleswig-Holstein als Ein- und Auswanderungsland von der Prähistorie bis zur Gegenwart (Heide 2017).

Meier, D. 2018: Sylt. Eine Landschaftsgeschichte (Heide 2018).

Meier, D. 2019: Schleswig-Holstein. Eine Landschaftsgeschichte (Heide 2019).

Meier, D. u. Coldewey, W. G. 2012: Wasserversorgung in den Nordseemarschen von der römischen Kaiserzeit bis in das Mittelalter. In: Deutsche Wasserbauhistorische Gesellschaft (Hrsg.), Zehn Jahre wasserhistorische Forschungen und Berichte. Teil 1, 2012, 249–260.

Meier, D., Kühn, H. J. u. Borger, G. J. 2013: Der Küstenatlas. Das schleswig-holsteinische Wattenmeer in Vergangenheit und Gegenwart (Heide 2013).

Menke, B. 1988: Die holozäne Nordseeküstentransgression im Küstenbereich der südöstlichen Deutschen Bucht. In: Müller-Wille u.a. (1988) 117–137.

Ministerium für Ernährung, Landwirtschaft und Forsten – Landesamt für Wasserwirtschaft Schleswig-Holstein 1962: Die Sturmflut vom 16./17. Februar 1962 an der Schleswig-Holsteinischen Westküste. Die Küste, Heft 1, 1962, 55–80.

Ministerium für Energiewende, Landwirtschaft, Umwelt und ländliche Räume des Landes Schleswig-Holstein (MELUR) 2013: Generalplan Küstenschutz des Landes Schleswig-Holstein. Fortschreibung 2012 (Kiel 2013).

Ministerium für Energiewende, Landwirtschaft, Umwelt und ländliche Räume des Landes Schleswig-Hol-

stein (MELUR) 2014: Bericht der Arbeitsgruppe HALLIGEN 2050: Möglichkeiten zur langfristigen Erhaltung der Halligen im Klimawandel (Kiel 2014).

Ministerium für Energiewende, Landwirtschaft, Umwelt und ländliche Räume des Landes Schleswig-Holstein (MELUR) 2015: Strategie für das Wattenmeer 2100 (Kiel 2015).

Ministerium für Energiewende, Landwirtschaft, Umwelt und ländliche Räume des Landes Schleswig-Holstein (MELUR) 2016: Hochwasserrisikomanagement 2011–2021 (Kiel 2016).

Müller, F. 1917: Das Wasserwesen an der schleswig-holsteinischen Nordseeküste. Teil I Die Halligen. 2 Bde. mit Altas (Berlin 1917)

Müller, F. u. Fischer, O. 1936–1938: Das Wasserwesen an der schleswig-holsteinischen Nordseeküste. Hrsg. von F. Müller, bearbeitet u. ergänzt von O. Fischer. Teil II Die Inseln. 1 Allgemeines (Berlin 1938a); 2 Alt-Nordstrand bis zur Zerstörung durch die Sturmflut im Jahre 1634 (Berlin 1936a); 3 Nordstrand (Berlin 1936b); 4 Pellworm (Berlin 1936c); 5 Amrum (Berlin 1937a); 6 Föhr (Berlin 1937b); 7 Sylt (Berlin 1938b).

Müller-Wille, M., Higelke, B., Hoffmann, D., Menke, B., Brande, A., Bokelmann, K., Saggau, H.-E. u. Kühn, H.-J. 1988 b: Norderhever-Projekt 1. Landschaftsentwicklung und Siedlungsgeschichte im Einzugsgebiet der Norderhever (Nordfriesland). Offa-Bücher 66, Studien Küstenarchäologie Schleswig-Holsteins Ser. C. (Neumünster 1988).

Nehls, G. 1998: Mauser- und Überwinterungsgebiete von Eiderenten. In: Landesamt für den Nationalpark Schleswig-Holsteinisches Wattenmeer u. Umweltbundesamt 1998, 116–117.

Newig, J. u. Reumann, K. 1983: Das Herzogtum Schleswig 1804/05, Kartenwerk von Johann Heinrich Christian du Plat. Jubiläumsausgabe der Gesellschaft für Schleswig-Holsteinische Geschichte (Kiel 1983).

Nunn, P. D. 2007: Climate, environment and society in the Pacific during the last Millenium, Developments in Earth & Environmental Sciences 6 (London 2007).

Panten, A. 1978: Die Namen der Hauswirte auf der Hallig Hooge 1622. Nordfriesisches Jahrbuch 14, 1978, 220.

Panten, A. 1989: 1000 Jahre Deichbau in Nordfriesland? In: H.-J. Kühn u. A. Panten, Der frühe Deichbau in Nordfriesland. Archäologisch-historische Untersuchungen (Bredstedt 1989) 63–127.

Panten, A. 2012: „... im salzen Meere vergangen ...". Aufzeichnungen über die Flut von 1362. Nordfriesland 177, März 2012, 11–16.

Prange, W. 1965: Die Höhe der Sturmflut vom 11. Oktober 1634 in Nordfriesland nach neuen Wasserstandsmarken. Zwischen Eider und Wiedau, Heimatkalender für Nordfriesland, 1965, 40–48.

Prange, W. 1979: Zur Geschichte von Efkebüll (Nordfriesland) nach geologischen Untersuchungen. Zeitschrift der Gesellschaft für Schleswig-Holsteinische Geschichte 104, 1979, 21–48.

Prange, W. 1988: Die Entstehung einer Hallig. Die Heimat. Zeitschrift für Natur- und Landeskunde, Heft 7/8, 1988, 188–192.

Ricklefs, K. 2016: Die Geologie Rungholts. In: Newig u. Haupenthal 2016, 12–14.

Reise, K., Bock, H. u. Buhs, F. 1998: Seegräser: gefährdete Bestände? In: Landesamt für den Nationalpark Schleswig-Holsteinisches Wattenmeer u. Umweltbundesamt 1998, 84–85.

Rhode, H. 1972: Wasserstandsbeobachtungen im Bereich der deutschen Nordseeküste von der Mitte des 19. Jahrhunderts. Die Küste, Heft 28, 1975, 1–96.

Roediger, G. 1962: Entwicklung und Verlauf der Wetterlage vom 16./17. Februar 1962. Die Küste, Heft 1, 1962, 1–4.

Ruth, M. 1998: Miesmuschelbänke. In: Landesamt für den Nationalpark Schleswig-Holsteinisches Wattenmeer u. Umweltbundesamt 1998, 98–99.

Saggau, W. u. Stadelmann, R. 2001: Ein Deich wird gebaut. Vordeichung Nordstrander Bucht (Husum 2001).

Scherenberg, R. 1992: Küstenschutz und Binnenentwässerung in den Marschen Nordfrieslands und Eiderstedts. In: J. Kramer u. H. Rhode, Historischer Küstenschutz. Deichbau, Inselschutz und Binnenentwässerung an Nord- und Ostsee (Stuttgart 1992) 403–462.

Schindler, M., Karius, V., Deicke, M. u. von Eynatten, H. 2014: Measuring sediment deposition and accretion on anthropogenic marshland – Part II: The adaption capacity of the North Frisian Halligen to sea level rise. Estuarine, Coastal and Shelf Science 151, 2014, 246–255.

Schmidt-Eppendorf, P. (Hrsg.) 1984: Die Nordstrander Kirchen nach der Flut. In: A. Reinhardt (Hrsg.), „Die erschreckliche Wasser-Fluth" 1634 (Husum 1984) 63–147.

Schulz, H. 1962: Verlauf der Sturmfluten vom Februar 1962 im deutschen Küsten- und Tidengebiet der Nordsee. Die Küste, Heft 1, 1962, 5–16.

Schwarz, J. 1998: Seehunde und Kegelrobben. In: Landesamt für den Nationalpark Schleswig-Holsteinisches Wattenmeer u. Umweltbundesamt 1998, 132–133.

Schuerch, M., Rapaglia, J., Liebetrau, V., Vafeidis, A. u. Reise, K. 2012: Salt Marsh Accretion and Storm Tide Variation: an Example from a Barrier Island in the North Sea. Estuaries and Coasts 35, 2012, 486–500.

Stadelmann, R. 2008: Den Fluten Grenzen setzen: Schleswig-Holsteins Küstenschutz (Westküste und Elbe). Bd. 1: Nordfriesland (Husum 2008).

Steffen, U. 2004: Matthias der Glückliche und seine Zeit (Bredstedt 2004).

Stifter, D. 2005: Hallstatt – In eisenzeitlicher Tradition. In: R. Karl u. J. Loskovar, Interpretierte Eisenzeiten Fallstudien, Methoden, Theorie. Tagungsbeiträge der 1. Linzer Gespräche zur interpretativen Eisenzeitarchäologie. Studien zur Kulturgeschichte von Oberösterreich 18 (Linz 2005) 229–240.

Stiles, P. 1997: OE halh „slighty raised ground isolated by marsh". In: A. R. Rumble u. A. D. Mills (Hrsg.), Names, Places and People. An onomastic miscellany in memory of John McNeal Dodgson (Stamford 1997) 330–344.

Stock, M. 2006: Hallig Süderoog – Herzstück im Nationalpark Wattenmeer. In: Klatt 2016, 147–273.

von Storch, H., Meinke, I. u. Weisse, R. 2009: Nordseesturmfluten im Klimawandel. Symposium Stormvloed 1509 – Geschiedenis van de Dollard, 19. September 2009 (Leer 2009). https://www.hzg.de/imperia/md/content/klimabuero/publikationen/1509_2009.pdf

Stümpel, H. 2002: Früh- bis spätmittelalterliche Keramik aus dem südlichen nordfriesischen Marschengebiet und Wattenmeer. Norderhever-Projekt 2 Offa-Bücher 81, Studien Küstenarchäologie Schleswig-Holsteins Ser. C. (Neumünster 2002).

Turner, E. 2004: Coastal wetland subsidence arising from local hydrologic manipulations. Estuaries 27, 2004, 266–272.

Wahl, T., Jensen, J., Frank, T. u. Haigh, I. D. 2011: Improved estimates of mean sea level changes in the German Bight over the last 166 years. Ocean Dynamics (Springer Verlag 2011).

Weber, K. 1931: Zur Rechtsgeschichte der Wiesengemeinschaften der Hallig Hooge (Leipzig 1931).

Wiermann, R. 1962: Botanisch-moorkundliche Untersuchungen in Nordfriesland. Ein Beitrag zur Frage nach dem zeitlichen Ablauf der Meeresspiegelschwankungen. Meyniana 12, 1962, 97–146.

Wigal, D. 2007: Historische Seekarten (London 2007).

Witt, R. 1982: Die Anfänge von Kartographie und Topologie Schleswig-Holsteins 1475–1652 (Heide 1982).

Witt, R. 2012: Seefahrtsgeschichte Schleswig-Holsteins in der Neuzeit. Schriftenreihe der Deutschen Maritimen Akademie 2 (Heide 2012).

Wöffler, E. 2016: Optimierung des Küsten- und Hochwasserschutzes auf den Halligen. Diss. Fakultät für Bauingenieurwesen der Rheinisch-Westfälischen Technischen Hochschule Aachen (Aachen 2016).

Wohlenberg, E. 1969: Die Halligen Nordfrieslands. Kleine Schleswig-Holstein-Bücher (Heide 1969).

Wolters, S. u. Segschneider, M. 2019: Silvae submersae – Bäume im Wattenmeer bei Hallig Gröde, Nordfriesland. Nachrichten des Marschenrates Wilhelmshaven 56, 2019, 55–62.

Woth, K., Weisse, R. u. von Storch, H. 2006: Climate change and North Sea storm surge extremes: an ensemble study of storm surge extremes expected in a changed climate projected by four different regional climate models. Ocean Dynamics, doi: 10.1007/s10236005-0024-3.

ANMERKUNGEN

1 Saggau u. Stadelmann 2001.
2 http://www.halligen.de/
3 Günther u. Rösener 1998, 124–125; Heydemann 1998, 76–77.
4 Heydemann 1998, 76.
5 Reise u.a. 1998, 84–86.
6 Günther u.a. 1998, 126–127; Hälterlein 1998a, 118–119; 1998c, 122–123.
7 Der Verein Jordsand gab 1952 für Norderoog an Brutpaaren 2.400 Brandseeschwalben, 2.000 Küstenseeschwalben, 700 Flussseeschwalben, 240 Austernfischer, 7 Brandgänse und 7 Seeregenpfeifer an. Süderoog wies 1951 um die 6.000 Brutpaare an Fluss- und Küstenseesschwalben auf. Nach Koehn 1954, 65.
8 Hälterlein 1998b, 120–121.
9 Nehls 1998, 116–117.
10 Fleet 1998, 128–129.
11 https://nordfriesland-online.de/tag/halligen – abgerufen am 25.11.2019.
12 Schwarz 1998, 132–133.
13 Ruth 1998, 98–99.
14 Bantelmann 1966, 24.
15 Abweichend vom heute gültigen Normalhöhennull (NHN) wird für die Kapitel, die die historische Landschaftsentwicklung behandeln, die alte Bezeichnung NN (Normalnull) verwendet. NHN berücksichtigt das Schwerefeld der Erde.
16 Zur Morphodynamik und Hydrographie des südlichen nordfriesischen Wattenmeeres siehe: Higelke 1988, 39–50; Meier 2013, 18 ff. Die gegenwärtige Morphodynamik des schleswig-holsteinischen Wattenmeeres ist vor allem vom Forschungs- und Technologiezentrum der Universität Kiel in Büsum untersucht und in mehreren Berichten publiziert worden.
17 Jensen 1998, 54; Meier 2013, 21 ff.
18 Meier 2013, 21 ff.
19 Müller 1917, 29.
20 Laur 1992: abgeleitet von altengl. *hyll* für Erhebung; Stiles 1997, 330–344.
21 Stifter 2005, 229: „Viele der Orte mit *hall* im Namen haben keine Siedlungskontinuität seit der Antike; die meisten sind Gründungen des Früh- und Hochmittelalters. Daher sollte nicht im keltischen, sondern im germanischen nach einer Etymologie für *hall* gesucht werden. In den letzten 150 Jahren wurden tatsächlich mehrere germanische Vorschläge gemacht, die aber alle nicht ohne semantische oder phonologische Probleme sind. Mein neuer Vorschlag ist, hall von urgerm. **hallan* herzuleiten, das uridg. **kalnom* oder **kHlnom* 'verhärtete haut' (vgl. lat. *callum* 'harte haut, schwiele') fortsetzt. Das muss sich urspr. auf die Salzkruste bezogen haben, die sich beim Sieden bildet. Vom derart produzierten salz wäre dann die Bezeichnung auf das Instrument bzw. den Ort der Produktion übertragen worden."
22 Kühn u. Baudewig 2013, 24.
23 M. Petersen 1974: Müller, Friedrich. In: Schleswig-Holsteinisches Biographisches Lexikon. Bd 3. (Neumünster 1974) 197.
24 Zur Würdigung des Werkes von Müller und Fischer siehe: Lorenzen 1958/59, 20–35.
25 Bantelmann 1966, 5–99; Dittmer 1952, 138–168.
26 Der Nachlass von E. Wohlenberg wurde 1992 durch das Forschungs- und Technologiezentrum Westküste als zentraler Einrichtung der Universität Kiel in Büsum angekauft. Die Abwicklung übernahm der Verf. als Leiter der Arbeitsgruppe Küstenarchäologie/Landschaftsentwicklung.
27 u.a. Meier 2001a/b; 2014; 2016; 2017; 2018; Meier u.a. 2013.
28 Müller-Wille u.a. 1988.
29 u.a. Kersten u. La Baume 1958; Kossack u.a. 1980; Segschneider u. von Carnap 2015.
30 Meier u.a. 2013.
31 Meier 2019, 39 ff.
32 Meier 2013a, 18 ff.; 2019, 45 ff.
33 Hoffmann 1988, 96.
34 Meier 2013a, 24 ff.; 2016, 60 ff.
35 Meier 2001a, 132 ff.; 2001b, 17 ff., 84 ff.; Brande 1988, 139–147.
36 Menke 1988, 130.
37 Hoffmann 1988, 58 ff., 61, 72 ff.; Meier 2013a, 35 ff.; Wolters u. Segscheider 2019, 15 ff.
38 Meier 2001a, 132 ff.; 2001b, 17 ff., 84 ff.; 2016a, 53 ff.
39 Meier 2013a, 35 ff.
40 Meier 2016, 106 ff.; 2017, 103 ff.
41 Chronicon Eiderostadense vulgare, 27 ff.
42 Zitiert nach Sach 1896, 174. Zu den Auswirkungen der Flut von 1362 auf den Strand siehe: Müller 1936, S. 35–41. Zu den Schriftquellen u.a.: Meier 2013, 41 ff.
43 Schleswig-Holsteinische Resten u. Urkunden / SHRU, Bd. 4, 1924, 876, 877; Panten 2012, 12.
44 Srciptores rerum Danicarum 5, 1783, 509; Müller 1936, S. 35, 36.
45 Die Rekonstruktion der Sturmflut erfolgte im Rahmen des vom Verf. koordinierten Films in der ZDF-Reihe Terra-X, Rungholt – Atlantis der Nordsee durch Dr. S. M. Navarra und Dipl.-Meteorologe W. Seifert vom Bundesamt für Seeschifffahrt, Hydrographie und Sturmfluten in Hamburg.
46 Hansen u. Jessen 1904, Registrum Slesvicensis, 100.
47 Landesarchiv Schleswig-Holstein (LASH) Abt. 7, Nr. 6047, f. 37/38; Schriften des Vereins für schleswig-holsteinische Kirchengeschichte, 2. Reihe, Bd. 6, Heft 4, Kiel 1917, 450–452.
48 Gamle Kongelige Samlinger 1047, fol. 154r–155v.
49 Meier 2013d, 89 ff.
50 Koehn 1954, 48.
51 Koehn 1954, 176, Taf. 138.
52 Koehn 1954, 177, Taf. 143.
53 Meier 2016, 71 ff.
54 Kühn, K. S. A. 2012, 58–59, Abb. 32.
55 Kühn, K. S. A. 2012, 34–35.
56 Bantelmann 1975, 32 Abb. 23.
57 Solche Reusen aus der frühen Neuzeit wurden von D. Meier 2002 vor Ehstensiel in Eiderstedt dokumentiert, siehe Meier 2013c, 66 ff.; vgl. auch Klatt 2006, 106.
58 Meier 2001a, 135 ff.; 2001b, 106 ff.; 2016, 113 ff.; Meier u. Coldewey 2012, 256 ff.
59 Lorenzen 1762, 26.
60 Bantelmann 1975, 26.
61 Unter der Hallig Gröde enthält das Grundwasser bis zu 8000 Milligramm Salz pro Liter, der Mensch verträgt nur solches bis maximal 4000 Milligramm. Unter dem westlichen Teil der Hallig Nordstrandischmoor sind die Salzwerte mit 11.000 Milligramm pro Liter noch höher. Untersuchung durch das Nissenhaus Husum. Siehe: Wohlenberg 1969, 24.
62 Meier 2003, 277–291.
63 Kühn u.a. 2013, 156.
64 Kühn, K. S. A. 2012, 30–32.
65 Koehn 1954, 121, Taf. 92.
66 Heimreich, Nordfriesische Chronik 1666, I, 183; Koehn 1954, 121, Taf. 92.
67 Kühn, K. S. A. 2012, 11.
68 Johannes Petreus, Dritte Nachricht in Absicht einiger merkwürdigen Gegenden der Herzogthümer Schleßwig und Holstein, S. 439.
69 Meier, 2001 (Teil 1), 12 ff.; Bantelmann 1955; 1975.
70 Meier, 2001 (Teil 1), 103 ff. mit weiterer Literatur.
71 Meier 2016c, 72 ff.
72 Meier 2001a/b; 2013; 2016c.
73 Kühn 1988, 195 ff.
74 Topgraphien von J. F. A. Dörfer (1805, ^{2}1816), H. Petersen (1829), J. von Schröder (1837, ^{2}1854), W. Lesser (1853), Oldekop (1906).
75 Kühnast 2007, 10–13.
76 Brandt 1971, 190 ff.
77 Kühn, K. S. A. 2012, 23–28.
78 Lehmann 1927, 127 Abb. 40, 129.
79 Fischer 1955a, 71 ff.; Meier 2012b, 143 ff.; 147 ff.; 2013e, 77; Prange 1979, 29.
80 Fischer 1955a, 72.
81 Fischer 1955a, 72.
82 Fischer 1955a, 72.
83 Fischer 1955a, 73.
84 Fischer 1955, 17.
85 Bantelmann 1966, 84 Abb. 48, 86 ff.; Meier 2007a, 117–118.
86 Fischer 1955a, 71.
87 Bantelmann 1966, 86; Kühn u.a. 2013, 157 ff.

88 Karff 1978, 123.
89 Koehn 1954, 157 ff.; Meier 2007a, 193 ff.; 2018, 115 ff.
90 Friedrich 1990; Meier 2009, 193 ff.
91 Hudson stach 1610 zu einer weiteren Fahrt ins Eismeer auf, das Schiff wurde eingeschlossen und auf dem Rückweg 1611 setzte ihn und seinen Sohn die meuternde Besatzung aus, nachdem die Lebensmittel knapp wurden. Sie wurden in ein Boot gesetzt und blieben verschollen. Siehe dazu: Wigal 2007, 171–174.
92 Koehn 1954, 158.
93 Koehn 1954, 161; Taf. 127.
94 Witt 2012, 47.
95 Witt 2012, 47.
96 Eschels 1835, 27.
97 Koehn 1954, 157; Steffen 2004. Auf seinem Grabstein auf dem Friedhof von St. Laurentius auf Föhr ist die Zahl von 373 Walen vermerkt. Zur nordfriesischen Walfanggeschichte siehe auch: Witt 2012, 42 ff.
98 Koehn 1954, 158.
99 Witt 2012, 47.
100 Petrejus 1740, 150.
101 Kühn 1999, 6 Abb. 1, 32 ff.; Meier 2018, 115 ff.
102 Degn 2000; zur Wirtschaft der Kolonialstaaten: Piet 1988.
103 Witt 2012, 104 ff.
104 Koehn 1954, 166; Taf. 133, 134; Kuehn, K. S. A. 2012, 28–29, Abb. 16 u. 17.
105 Koehn 1954, 162–163, Taf. 130. Zum Segelschiff „Preußen" siehe: Hamecher 1993.
106 Heute im Germanischen Nationalmuseum Nürnberg
107 Meier 2013b, 41 ff.; Witt 1982, 46–49.
108 Fischer, Sonderprobleme des Küstenraumes, 1955, 194–195; Fischer, Sonderprobleme des Küstenraumes, 1955, 201 ff.; Witt 1982, 66 ff.
109 Petreus, Schriften über Nordstrand. Hrsg. von R. Hansen 1901; Witt 1982, 72 ff.
110 Das verschieden farbige Original der Karte von 1637 fand sich in einem Kirchenarchiv in Utrecht. Rechnungen von Beerentz, Gottorfer Rentekammer Rechnungen, Landesarchiv Schleswig-Holstein. Vgl.: Henningsen 1998, 60, 61; Müller 1917, 218.
111 Peter Sax 1636, hrsg. von A. Panten 1985, IV, 54 f.
112 Johannes Mejer, Sohn eines Pastors, studierte in Kopenhagen Mathematik und Astronomie. Dabei lernte er die Grundlagen der dort seit Tycho Brahe gepflegten Kartografie kennen. Nach Husum um etwa 1629 zurückgekehrt, betätigte sich Mejer u.a. Kartograf. 1647 ernannte König Christian IV. Johannes Mejer zum königlichen Mathematiker und beauftragte ihn, zunächst die Westküste von Schleswig-Holstein aufzunehmen. 1652 erschien Caspar Danckwerths *Neue Landesbeschreibung der zwei Herzogtümer Schleswig und Holstein* mit 40 Karten und Stadtgrundrissen von Mejer. Vorbild war der 1645 veröffentlichte *Novus Atlas* von Willem Janszoon Blaeu. Die meisten Karten von Mejer wurden von den Brüdern Mathias und Nicolaus Petersen künstlerisch ausgestaltet und von den Brüdern Andreas und Christian Lorenzen – genannt Rodtgießer – in Kupferplatten gestochen. Zu den Karten Mejers siehe: Domeier 1963.
113 Zur Liste der Kirchspiele in der *Designatio* auf dem Strand siehe: Karff 1978, 65–66.
114 Domeier 1983; Fischer, Sonderprobleme des Küstenraumes, 1955, 205 ff.; Witt 1982, 82 ff.
115 Meier 2011, 270.
116 Müller 1917, Teil I, Atlas, Taf. IX, X, XI, XII, XIII, XV, XVI, XVII, XXIII.
117 1 Demat = 0,493 ha.
118 Meier 2012a, 193 ff., 212 ff.
119 Newig u. Reumann 1983.
120 Bantelmann 1966, 48–50.
121 Zur Bedeichungsgeschichte siehe: Müller u. Fischer 1936c.
122 Müller-Fischer 1936c, 202 ff., Pellworm, Taf. XI. *Carte ueber alle Gegenstände des Deich- und Wasserbaus auf der Insel Pellworm, entworfen in den Jahren 1803, 1804…*
123 Müller u. Fischer 1936c, 206.
124 Müller u. Fischer 1936b; Meier 2013d, 104 ff., 113 ff.
125 Zitiert nach Müller 1917.
126 Zitiert nach Müller 1917.
127 1 Steuertonne = 5466 m^2
128 Meier 2013d, 113 ff.; 2017, 133 ff.; Müller u. Fischer 1936a, 3 ff., 27 ff.
129 Müller u. Fischer 1936a, 51 ff., 51 Abb. 2, 54 Abb. 3, 56 Abb. 4. Abweichend vom Original hat Müller 1936 in seinem Werk über Nordstrand die drei Köge durch eine Schraffur kenntlich gemacht.
130 Müller u. Fischer 1936b, 153 ff., 159 ff., 162 ff.
131 Müller u. Fischer 1936b, 143 ff., 159 ff., 162 ff.
132 Müller u. Fischer 1936b, 147.
133 Müller u. Fischer 1936b, 192 ff.
134 Müller u. Fischer 1936b, 215 ff., 222 ff., 225 ff., 228 ff.; Taf. IX.
135 Müller u. Fischer 1936b, 204 ff., 209 ff., 241 ff., 243 ff., 246 ff., 250 ff.
136 Bantelmann 1939, 46 ff.; 1966, 43 ff., 79 ff., 82.
137 Bantelmann 1939, 46 ff.; 1966, 43 ff., 79 ff., 82.
138 Fischer 1955, 113 ff.; Jessen u. Hansen 1904, 198, 201.
139 Hansen u. Jessen 1904, 198: *In Ockeholm tres habet agros et dant omni anno ß IX pro terragio item…* Zu den Zinserträgen heißt es weiter (ebd. 201): *Item in Ouekenbol et Ockeholm dicuntur habitare XVI habentes domos in areis; illi sepe fuerunt impetii pro.*
140 Fischer 1955, 117.
141 Fischer 1955, 115, 116.
142 Fischer 1955, 117 ff.
143 Fischer 1955, 127 ff.
144 Prange 1969, 42.
145 Fischer 1955, 77 ff.; Prange 1988, 188–192.
146 Fischer 1955, 71 ff.; Hansen u. Jessen 1904, 101, 128, 200, 201
147 u.a. Jessen u. Hansen 1904, 100: *Item quondam habuit unum speciale corpus in Risummoor valens IIII libr. sterling., modo etiam sumersum. unum speciale corpus, modo etiam submersum.*
148 Fischer 1955, 72.
149 Fischer 1955, 72.
150 Fischer 1955, 69 ff.
151 Fischer 1955, 73.
152 Fischer 1955, 74–77.
153 Fischer 1955, 77–83.
154 Fischer 1955, 84–87.
155 Fischer 1955, 87–89.
156 Fischer 1955, 89–92.
157 Fischer 1955, 113 ff.
158 Fischer 1955, 138 ff.
159 Fischer 1955, 141 ff.
160 Fischer 1955, 141–143, 142 Abb. 9.
161 Fischer 1955, 143–145, 144 Abb. 10. Die Deiche sind von Fischer durch eine besondere Signatur verdeutlicht.
162 Fischer 1955, 145.
163 Fischer 1955, 146 ff.
164 Fischer 1955, 148 ff., 152 ff.
165 Prange 1965, 40–48.
166 Fischer 1955, 154 ff., 156 ff.
167 Fischer 1955, 159 ff.
168 Fischer 1956, 236 ff.
169 Fischer 1956, 239 ff.
170 Fischer 1956, 250 ff.
171 Fischer 1955, 233 ff.
172 Fischer 1955, 249 ff.
173 Fischer 1955, 243 ff.
174 Fischer 1955, 170 ff., 269 ff., 272 ff., Meier 2019, 175 ff.
175 Meier 2007b, 252–262; 2016, 115 ff.; Fischer 1956, 58 ff.
176 Fischer 1956, 98 ff.
177 MELUR 2014, 7 Tab. 1.
178 Meier 2011, 259–292.
179 Müller 1917, 242–257, 258–262, 289; Meier 2011, 269–270.
180 Müller 1917, 262–269; Meier 2012a, 212–217.
181 Das verschieden farbige Original der Karte von 1637 fand sich in einem Kirchenarchiv in Utrecht. Rechnungen von Beerentz (Berends), Gottorfer Rentekammer Rechnungen, Landesarchiv Schleswig-Holstein. Vgl.: Henningsen 1998, 60, 61; Müller 1917, 218.
182 Müller 1936b, 96–98, 97 Abb. 6. Nordstrander u. Pellwormer Maß: 1 Rute = 8 Ellen = 16 Fuß = 4,78 m; 1 Demat 0,493 ha; 1 Hamburger Fuß = 0,286 m.
183 Müller 1936b, 98 mit Hinweis auf Anton Heimreich, Nordfriesische Chronik, II, 105.
184 Johannes Petreus Schriften über Nordstrand. Hrsg. von R. Hansen 1901.
185 Matthias Boetius, Cataclysmo Nordstrandico (1622), Übersetzung von Hartz 1940, 66.
186 Matthias Boetius 1623, Übersetzung von Schmidt-Petersen 1931, 90.
187 Matthias Boetius 1623, Übersetzung von Schmidt-Petersen 1931, 91.
188 Matthias Boetius 1623, Übersetzung von Schmidt-Petersen 1931, 91.
189 Matthias Boetius 1623, Übersetzung von Schmidt-Petersen 1931, 92.
190 Matthias Boetius 1623, Übersetzung von Schmidt-Petersen 1931, 92.
191 Matthias Boetius 1623, Übersetzung von Schmidt-Petersen 1931, 94.
192 Peter Sax, Descriptio, Insulae Nordstrandiae…1637, Bd. 3, S. 6.

193 Henningsen 1998, 89.
194 Henningsen 1998, 91. Die Funde befinden sich im Nordseemuseum, Husum.
195 Henningsen 1998, 89.
196 Busch u.a. 1952–1963a–e. Zu Busch siehe: Henningsen 1998, 91–100.
197 Zu den Kulturspuren siehe: Kühn u.a. 2013, 118–131.
198 Die seinerzeitige Annahme, dass einige Scherben in das 15.–17. Jahrhundert weisen, ist so nicht zutreffend.
199 Busch 1963e, 26–27.
200 Kühn u.a. 2013, S. 118 ff.
201 Busch, Schleusenreste (1962), Schleusen (1963), Kirchwarft (1963), neue Siedlungsspuren (1963), Nachtrag (1963); Henningsen 1998; 2000; Kühn u.a. 2013, S. 118 ff.; Meier 2016b, 19–31.
202 Kühn u.a. 2013, 118 ff.
203 Borger u. Bruines 1994; Borger u.a. 2011, S. 5–125.
204 u.a. Meier 2014, 83 ff.
205 Meier 2016c, 65–74.
206 Henningsen 2000, S. 40 ff.
207 Kühn u.a. 2013, 125–127.
208 Kühn u.a. 2013, 152–154.
209 Busch 1957, 270; Kühn u.a. 2013, 125, 126.
210 Busch 1952, 270; Kühn u.a. 2013, 125–127.
211 Meier 2001a, 135 ff.; Kroll 2001, 227 ff., Tab. 25–27
212 Meier 2001a, 135 ff.
213 Busch 1952, 270; 1957, 3–15; Kühn u.a. 2013, 131 ff.
214 Lage bei: 54°28'15"N, 08°43'57"E; Henningsen 2000, S. 105 Abb. 65 a, b.
215 Hartmann 1975, Taf. 17,2; Taf. 20, 6–7; Taf. 26, 7.
216 Robert Brauer vermutet Fortsetzungen, die Victor Graf von Reventlow-Criminil schon in den 1950er-Jahren untersucht hatte. Die Kulturreste wurden von Cornelia Mertens 2011 entdeckt: 54°28'44.48"N, 8°44'28.35"E bzw. 54°28'44.52"N, 8°44'27.97"E.
217 Müller 1917, Atlas Taf. V.
218 Busch 1928, 104–106.
219 Peter Sax, hrsg. von A. Panten 1987, 52, 53; Busch 1952, 270; Henningsen 1998, 66; Meier 2016b, 24 ff.
220 Meier 2013b, 44.
221 Henningsen, 2000, 83 ff.
222 Hansisches Urkundenbuch, bearb. von K. Höhlbaum, Bd. I (Halle 1876, Nr. 945) Nr. 945, 325. Die Urkunde befindet sich im Staatsarchiv Bremen. Original mit Stücken des Siegels. Bremer Urkundenbuch 1, Nr. 419; Schleswig-Holsteinische Urkundenslg. 1, Nr. 419, Nachtrag n. 34.
223 Meier 2009, S. 136 ff. mit weiterer Literatur.
224 Meier 2016e, 109–164; 2019, 125 ff., 152 ff.
225 Müller 1936, 35–41.
226 Panten 2012, 12.
227 Panten 2012, 12.
228 *Liber censualis episcopi Slesvicensis*, Hansen u. Jessen 1904, 135 ff.
229 Boetius, Drei Bücher über die Denkwürdigkeiten...1623, 91.
230 Heimreich, Erneuerte Nordfriesische Chronik 1668, 248–249.
231 Müller 1936b, 9 ff.; Karff 1978, 127; Meier 2013d, 85 ff.
232 SHRU, Bd. 6, 410.
233 Urkundenbuch des Landes Dithmarschen, hrsg. von Ludwig Jacob Michelsen, Hamburg 1834, 53; Panten 2012, 12, 13.
234 Lateinischer Urtext bei Karff 1978, 106.
235 Meier 2013d, 83.
236 Urkunde im Originaltext bei Karff 1978, 123.
237 Hansisches Urkundenbuch 5, Nr. 240, 213.
238 Hoffmann 1988, 72. Die älteren Sedimente bzw. der alte vor 1362 abgelagerte Klei werden von Hoffmann als untere klastische Sedimente bezeichnet, die jüngeren Sedimente bzw. der junge Klei als obere klastische Sedimente.
239 Meier 2001a, 132 ff., 147 ff.
240 *Codex manuscriptus historiae* 102, S. 107. Staats- und Universitätsbibliothek Hamburg.
241 Hoffmann 1988, 88.
242 Hoffmann 1988, 89.
243 Hoffmann 1988, 69.
244 Hoffmann 1988, 65.
245 Hoffmann 1988, 82 ff., 88 ff.; Ricklefs 2016, 12–14; Meier 2013a, 35 ff.; 2016b, 19–31.
246 Hadler u.a. 2018, 37–54. Leider wurden ältere geologische Untersuchungen von D. Hoffmann (1988) zu wenig berücksichtigt.
247 Turner 2004, 266–272.
248 Borger u. Bruines 1994; Borger u.a. 2001.
249 Hoffmann 1988, 66; Wiermann 1962, 105.
250 Göttlich 1976, 3; Hoffmann 1988, 66, 76.
251 Hoffmann 1988, 79.
252 Hoffmann 1988, 66, 67.
253 Hoffmann 1988, 51 ff., 90; Meier 2013a, 35 ff.; 2013c, 85 ff.; 2016, 28 ff.
254 MELUR 2014, 7 Tab. 1.
255 Fischer 1955, Landgewinnung u. Landerhaltung, 60 ff. mit Hinweis auf Ernst 1934.
256 Heimreich, Nordfriesische Chronik I, 1666, 502 f.
257 Müller 1917, 316.
258 Bantelmann 1977/78, 97 ff.; Meier 2007, 180; Kühn u.a. 2013, 152 ff.
259 Kuenz 1978, 32.
260 Wohlenberg 1969, 11.
261 Meier 2011, 270 Tab. 4 u. 5.
262 Meier 2011, 270–271; Hier umgerechnet mit Hamburger Fuß (1 Hamburger Fuß = 0,286 m), der spätestens im frühen 19. Jh. als gesetzliches Maß in den Herzogtümern galt. 1 dänischer Fuß beträgt 0,314 m. Vgl. Fischer 1955a, 187 Tab. 1.
263 Wohlenberg 1969, 12–13.
264 Meier 2011, 270–271.
265 Meier 2012a, 22.
266 Karff 1979, 36 ff.
267 Johansen 1863, 294. Die Zahl der im Watt liegenden Warftreste gibt Johansen mit acht an.
268 Die Einmessung der Kulturspuren erfolgte durch Cornelia Mertens, die Identifizierung des Stintebüller Deiches gelang Mertens, Robert Brauer und Dirk Meier bei einer Wattbegehung am 21.8.2011.
269 Bantelmann 1977/78, 108, Nr. 14–16.
270 Karff 1978, 12.
271 Moordeich: 54°32'54.19"N, 8°47'40.91"E.
272 Stintebüller Deich: 54°32'22.25"N, 8°48'42.48"E.
273 Hauschild-Thiessen, R. 2001: Amsinck, Arnold. In: Hamburgische Biografie, Bd. 1 (Hamburg 2001); Dies. Amsinck, Rudolf. In: Ebd. (Hamburg 2001) 21–22.
274 Bantelmann 1966, 59 ff.; Meier 2007a, 180 ff. Zur älteren Beschreibung der Hallig siehe: Kruse 1794.
275 MELUR 2014, 7 Tab. 1.
276 MELUR 2014, 7. Tab. 1.
277 Müller 1917, Taf. XVII.
278 Koehn 1954, Taf. 31.; Meier 2012a, 24 Tab. 13.
279 Statistisches Landesamt Schleswig-Holstein: Historisches Gemeindeverzeichnis Schleswig-Holstein 1867–1970 (Kiel 1972) 92.
280 Meier 2011, 24 Tab. 13.
281 Kühn u.a. 2013, 168 ff.
282 Ernst o. J., 40; Hoffmann 1988, 66.
283 Bantelmann 1939, 67; Ernst o. J., 47.
284 Bantelmann 1939, 71–72, 78; 1966, 69 ff.; 1967, 71–74; Meier 2007, 183 ff. Die von Bantelmann kartierten Kulturspuren sind heute im Satellitenbild nicht mehr erkennbar.
285 Bantelmann 1939, 71 Abb. 23; Fischer 1955a, 77.
286 Heimreich, Nordfriesische Chronik I, 1666, 189, 249, 257, 258, 264, 287.
287 Bantelmann 1939, 71 Abb. 23; 1966, 69 ff.; Meier 2007a, 183 ff.; Warft von Habel: 54°38'13.78"N, 8°45'57.04"E.
288 Das 15. Jh. dürfte wahrscheinlicher sein als das bei Fischer (1955a, 77) erwähnte 14./15. Jh.
289 Bantelmann 1966, 69 ff.
290 MELUR 2014, 7 Tab. 1.
291 Bantelmann 1966, 85; Müller 1917, 160.
292 Bantelmann 1966, 77 Abb. 42; Meier 2007a, 183 ff.; Müller 1917, Karte XV.
293 Müller 1917, 156 ff.
294 Hansen 1814; Lorenzen, J. 1990; Müller 1917, Atlas Taf. XV.
295 Hansen 1814; Lorzenen, J. 1990.
296 Müller 1917, 156.
297 Meier 2011, 270 Tab. 4.
298 Meier 2012a, 216 Tab. 13.
299 Reichsbankthaler (Rigsbankdaler) von 1813–1854 Währung im dänischen Gesamtstaat mit 14,5 g Silber.
300 Meier 2012a, 215 Tab. 12; Müller 1917, 264–265.
301 Hansen u. Jessen 1904, 257, 263, 266, 282, 283; Kühn u.a. 2013, 170 ff.
302 Fischer 1955a, 75 ff.
303 Bantelmann 1939, 46 ff.; 1966, 43 ff., 79 ff., 82.
304 MELUR 2014, 7 Tab. 1.
305 Heimreich, Erneuerte Nordfriesische Chronik 1668, 256–257.
306 Als Feste bezeichnet man in Schleswig eine Pacht, bis zur Neuzeit gab es Festehöfe, d.h. Pachthöfe, meist vom Landesherrn.
307 Panten 1989, 102.
308 Müller 1917, 117.

309 Panten 1989, 102–103.
310 Müller 1917, Atlas, Taf. XIII.
311 Meier 2012a, 215 Tab. 12; Müller 1917, 264–265.
312 Meier 2012a, 216 Tab. 13; Müller 1917, 294, 299.
313 Müller 1917, 127; Kühn u.a. 2013, 172–173.
314 MELUR 2014, 7 Tab. 1.
315 Kühn u.a. 2013, 173 ff.
316 Heute bewohnte Warften: Rixwarft II: Warftrest, nach Lorenzen (1749) mit 11 Wohnungen, 49 Bewohner. Nach Harcksen (1807) mit 11 Wohnungen und einem Fething, Nachfolgewarft von Rixwarft I, NN +4,20 m. Kirchwarft II: 1732 Kirchwarft und Pastorat (1733) fertiggestellt, Kirche 1838 abgebrochen, Pastorat 1962 abgebrochen, Nachfolgewarft von Kirchhofswarft I (Nommenswarft). Nach Lorenzen (1749) mit einer Wohnung, nach Harcksen (1807) mit Kirche und Predigerwohnung, NN +4,50 bis +4,70 m. Hilligenley: Nach Lorenzen (1749) mit 16 Wohnhäusern, 65 Bewohnern, nach Harcksen (1807) mit 14 Wohnungen und 2 Fethingen, NN +3,70 bis +4,10 m. Mayenswarft: Nach Lorenzen (1749) mit 13 Wohnungen und 62 Bewohnern, nach Harcksen (1807) mit 10 Wohnungen und 2 Fethingen sowie Scheetels, Höhe NN +3,80 bis +4,50 m. Süderhörn: Nach Lorenzen (1749) mit 7 Wohnungen und 25 Bewohnern, nach Harcksen (1807) mit 5 Wohnungen und einem Fething, NN +4,00 bis +4,20 m. Treuberg II: Nachfolgewarft von Treuberg I, nach Lorenzen (1749) mit 6 Wohnungen und 19 Bewohner, nach Harcksen (1807) mit 5 Wohnungen und einem Fething, NN +3,60 bis +3,80 m. Norderhörn: Nach einem Grabungsschnitt von A. E. van Giffen um 1912 lag die Basis der Warft etwa 1 m unter der Halligoberfläche, nach Harcksen (1807) mit 8 Wohnungen und zwei Fethingen, NN +3,90 m. Ketelswarft: Nach Harcksen (1807) mit 19 Wohnungen, 2 Fethingen und einem Scheetels, NN +3,80 bis +4,20 m. Tammenswarft: Nach Harcksen (1807) eine Wohnung und ein Fething, NN +4,40 m. Christianswarft: Nach Harcksen (1807) 4 Wohnungen und 2 Fethinge, NN +4,10 bis +4,30 m. Kirchwarft II: Warft mit Kirche von 1894 (Vorgängerbauten von 1663–1720 und von 1725–1894), Pastorat, nach Harcksen (1803) Kirche und Pastorat, ein Fething, NN +4,20 bis +4,50 m. Tadenswarft: Nach Harcksen (1807) mit 7 Wohnungen und 2 Fethingen, NN +3,80 bis +4,20 m. Honkenswarft: Nach Harcksen (1807) mit 6 Wohnungen und einem Fething, NN +3,90 bis +4,00 m. Peterswarft: Nach Harcksen (1807) mit 3 Wohnungen und einem Fething, NN +4,10 bis +4,20 m. Hunnenswarft: Nach Harcksen (1807) mit 11 Wohnungen und 3 Fethingen, NN +3,80 bis +4,10 m. Peterhaitzwarft: Nach Harcksen (1807) mit 2 Wohnungen und einem Fething, NN +4,30 bis +4,50 m. Neuwarft: Nach Harcksen (1807) mit 8 Wohnungen und einem Fething, NN +3,90 bis +4,60 m. Bandixwarft: Nach Harcksen (1807) mit 3 Wohnungen und einem Fething, NN +4,50 bis +5,00 m. Aufgelassene Warften: Hallge: Nach Lorenzen (1749) mit 10 Wohnungen und 53 Bewohnern, nach Harcksen (1803) mit 8 Wohnungen und einem Fething, nach Schnittgrabung 1979 Gründung der frühen Neuzeit, nach 1825 verlassen, NN +4,26 m. Peterswarft II: Warft kurz vor 1749 aufgeschüttet, Nachfolgewarft von Peterswarft I, Warftrest mit Leuchtturm von 1902, nach Lorenzen (1749) mit 8 Wohnhäusern und 40 Bewohnern; nach Harcksen (1807) mit 7 Wohnungen und einem Fething, NN +4,40 m. Neu-Peterswarft (Peterswarft III): Nachfolgewarft von Peterswarft II, 1890–94 errichtet, das einzige Haus wurde bei der Sturmflut 1962 zerstört, NN +4,46 m. Warften bis 1804/1825: Nordwarft, Wralswarft, Maitjenswarft, Melfswarft, Knutzwarft, Hemmenswarft, Lüddenswarft. Vgl. Harcksen 1807; Kühn 1988, 225–227.
317 Meier 2011, 270 Tab. 4 u. 5.
318 Meier 2012a, 215 Tab. 12.
319 Kühn 1988, 227–228.
320 Lorenzen 1762, 17 ff.
321 van Giffen 1913, 12–14.
322 Lorenzen 1762, 98 ff.
323 Müller 1917, Atlas, Taf. V.
324 Müller 1917, Atlas, Taf. VI, Abb. 27.
325 Hansen u. Jessen 1904, 258, 283.
326 Überarbeitung des Kataloges von Nicolaus Brun durch J. A. Cypraeus 1634.
327 Hansen u. Jessen 1904, 258, 283.
328 Lorenzen 1762, 100.
329 Hoffmann 1988, 79.
330 Hoffmann 1988, 64.
331 Stümpel 2002, 189 ff., Abb. 18; Tab. 15–25; Taf. 5, 8; 11, 4–10; 15, 15.
332 Andresen 1937, 8–30; Fischer 1955a, 69 ff.
333 Fischer 1955a, 75, 76 Abb. 9.
334 Andresen 1937, 12 Bild 4a; Fischer 1955a, 70 Abb. 8.
335 Andresen 1937, 13; Kühn u. Müller-Wille 1988, 190.
336 Kühn 1988, 226 mit Beil. 21.
337 MELUR 2014, 7 Tab. 1.
338 Kühn u.a. 2013, 164 ff.
339 Heute bewohnte Warften: Backenswarft: Nach Carstens (1804) mit 17 Wohnungen und zwei Fethingen, NN +3,90 bis +4,70 m; Kirchwarft: Kirche von 1637, Pastorart (1907 abgebrochen) NN +4,30 m; Westerwarft II: Nachfolgewarft von der nicht lokalisierten Westerwarft I, nach Carstens (1804) mit 8 Wohnungen und einem Fething, Höhe: NN +6,00 m, 1866 verlassen, 1954 aufgehöht und neu bebaut. Ipkenswarft: Nach Carstens (1804) 2 Wohnungen und ein Fething, NN +4,10 bis +4,60 m; Volkertswarft II: Nachfolgewarft von Volkertswarft I (um 1750 verlassen, nicht genau lokalisiert), Höhe NN +4,00 bis +4,60 m; Lorenzwarft: Nach Carstens (1804) mit 4 Wohnungen und einem Fething, NN +3,90 bis +4,80 m (1966 mit Mitteltritt zusammen gelegt); Mitteltritt: Nach Carstens (1804) mit 8 Wohungen und einem Fething, NN +3,70 bis +4,40 m; Ockelützwarft: Nach Carstens (1904) mit 9 Wohnungen und einem Fething, NN +3,90 bis +4,60 m; Hanswarft: Nach Carstens (1804) mit 26 Wohnungen und 4 Fethingen, Höhe: NN +3,80 bis +4,20 m. Ockenswarft: Nach Carstens (1804) 14 Wohnungen und 3 Fethingen, NN +3,90 bis +5,00 m. Aufgelassene Warften: Pohnswarft: Nach Grabung 1979 Gründung der frühen Neuzeit, Bebauung infolge der Flut von 1825 zerstört, die Warft von den Bewohnern verlassen. Nach Carstens (1804) mit 4 Wohnungen und einem Fething. Warften bis 1804/1825: Boyenswarft, Sievertswarft, Klein-Süderwarft, Groß-Süderwarft, Feder Bandixwarft. Warften vor 1804 untergegangen: Andreas-Magnussen Warft II, Schorkenswarft. Vgl. Carstens 1804; Kühn 1988, 221–223.
340 Kühn 1988, 224–225 mit Beil. 20.
341 Nach der Handschrift von Cypraeus 1634.
342 Brandt 1967, 40–43. Brandt ging davon aus, dass der Friedhof um 1629 oder etwas später seine Existenzberechtigung verlor, eher wahrscheinlich ist jedoch dessen Untergang 1362.
343 Stümpel 2002, 187–188.
344 Hoffmann 1988, 92.
345 Kühn 2013, 11 ff.; Stümpel 2002, 188–189, 285 Taf. 1, 14–25, 286, Taf. 2, 1–7.
346 Meier 2017, 103 ff.
347 Stümpel 2002, 178–181, 184–186.
348 Brandt 1939, 40–44.
349 Bantelmann 1966, 78 Abb. 43, 80 Abb. 45; Kühn 1989, 25–29; 2013, 15 ff.
350 Müller 1917, Atlas Abb. 79.; Kühn 2013, 15 Abb. 3.
351 Kühn 1988, 224–225 mit Beil. 20.
352 Hoffmann 1988, 79.
353 Kühn 2013, 14 Abb. 2.
354 Kruse 1794, 228.
355 Heimreich, Nordfriesische Chronik I, 1666, 183.
356 Lorenzen 1993, 28–30.
357 Panten 1978, 220.
358 Heimeich II, 1668, 68.
359 Schmidt-Eppendorf 1984, 63–147.
360 Heimreich II, 1668, 68.
361 Meier 2011, 270 Tab. 4 u. 5.
362 Kruse 1794, 217.
363 Müller 1917, Teil 1, Atlas, Taf. XXI. Das schwarz-weiße Original war bei der Kopie durch Müller in einem sehr schlechten Zustand.
364 Müller 1917, Teil 2, 299 Abb. 86.
365 Meier 2012a, 215 Tab. 12.
366 Kühn u. Baudewig 2013, 25 ff., Anlage I, II.
367 Kühn u. Baudewig 2013, 25–16, Anlage III.
368 Kühn u. Baudewig 2013, 27 ff., 32 ff., Anlage IV u. V.
369 Müller 1917, Teil 2, 296 Abb. 84; Kühn u. Baudewig 2013, 35 Abb. 13.
370 Müller 1917, Teil 2, 293 Abb. 82; Kühn u. Baudewig 2013, 36 Abb. 14.
371 Müller 1917, Teil 2, 294 Abb. 83; Kühn u. Baudewig 2013, 37 Abb. 15.
372 Kühn u. Baudewig 2013, 46.

373 Kühn u. Baudewig 2013, 46–47 Abb. 26.
374 Kühn u. Baudewig 2013, 50, 51 Abb. 29 u.30.
375 Kühn u. Baudewig 2013, 58.
376 Kühn 2011, 20–23; Kühn u. Baudewig 2013, 19–58.
377 MELUR 2014, 7 Tab. 1.
378 https://www.jordsand.de/schutzgebiete/hallig-norderoog/
379 Koehn 1954, 65.
380 Husumer Tageblatt am 30. Mai 1950 und 28. Januar 2011
381 Kühn, K. S. A. 2012, 77.
382 Angaben vom Verein Jordsand.
383 Kühn, K. S. A. 2012, 55 ff.
384 Meier 2007, 181–183.
385 Meier 2012a, 215 Tab. 12.
386 Kühn u.a. 2013, 137 ff.
387 Fischer 1955a, 81.
388 Gamle Kongelige Samlinger 1047, fol. 154r–155v.; Landesarchiv Schleswig-Holstein (LASH) Abt. 7, Nr. 6047, f. 37/38; Schriften des Vereins für schleswig-holsteinische Kirchengeschichte, 2. Reihe, Bd. 6, Heft 4, Kiel 1917, 450–452.
389 Die Höhe des MThw gibt der Landesbetrieb für Küstenschutz mit NHN +1,33 m an. NHN=Normalhöhennull; vgl. MELUR 2014, 7 Tab. 1.
390 Klatt 2016, 51–61.
391 Stock 2006, 147 ff.
392 Stock 2016, 262 ff.
393 Klatt 2016, 103.
394 Klatt 2016, 121 ff., 129 ff.
395 Klatt 2016, 71. Bei dem Festebrief handelt es sich um einen Pachtbrief.
396 Müller 1917, 264–265; Meier 2012a, 216 Tab. 13.
397 Müller 1917, 264–265; Meier 2012a, 215 Tab. 12.
398 Klatt 2016, 95–96.
399 Klatt 2016, 116.
400 Klatt 2016, 73 ff.
401 Klatt 2016, 113 ff. Der Festebrief des Sohnes von Hans Boysen, Boye Hansen, wurde 1660 ausgestellt. Im Besitz der Paulsens war sie durch Einheirat seit 1835.
402 Klatt 2006, 183 ff.
403 Klatt 2006, 179 ff.; 197 ff.
404 *Hamborgkse Dome*, Bd. 3, 1201; Klatt 2016, 35.
405 Der so überlieferte Ortsname ist plattdeutsch, nicht aber eigentlich friesisch. So ist *oog* abgeleitet vom neuhochdeutschen *Au* als niedriges Land an einem Fluss, womit hier der Prielstrom Hever gemeint sein könnte. Laur 1992: Mittelhochdeutsch auch *ouwe*, abgeleitet vom Altnordischen *ey*, Dänisch *ö* mit der Bedeutung für Insel.
406 Meier 2001a, 132 ff.; 2016, 113 ff.
407 Kühn u. Müller-Wille 1988, 85 ff.; Kühn 1988, 198 ff.
408 Die diesbezüglichen Überlegungen von Klatt (2016, 17 ff.) mit Hinweis auf die Karten von Johannes Mejer und angeblich im Watt gefundener Ziegelmauern ebenso wie die Annahme der Kirchspiele von Norderbüll und Flerdebüll entbehren jeder Grundlage. Zudem hat Klatt nicht erkannt, dass die Halligen keine Überreste der mittelalterlichen Kulturlandschaft bilden.
409 Gamle Kongelige Samlinger 1047, fol. 154r–155v.; Landesarchiv Schleswig-Holstein (LASH) Abt. 7, Nr. 6047, f. 37/38; Schriften des Vereins für schleswig-holsteinische Kirchengeschichte, 2. Reihe, Bd. 6, Heft 4, Kiel 1917, 450–452.
410 Heimreich, Erneuerte Nordfriesische Chronik 1668, 197 f.
411 Müller 1917, Teil 2, 217; Kühn 1988, 224, Beilage 20.
412 Müller 1917, 217.
413 Müller 1917, 278 Tab. 4.
414 Meier 2011, 259–292.
415 Fischer 1955a, 333; Kuß 1826, 22 ff.; Meier 2011, 262 Tab. 3.
416 Kuß 1826, 22 ff.
417 Kuß 1826, 38 ff.
418 Zitiert nach Wohlenberg 1969, 12–13.
419 Kuß 1826, 51–59.
420 Meier 2011, 270 Tab. 4.
421 Hansen 1877, 202.
422 Müller 1917, Teil 1, Atlas, Taf. IX, X, XI, XII, XIII, XV, XVI, XVII, XXI, XXIII.
423 Meier 2012a, 196 Tab. 1.
424 Fischer 1955a, 334; Meier 2012a, 194 ff.; Müller u. Fischer 1938a, 334.
425 Rhode 1975, 52 ff.
426 Fischer 1955a, 334; 1955c, 273.
427 Bantelmann 1966, 64–66; Müller 1917, 262–169; Meier 2012a, 212 ff., 213 Abb. 10.
428 Fischer 1955c, 273.
429 Fischer 1955c, 274; Meier 2012a, 197 Tab. 3, 198 Tab. 4 u. 5. Die Landesanstalt für Gewässerkunde prüfte 1895/1901 die Hochwasserwerte nach und rechnete diese auf NN um. Aufgrund der Ungenauigkeit des vorhandenen Höhennetzes wurde dann 1928/1932 ein umfangreiches Feinnivellement der Nordseeküste auf NN durchgeführt, worauf man die alten Angaben bezog.
430 Bantelmann 1966, 79 ff.
431 Zitiert nach Wohlenberg 1969, 13.
432 Meier 2007, 181–183.
433 Meier 2012a, 215 Tab. 12; Müller 1917, 264–265.
434 Müller 1917, 276, 278, 279, 298.
435 Müller 1917, 301–314.
436 Müller 1917, 301–304.
437 Kühn u. Baudewig 1988, 221–231.
438 Meier 2012a, 215 Tab. 12.
439 Baudissin 1867, 43.
440 Kühn u. Baudewig 2013, 22, Anlage I.
441 Kühn u. Baudewig 2013, 24.
442 Kühn u. Baudewig 2013, 25 ff.
443 Siehe: LKN 2011a/b.
444 Klatt 2006, 82.
445 Der Spiegel, 1962, 17.
446 Roediger 1962, 1 ff.; Schulz 1962, 5 ff.
447 Ministerium für Ernährung, Landwirtschaft und Forsten 1962, 65.
448 Scherenberg 1992, 455 ff.
449 Ministerium für Energiewende, Landwirtschaft, Umwelt und ländliche Räume des Landes Schleswig-Holstein (MELUR) 2016.
450 Wöffler 2016, 17.
451 Church u.a. 2013.
452 Jensen u.a. 2014; MELUR 2014, 11.
453 Church u.a. 2013; MELUR 2014, 10 ff.
454 Beniston u.a. 2007; von Storch u.a. 2009.
455 MELUR 2013; 2015, 48–51; zu den Klimaprojektionen siehe auch: www.norddeutscher-klimaatlas.de
456 https://www.deltares.nl/en/software/delft3d-4-suite/
457 Jensen u.a. 2014.
458 Jensen 1984; Führböter u. Jensen 1985.
459 MELUR 2014, 14 Abb. 6; Zu den Werten in der Deutschen Bucht vgl. Wahl u.a. 2011.
460 Arns u.a. 2015.
461 Jensen u.a. 1992.
462 MELUR 2014, 11; Woth u.a. 2006.
463 Grabemann u. Weise 2008, 199–212; MELUR 2014, 11–12.
464 MELUR 2012.
465 MELUR 2013.
466 MELUR 2016, 10.
467 MELUR 2014.
468 Dibbern u. Müller-Navarra 2009; Wöffler 2016, 22 ff.
469 MELUR 2014, 15 Abb. 7.
470 MELUR 2014, 16 Abb. 8.
471 Schuerch u.a. 2012.
472 Schuerch u.a. 2012.
473 Deicke u.a. 2009; Karius u.a. 2014; MELUR 2014, 20 ff.
474 Wöffler 2016, 26; Schindler u.a. 2014; Wahl u.a. 2011.
475 Karius u.a. 2014; Wöffler 2016, 25 ff.
476 MELUR 2014, 18 ff.
477 Wöffler 2016, 45 ff.
478 Wöffler 2016, 52 ff., 77 ff.
479 Wöffler 2016, 103 ff.
480 Wöffler 2016, 85 ff.
481 MELUR 2014, 24 ff.
482 MELUR 2014, 27 ff.
483 Wöffler 2016, 117 ff., 122 ff., 128 ff.
484 MELUR 2014, 29.
485 Wöffler 2016, 134 ff., 136 Tab. 6.7.
486 MELUR 2014, 36, Küstenrelevante Parameter der Halligwarften.
487 Wöffler 2016, 137 ff.
488 Wöffler 2016, 142 ff.
489 MELUR 2014, 29 ff.
490 Wöffler 2016, 151 ff.
491 Wöffler 2016, 152 ff.
492 MELUR 2012; Wöffler 2016, 162 ff.
493 Wöffler 2016, 168 ff. mit Hinweis auf Stadelmann 2008.
494 Häußling u. Ziesen 2014.
495 MELUR 2014, 32 ff.
496 Nunn 2007. Zusammen mit Prof. Dr. P. Nunn 2010, seinerzeit University of the South Pacific, u. Prof. Dr. H. Bork, Universität Kiel, wurde auf Initiative des Verf. ein Forschungsantrag zur „Differenzierung der Wirkungen von Klimaschwankungen, extremen Witterungsereignissen und anthropogenen Umweltveränderungen auf Insel-Gesellschaften im Südpazifik von den Anfängen bis zur europäischen Kolonisation“ zwar ausgearbeitet, konnte aber nicht weiter verfolgt werden.

Ebenfalls im Boyens Buchverlag erschienen

Dirk Meier

Schleswig-Holstein

Eine Landschaftsgeschichte

Großformat, fest gebunden
ISBN 978-3-8042-1504-7

Landschaften bilden einen wahrnehmbaren Zugang in die Vergangenheit bis zu ihren Ursprüngen. Dies gilt gerade auch für Schleswig-Holstein als maritim geprägtes Land zwischen Nord- und Ostsee. Die letzten beiden Kaltzeiten mit ihren Ablagerungen modellierten die heutige Topographie Schleswig-Holsteins ebenso wie der nacheiszeitliche Meeresspiegelanstieg die Küsten.
Angefangen von der Erdgeschichte bis heute erläutert dieses reich illustrierte Buch die wechselvolle schleswig-holsteinische Landschaftsentwicklung und das Verhältnis des Menschen zu seiner Umwelt.

Dirk Meier

Sylt

Eine Landschaftsgeschichte

Großformat, fest gebunden
ISBN 978-3-8042-1482-8

Sylt, gerne als Königin der deutschen Nordseeinseln bezeichnet, unterliegt einem permanenten Landschaftswandel. An ihrer Westküste ist sie besonders starken Meeresangriffen ausgesetzt. Diese haben erst die Bepflanzung der Dünen im 19. Jahrhundert und die heutigen Sandvorspülungen stabilisieren können. Gleichwohl ist die geologische Entwicklung der Insel nicht abgeschlossen. Nicht nur die Naturgewalten, sondern auch der Mensch hat dabei die Landschaft Sylts nachhaltig beeinflusst und durch den Massentourismus gründlich verändert.

Dirk Meier/Hans Joachim Kühn/Guus J. Borger

Der Küstenatlas

Das schleswig-holsteinische Wattenmeer
in Vergangenheit und Gegenwart

Großformat, fest gebunden
ISBN 978-3-8042-1381-4

Das schleswig-holsteinische Wattenmeer gehört mit seiner wechselvollen, von den Naturgewalten geprägten Landschaftsentwicklung zu den faszinierendsten Küstenlandschaften der Nordsee. Dieses mit zahlreichen Fotos und großformatigen Karten der wichtigsten Kulturspuren ausgestattete Buch erlaubt einen Blick in die faszinierende Geschichte des Weltnaturerbes Wattenmeer. Es ist nicht nur ein Atlas der gegenwärtigen Landschaft, sondern auch eine Geschichte der Auseinandersetzungen zwischen Mensch und Naturgewalten in den vergangenen 1000 Jahren.

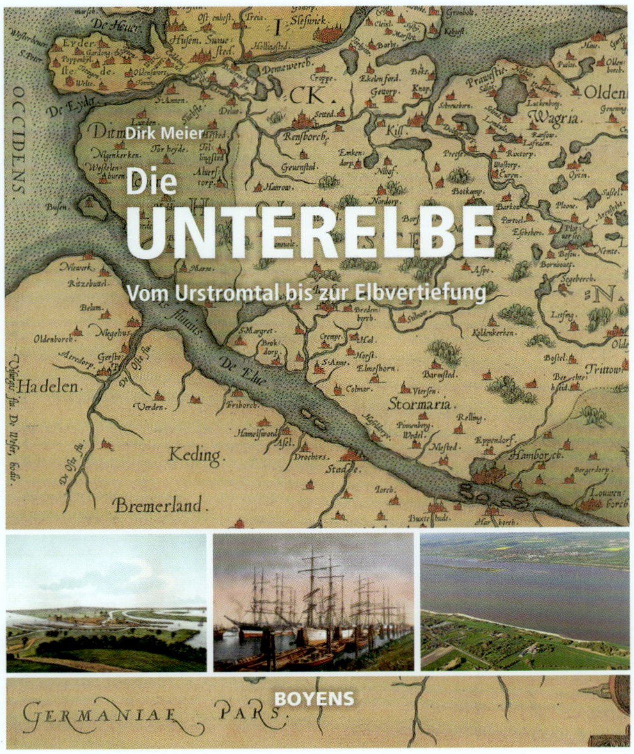

Dirk Meier

Die Unterelbe

Vom Urstromtag zur Elbvertiefung

Großformat, fest gebunden
ISBN 978-3-8042-1394-4

Wie die Flusslandschaft zwischen Hamburg und der Elbmündung entstand, welche Naturgewalten sie formten und wie der Mensch Einfluss auf diesen Naturraum nahm, ist Thema dieses Buches, das einen Bogen spannt vom Elbeurstromtal der Eiszeit mit den Rentierjägern bis hin zur technisierten Landschaft der Gegenwart. Anhand mehrerer zeitlicher und thematischer Zeitschnitte erläutert das Buch die Landschaftsentwicklung von einem Naturraum mit Marschen und Mooren zur Kulturlandschaft.